A New Interpretation and Discourse About The Diamond Sutra

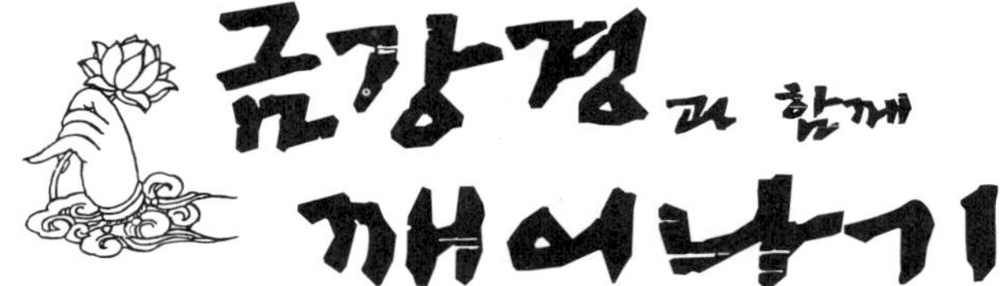

"Wake-up sleeper, and be free from chains of illusion"

석 진 오 지음

우리출판사

금강경과 함께 깨어나기

"어떤 견해가 오랫동안 점검과 도전을 받지 않으면, 반드시 무슨 일이 생긴다. 즉 그 견해는 신화가 되고 매우 강력한 권력이 된다."

E.L.닥터로

"회의론자란 모든 절대적 신념과 주장에 대해 진지한 의문을 제기하고, 정의의 명확성과 논리의 일관성과 증거의 적절성에 대해 이성적이고 반성적인 마음으로 근원적인 질문을 하는 사람이다."

폴 쿠르츠

"반대가 없으면 발전이 없다.(Without Contraries is No Progression.)"

W.블레이크(1752-1827)

"원석을 제련하여 금을 얻는 것처럼, 승려들과 학자들은 나의 가르침을 받아들일 때, 나를 존경한다고 해서 믿지 말고, 나의 말을 잘 조사하고 분석한 후에 받아 들여야 한다."

석가모니(624-544.B.C.E)

일반 독자에게

금강경은 지혜의 각성제이다

지금으로부터 1천 8백년전에 만들어진 책이 현대인의 지성(知性)과 인성(人性)에 큰 영향을 끼친다는 것은 정말 경이로운 일입니다.

금강경(Vajracchedika Prajnaparamita Sutra)을 읽으면 가장 먼저 두뇌가 예민하게 깨어납니다. 왜냐하면 금강경은 지혜의 각성제이기 때문입니다.

금강경의 인생철학은 '머무르지 말라'는 것이다

제 이해에 의하면, 금강경의 핵심적인 인생철학은 부주(不住) 즉 '머무르지 말라(Do not settle)'는 가르침입니다.

물론 이 부주(不住; 머무르지 않음)에 고정불변의 정체성(定體

---

1) 속제(俗諦) 또는 세속제(世俗諦)의 원어는 Samvrti-Satya 또는 Aparavidya이다. 즉 세속의 진리란 언어문자의 개념에 근거한 통상적인 진리를 의미한다. 그래서 속제(俗諦)는 고제(苦諦), 가제(假諦), 시설제(施設諦)라고 할 수도 있다.

性; 정해진 본체성)이 있는 것은 아닙니다. 순서적으로 말하면 먼저 주(住; 머무르는 데)가 있어야 하겠지요. 그런데 이 주(住; 머무르는 것)에 만약 문제가 생기게 되면, 부주(不住; 머무르지 않는다, 안주하지 않는다, 집착하지 않는다)로 치료약을 복용해야 한다는 것입니다.

그러나 제 경험에 의하면 이 부주(不住; 머무르지 않는 것, 집착하지 않는 것)에도 문제가 생길 수 있습니다. 왜냐하면 인생은 안주(安住; 안심입명, 평형상태를 유지)하고자 하는 것이기 때문입니다. 그래서 나는 "머무르지 않는 것(不住)에도 머무르지 말라(不住)."고 말하곤 합니다.

바로 이것이 금강경에 나오는 '시설(是說; 긍정)과 즉비(卽非; 부정)와 시명(是名; 긍정)'이라는 정반합(正反合)의 논리입니다. 즉 시설(是說)은 요즘말로 명제(These)라고 하고, 즉비(卽非)는 반대명제(Antithese), 시명(是名)은 종합명제(Synthese)라고 표기할 수 있겠습니다. 이러한 변증법적인 논리는 컴퓨터를 잘 다루는 현대종교인의 두뇌와 비교해도 오히려 진보적입니다.

금강경 속에는 지혜의 유전자가 숨어있다

인생은 이천년 전이나 지금이나 여전히 짜증나고 답답하거나 기쁘고 슬픈 것입니다. 이러한 삶에서, 금강경을 읽는다는 의미는 자신의 선조와 부모로부터 전해 받은 (치유되지 않은) 유전자들 속에서 매우 인상적이고 근원적이고 심오한 '지혜의 유전자와의 만남'을 의미합니다. 이 유전자는 인류사 오천년

전부터 개발되어 오늘날에 이르기까지 우리 두뇌 속에서 연속적(連續的)으로 존재해오고 있는 것입니다. 물론 이 유전자는 무수한 원인과 조건에 의해 항상 변화하는 것이기에, 고정불변의 연속체(連續體, 또는 연속되는 의식(意識))는 결코 아닙니다. 그래서 나는 '있으면서도 없고, 없으면서도 있는 것'이 바로 이 '지혜의 유전자'라고 말합니다.

금강경을 읽는 것이 모든 불교신자들의 기본수행이며 마음가짐이다

이천년 전부터 유행처럼 제작 유포된 반야경전들과 함께 나타난 금강경은 아직도 우리들의 마음의 세계에('Ideameme'으로, 또는 'Karma'로) 살아 있습니다. 즉 금강경은 읽어도 되고, 읽지 않아도 되는 동서양의 문학고전 같은 책이 아닙니다. 왜냐하면 금강경은 현재 2008년도에도 수많은 한국불교의 거의 모든 종단에서 제일 의지하는 '살아있는 경전'이기 때문입니다.

그래서 '금강경 읽기'는 모든 불교신자들의 기본수행이며, 기본적인 마음가짐입니다.

왜 나는 금강경 읽는 것을 모든 불교신자들의 기본수행이며 마음가짐이라고 말하는가?

그것은 금강경을 읽으면 자신의 (평범했던) 두뇌가 곧바로 성찰명상(Reflection Meditation) 또는 통찰명상(Insight Meditation) 또는 지혜통찰(Prajna darsana) 또는 지혜증명(智慧證明)의 길로 쉽게 들어가는 셈이 되기 때문입니다. 다시 말하면, 금강경 정독은 거룩한 예불행위요, 부처(깨달은 자)의 의식(意識)과 연결되는 거룩한 기도행위입니다.

그리고 이러한 '금강경 읽기'는 곧 '금강경 숙시(熟視) 또는 정시(正視)'를 의미합니다.

여기서 금강경 숙시(熟視)란, 금강경의 현미(玄微)함을 정밀하게 조사하고 상세하게 관찰하며 읽음으로써 반야바라밀(완성된 지혜)의 깨달음('모든 것은 변화한다는 관찰과 실천적 자기변형')을 더욱 성숙(成熟)하게 한다는 것을 의미합니다. 반야바라밀(근원적이면서도 전체적인 통찰력)의 효능은 자기정화(自己淨化)와 해방(解放)과 자유로움을 일깨어줍니다.

그리고 이러한 '금강경 읽기'의 마음준비는, 그저 불교를 신뢰하는 마음과, 존경하는 마음과, 진지한 마음과, 좋아하는 마음만 있으면 됩니다.

2008년 2월 25일 석진오 돈수합장(頓首合掌).

깨달음에 중독되어 있는 사람에게

모든 종교 경전은 사람이 쓴 것이다

그 어떤 종교 경전일지라도, 예를들면 조로아스터의 젠드아베스타, 인도의 베다, 브라흐마나, 우파니샤드, 바가바드 기타, 불교의 팔만대장경, 중국의 역경(易經)과 도교의 도장경(道藏經), 예수교의 성경과 이슬람교의 코란일지라도, 이 모든 책들은 '사람'이 쓴 것입니다.

사상과 역사는 수많은 인간성의 상호작용으로 생겨나는 것

그러면 '사람'이란 무엇인가? 사람이란 사람과 사람사이에 있는 것이며, 이 대인관계(對人關係)속에서 삶을 운영하다가 죽는 자를 의미합니다.

그러면 대인관계란 무엇인가? 그것은 제각각 자기중심적

---

2) 승제(僧諦) 또는 승제(勝諦)의 원어는 Paramartha-Satya 또는 Paravidya이다. 즉 종교에 중독되어 있는 사람들을 위한 진리 또는 논리와 분석과 설명이 통하지 않는 비개념적인 진리 또는 특별한 사람들이 깨닫는 진리 또는 자기부정과 초월성을 추구하는 사람들을 위한 진리를 의미한다고 할 수도 있다.

(Egocentric)인 사고와 자기본위(Selfhood)로 행동하는 사람들과의 상호작용을 의미합니다.

그러면 상호작용이란 무엇인가? 그것은 무수한 원인과 조건들이 에너지를 가지고 나타나는 것입니다. 여기서 에너지가 약한 것은 가능성으로 잠재해있거나 소멸하거나 병합되고, 에너지가 강한 것은 능동적으로 생성하고 팽창합니다. 이것이 인생이요, 역사입니다.

인간의 사상도 마찬가지입니다. 어떤 사상가가 일반인들의 사고나 심리와 다를 때에는, 그 사람만의 남다른 심리적 원인과 조건에 의한 것일 겁니다.

그래서 똑같은 전공자일지라도 제각기 살아온 과정이나 공부방법이 서로 다르면 사상의 표현도 다르기 마련이지요.

이제 나만의 개성적인 방식으로 다음과 같은 글을 한 번 써 봅니다.

역(逆)은 순(順)에서 완전해지고 순(順)은 역(逆)에서 완전해진다

이 책은 역관(逆觀)으로써 순관(順觀)을 완전하게 하려는 책입니다.

여기서 역관(逆觀)과 순관(順觀)이란 용어는 불교사전에서 풀이하는 뜻과는 다른 것입니다. 역관(逆觀)이란 그냥 거역하고, 반역하고, 거꾸로 보고, 거스르는 비점(批點)이라는 뜻입니다. 순관(順觀)도 '제대로 된 질서' 또는 '진리의 시스템(System)'를 완성한다는 의미일 뿐입니다.

 금강경과 함께 깨어나기
Wake-up sleeper, and be free from chains of illusion

그러나 역관이든 순관이든 이 모든 관점(觀點)은 무수한 원인과 조건에 의해 생겨난 것이므로 정체성(定體性; 정해있는 본체의 자성)은 없는 것입니다.

그래서 초기불교는 연관(緣觀; The Observed And The Observing, The Object And Subject)을 가르쳤고, 대승불교 반야경전들은 무유정법(無有定法)을 가르쳤습니다.

여기서 연관(緣觀)이란 어떤 결과를 나타나게 하거나 무르익게 하는 조건이나 여건에 대한 성찰을 의미하는데, 양자역학의 명제로 풀이하면 '관찰자가 곧 관찰대상이다.(즉, 원자수준에서 관찰자의 관찰행위는 관찰대상에 결정적인 영향을 준다는 진리)'라는 의미입니다.

그리고 무유정법(無有定法)이란 '고정불변의 법은 없다'는 뜻입니다.

즉 무유정법이란 '모든 것이 가정(假定)'이라는 것입니다 다시 말하면 모든 이론과 논리란 공리상(公理上)에서만 유효한 진리라는 것입니다.

반역적인 사고로써 순종적인 사고를 완전하게 한다

이렇게 이 《금강경과 함께 깨어나기》는 저의 역사적(逆思的)인 담론을 통해 금강경의 순사적(順思的)인 순사(順事)를 이루려는 책입니다. 여기서 역사(逆思)란 '반역적인 사고'라는 의미이고, 순사(順思)란 '순종적인 사고'라는 뜻입니다.

그리고 여기서 '순사(順思)의 순사(順事)'란 금강경을 매일 읽으면서 타인을 위해 해설하는 것, 즉 완전한 지혜(가득 차 있는 통찰력)의 성취를 함께 나누겠다는 의미입니다.

하지만 '반역적인 사고(개인적, 회의적, 비판적 사고)'든 '순종적인 사고(집단적 사고, 무비판적 사고)'든, 사고(思考)는 모두 무수한 원인과 조건에 의해 나타난 것이므로 고정불변의 정체성(定體性; 정해진 본체성)은 없는 것입니다.

그래서 나의 사고(思考)는 무유정법(無有定法)이요, 응무소주(應無所住)입니다. 여기서 무유정법(無有定法)이란 '정해져 있는 자체성(自體性)과 실체성(實體性)과 본체성(本體性)은 없다'는 의미이고, 응무소주(應無所住)란 '마땅히 집착하는 것이 없다'는 뜻입니다.

정확히 반대로 하는 것도 일종의 모방이다

아마도 제 글을 처음 접하는 독자들은, 지금 여기서 반역적인 관점(逆觀)을 사용하여 순종적인 관점(順觀)을 완전하게 한다거나, 거역(Objection)함으로써 순응성(Adaptability)을 완전하게 한다는 제 말이 즉각 이해가 되지 않으실 것입니다.

그러나 가장 높은 수준의 깨달음(아뇩다라삼막삼보리; Anuttarasamyaksambodhi; Unexcelled Complete Enlightenment; 구체적으로 말하면, '모든 것은 변화한다는 관찰과 실천적 자기변형')을 얻겠다는 구도심으로 이 책 전체를 천천히 읽어가다 보면, 이 책에서만이 느낄 수 있는 독특한 문장이나 사상의 맛을 알 수 있게 되실 것입니다.

물론 여기서 반구제기(反求諸己)한다면, 나는 '지혜가 극에

 금강경과 함께 깨어나기
Wake-up sleeper, and be free from chains of illusion

이르면 곧 지나친 통찰로 의심이 많게 된다'는 문제점도 잊지 않고 있습니다. 하지만 이 책에서는 가능한한 '객관적인 진리'를 드러내겠다는 검사(劍士)의 심정으로 "이판(理判)은 이판, 사판(事判)은 사판"이라는 심정을 가지고 저술작업을 했습니다. 이로 인해 금강경 부처님과 수보리 존자와 이들을 숭앙하는 사부대중에게 '인정적(人情的)으로' 죄송함과 미안함을 느낍니다. (그러나 정말 죄송함과 미안함을 느껴야 할 사람은 금강경을 지은 경전작가일지도 모릅니다.) 대개의 경우, 금강경 강사들과 신자들은 금강경에 대한 엄청난 충성심과 신앙심 때문에 객관성을 잃는 경우가 많지요.

순행하면 보통사람이 되지만 역행하면 깨달은 자가 된다

옛중국 청나라(1616-1911)의 유일명(1734-1821)은 《주역천진(周易闡眞)》에서 다음과 같이 쓴 바 있습니다.

"쫓아가면 보통사람이 되고, 거스르면 선불(仙佛)이 되니, 다만 그 중간에서 거꾸로 뒤집는데 달려 있을 뿐이다. 그러나 거슬러 운행하는 도를 어떻게 쉽게 알겠는가!(順爲凡 逆爲仙 只在中間顚倒顚 逆運之道 豈易知哉!)"라고.3)

---

3) 나는 여태까지 도가(道家)의 책들을 보다가 두 번 놀란 적이 있는데, 하나는 《음부경》에서 오행(五行)을 오적(五賊)으로 언급하는 것을 보고 깜짝 놀랐고, 또 한 번은 우연히 유일명의 《주역천진(周易闡眞)》에서 "순행(順行)하면 일반사람이 되고, 역행(逆行)하면 신선(神仙)이 된다."는 글을 읽고 깜짝 놀란 적이 있다. 이것은 아마도 나야말로 그동안 반역적인 사고로 반역의 이치를 역설(逆說)하는 사상가였기 때문이었을 것이다. 이후 선학도가(仙學道家)의 책들을 일부러 찾아보기 시작했는데, 보는 책마다 "순행(順行)하면 일반적인 보통사람이 되고, 역행(逆行)하면 선인(仙人)과 부처가 된다."는 문장이 반드시 들어 있었다. 그런데 선학도가의 문제점은

나도 어릴 때부터 '네티 네티(Neti-Neti; 이것도 아니고, 저것도 아니다 라는 부정적인 방법으로 진리를 깨닫는 것)'의 역리(逆理)와 즉비(卽非; Is Not)의 부정적인 논리의 변증법을 잘 아는 사상가입니다.

그리고 달이 차면 기운다고 "사물이 극도에 이르면 반대로 가고, 운명이 궁하면 변하고, 변하면 통한다."는 《주역》의 가르침과, "천지의 도는 극도에 이르면 곧 뒤집어지고, 가득차면 곧 이지러진다."는 《회남자》의 말처럼, 우주와 지구와 인간만사는 극(極)에 도달하면 반드시 반전(反轉)한다는 이치도 잘 알고 있습니다.

그래서 나는 내 방식대로 반역지도(反逆之道; 자신의 에너지를 반대방향으로 되돌리는 것)의 역설적인 말들을 함으로써 지혜의 완

다음과 같은 것이다. 즉, 나는 순행(順行)과 역행(逆行)을 글자 그대로 읽고 이해하며 내 사상의 성질이나 성향을 표현할 때 사용하는 단어이다. 예를들면 소설가 헨리밀러(1891-1980)도 "어떤 일에 끌려가는 것이 보통사람이고, 용감하게 행동을 취하는 자가 영웅이다."라고 말했고, 시인 T.S.엘리엇(1888-1965)도 "지금과 다른 존재가 되기 위해서는 지금과 다른 길을 가야한다."고 말했고, 심리학자 폴 페어솔도 "남들이 발견하지 못하는 놀라운 진리를 발견하는 반골의식(反骨意識)을 갖기 위해서는 집단적인 무리를 따르려는 자연스러운 본능에 저항해야 한다."고 말했고, 철학자 존 로크(1632-1704)도 "지적이든 정치적이든 또는 종교적이든지 간에, 사고하지 않는 어떤 권위도 따르지 말라. 사고하지 않는 어떤 전통이나 관습도 따르지 말고 자기 스스로 사고하라."고 말한 바 있다. 그리고 불교계의 인물로 예를들면, 용수(150-250)논사의 저서인 《중론(中論)》책에 관한 주석서('프라산나파다')의 저자로 유명한 찬드라키르티(600-650)도 "보통사람들은 자신의 생각에 사로잡혀 있고, 수행자는 자신의 생각으로부터 해방되어있다."라고 말했고, 《보살도(菩薩道)》의 저자로 유명한 샨티데바(650-700)도 "보통사람들은 현상을 실제로 존재하는 것이라고 생각하고, 깨달은 자는 현상을 원인과 조건에 의해 생긴 것이므로 덧없는 것이라고 본다."라고 말한 바 있다. 이러한 종류의 명언은 정말 무수하게 많다. 그런데 이런 표현법에 비해 선학도가(仙學道家)에서는 이 순행과 역행을 수승화강(水昇火降)의 수행법(修行法) 또는 묘유목욕법(卯酉沐浴法)으로 얻는 금단(金丹)이라는 가정적(假定的)인 이론으로 실체화(實體化) 신비화(神秘化)하고 있다는 것이다.

성을 도모하고자 합니다.

참으로 바른 말은 진실이 아닌 것처럼 들린다

옛중국 춘추시대(770-476.B.C.E) 초나라 출신의 노자(570-490.B.C.E)는 《도덕경》에서 "반대방향으로 나아가는 것이 도의 움직임이다." "참된 말은 정반대의 말처럼 들린다."고 쓴 바 있고, 토마 제정시대(C.E.27-395)의 후기 스토아파(C.E.1-200)의 대표자였던 세네카(C.E.4-65)도 "영원이란 정반대의 사물로 이루어져 있다."고 쓴 바 있지요.

이제 나는 천연(天緣)을 기다리는 색깔이 다른 사상가입니다. 여기서 색깔이 다른 사상가란, '본성론적인 대승불교(즉, 인도 우파니샤드의 아트만과 브라만 사상이 대승불교로 변신한 가르침)'를 배우고 주장하는 불교계 사부대중(四部大衆)과는 분명히 다른 생각을 하는 사람이라는 뜻입니다.

하지만 나는 진리를 부정함으로써 긍정하는 자이며, 거꾸로 봄으로써 똑바로 보는 자이며, 복잡한 생각을 함으로써 단순한 삶을 잘 실현하는 사상가입니다.4)

시절인연의 의미

물론 옛중국 후한나라(25-220)의 왕충(27-97)이 《논형》에서 쓴 것처럼, 곡(曲)이 아무리 묘(妙)해도 누구나 다 화(和)할 수 없

---

4) 나는 지금 이야기의 강조점을 위해 지나치게 과장된 역설(逆說)을 사용하고 있지만, 실제로 내가 이 금강경 비점담론(批點談論)에서 한 일은 금강경 부처에 대해 반역하거나 거역하기보다는 금강경의 맹점(盲點; Blind Spot)을 지적하는 정도일 뿐이다.

고, 말이 아무리 옳아도 누구나 다 믿을 수 없을 것입니다.

그러나 이 책도 시절인연(時節因緣; 時運)이 도래하면 깨달음의 꽃처럼 활짝 피어날지도 모릅니다.

시절인연(Time and Causation)이란, 시절(時節)에 부합되는 인연, 또는 시절에 맞는 인연(因緣)이라는 뜻입니다. 여기서 시절(時節)이란 시기(時機)와 절기(節氣)의 줄임말입니다.

전문적으로 조금 어렵게 말하면, 시절인연(時節因緣)이란 수많은 복합적인 사건들이 서로 다른 종류의 연결들과 교체하고 겹쳐지고 종합되어서 결정되어지는 전체의 구조를 의미합니다.

다시 말하면, 시절인연(時節因緣)이란 여러 원인과 조건들이 결합하여 어떤 일이 활짝 이루어지려고 하는 순간을 뜻합니다.

실제로도 세속에서 시절(時節)에 맞는 인연(因緣)이 아니면 매사가 성사될 수 없을 것입니다. 이 책의 출판 일도 마찬가지일 것입니다.

저작가에게 있어서 출판의 의미란, 자신의 어떤 지식과 생각을 널리 공개해서 이 생각에 동조하고 감응하는 사람들의 존재를 확인하고, 이 지음지기(知音知己)들이 더욱 명료한 사고를 할 수 있도록 지적인 유전자(meme)를 퍼트리는 일입니다.

생각하건대, 시절인연(時節因緣; 時運)이란 이렇게 관계의 중요성을 강조하는 말이지요.

이 책은 불경해석의 역사상 전례가 없는 책이다

그리고 인간만사와 깨달음(주의깊은 관찰과 실천적 자기변화를 완성하는 것)은 자기가 처해있는 환경조건과 매우 밀접한 것입니다.

그런데 내가 처해져 있는 불교사회의 심리적 환경조건은 나의 깨달음을 '일천제(一闡提)5)의 발상'이라고 경계하고 두려워하고 있군요. (이 두려움은 오래된 전통불교를 재구성 재학습 재교육해야 한다는 두려움 입니다.)

그래서 어쩌면 이 원고는 그냥 내 서재에서 씨알상태(개인적으로만 간직하고 있는 상태)로 남아 있거나 또는 없어져 버릴 것입니다.

아무쪼록 후대에 올 '네티 네티(Neti-neti)'의 역리(逆理)와 '즉비(卽非; Is Not)'논리를 아는 반역의 성자들은, 현대여래(現代如來; 이렇게 현대에 온 깨달은 자)들인 J.D.크리슈나무르티(1895-1986)와 U.G.크리슈나무르티(1918,7,9-2007,3,22)처럼 지혜롭게 '역(逆; to go against, contrary, adverse, reverse, rebellious, oppose, resist)'을 사용하여 '순(順; order, system, method, regularity)' 또는 조화(調和)를 완전하게 하는 반야바라밀(지혜의 완성)에 충실해주시기를 바랍니다.

다시 한 번 더 '제 모습' 을 똑바로 쳐다봅니다.

이 책은 한국불교계에서 반역적인 질문이나 역설(逆說)에 능한 사상가의 금강경입니다.

---

5) 여기서 '일천제(一闡提)'란 예수교의 유다처럼 불교의 배신자요 악마인 데바닷타의 나쁜 호칭이다. 그러나 석가모니와 사촌지간인 데바닷타는 결코 석가모니의 배신자나 악마가 아닌 경쟁자였으며, 그저 석가모니와 그의 측근제자들과 다른 생각, 다른 견해, 다른 삶을 산 성자였을 뿐이다. 특히 수행문제에 관련해서는 데바닷타가 석가모니보다 훨씬 더 강도(强度)가 높은 엄격한 조건을 주장했었다.

마치 니체와 덕산과 임제가 당시 보수전통적인 종교사상가들과 역전(力戰; Hard Fight)하는 지성의 해머(Hammer)를 들고 거침없이 역전(逆轉)하였듯이, 저도 이 금강경 자체를 사정없이 흔들어보았습니다. 이 책은 그런 유례가 없는 금강경 비점담론(批點談論)의 사상서(思想書)입니다.

그래서 이 책은 '위험한 생각들(즉, 전통적인 불교신자는 도저히 익숙하지 않은 전연 새로운 생각의 길(新思路; The Way of New Thought)'이 담겨있고, 불교경전 해석의 역사상 전례가 없는 금강경 비점담론서(批點談論書)입니다. (여기서 위험하다는 것은 틀렸기 때문에 위험한 것이 아니라, 끊임없이 회의적인 질문을 하기 때문에 위험한 것입니다.)

그러므로 당연히 불교에 대한 충성과 신앙심이 굳세고 혈기가 강한 자는 나와 강렬한 시비투쟁을 할 것이며, 또 지나치게 신약(身弱)한 분들은 이 책을 열어보지도 않을 것입니다.

그리고 불교계 성직자들과 불교학계 교수들은 이 유례가 없는 금강경 비점담론(批點談論)이 불교신앙에 도움이 되지 않는다는 이유로 당연히 무시하고 소외시켜버릴 것입니다.

그래도 저는 빙긋 웃으며 앞으로 나아갈 것입니다.

나의 최대 적수는 언제나 나 자신이다

만약 저에게 '홀로 서는 용기'가 없다면, 내가 무엇을 이루어낼 수 있겠습니까?

그리고 이 책으로 인해 내가 뜻밖의 '귀중한 친구(知音)'를 만나게 될지 누가 알겠습니까?

아닙니다, 어쩌면 지음(知音)은 고사하고 나의 맹점(盲點; Blind Spot)을 예리하게 지적해주는 적수(敵讎)를 만나게 될런지도 모를 일입니다. 생각하건대, 이러한 분들은 나를 알아주는 사람들보다 훨씬 더 귀중한 존재로 알고 기꺼이 가르침을 배우겠습니다.

그러나 국내외 진보적인 종교인물사상사나 철학사상사(哲學思想史)의 발전에 대한 계몽적인 지식이 없으면서도 저자와 쓸데없는 (핵심적이지도 않고, 중요하지도 않은 문구(文句)에 대한 시비점(是非點)으로) 자존심 싸움을 본능적으로 좋아하는 사람들과, 저자에 대한 우월감(열등감)으로 충돌적인 반발심만 갖고 있는 사람들과, 저자를 천시하듯이 깎아내리면서 동시에 심한 칭찬을 하는 오묘한 인간성을 가지고 있는 서평가들과, 저자의 역린(逆鱗)을 건드리는 유사비평가(類似批評家)들과, 자기감정에만 충실한 속이 좁은 사람들은 나의 위대한 적수가 아닙니다.

그래서 나의 최대 적수(敵讎)는 언제나 곧 나자신이라는 것을 압니다. 왜냐하면 나는 나 자신에게조차 '아첨'을 해서는 안되기때문입니다.

부디 독자는 내 책을 비난하기 전에 "독창성이 중요한 것인가? 아니면, 전통에 충실함이 더 중요한 것인가?"라는 질문을 스스로에게 던져보고, 자신은 어떤 유형의 가치관을 가지고 있는 사람인가를 객관적으로 반성해보는 것이 서로간의 평화적 공존을 위해 필요한 것이라는 사실을 이해해주시기 바랍니다.

직설한다면, 부처의 가르침은 '명쾌한 지혜의 판단을 하라' 고 존재하는 것입니다. 만약 인도의 나가르쥬나(150-250)와 중국의 길장(549-623)같은 사람들이 화(禍)가 두려워 말을 하지 않았다면 그동안 무슨 발전이 있었겠습니까? 내 사상의 글도 마찬가지입니다.

그러므로 나에게 시기질투의 원한을 품는 자는 그 사람의 부덕(不德)이지 내 진실한 말의 잘못은 아닙니다.

한국의 대표적인 금강경 연구서들

이 책은 김운학스님의 금강경 오가해 번역, 탄허스님의 금강경 오가해 번역, 범어사 무비스님의 금강경 오가해 번역, 수덕사 거부스님의 금강경 오가해 번역, 한정섭거사의 금강경 오가해 번역, 청봉스님의 금강경 오가해 번역, 우백암스님의 금강경 삼가해 번역, 연관스님의 금강경 간정기 번역, 원산스님의 금강경사기 번역, 임석진스님의 역해강술 금강경, 필자가 쓴 금강경 어떻게 해석할 것인가(현대문예사(1986)), 금강경에 대한 나의 공부노트(현대문예사(1987)), 금강경 연구(고려원(1988년)), 임종권거사의 주해강설 금강경, 김무득거사의 금강경 오십삼가집주본 번역, 이대성님의 영어로 생각하는 금강경, 송홍길거사의 금강경 신해석, 남회근거사의 금강경 강의, 평양사회과학출판사의 금강경 역본(1994), 정재성교수의 범장한영불독대조 금강경 번역, 양승규교수의 까말라 쉴라의 티베트 금강경 번역, 각묵스님의 범어금강경 역해, 성열스님의 금강경 공부, 김호귀교수의 길장의 금강반야경소와 천친보살조 금강경론과 대승규기의 금강반야경찬술 번역본들, 송찬우교수의 지욱스님의 금강경 파공론 번역, 오진탁교수의 감산 금강경 풀이, 안재천교수의 금강경 글자풀이, 전종식박사의 대승기신론을 통해 본 금강경의 세계, 심재동님의 신금강경언해, 김창수 도사와 유정식 도사의 금강경 진해 번역(명지사(2007년)) 등 이상의 금강경에 관한 전문적인 지식과 해설 책들을 일절 참고하지 않고, 오로지《팔천송반야경(100-150년경에 제작된 것)》과 내 사상의 관점에만 의거하여 즉흥적으로 비체계적으로 50여명의 사람들 앞에서 담론한 원고입니다.

이 책이 만들어지게 된 사연

즉, 이 원고는 2000년도 시학사에서 간행한《금강경 에세이(1장에서 16장까지 상편)》의 후속편입니다. 이《금강경 에세이》는 여러 출판사에서 대중적인 금강경 출판을 유행시킨 장본인이기도 합니다. 그리고 중국어와 일본어와 영어로 번역되어 있는 책이기도 하지요.

그런데 이제 이 책의 후편을 마무리 할 생각으로, 2006년 5월 1일에서 7일까지 금강경 강론(제17장에서 32장까지 하편 강론)을 한 번 해 본 것을, 제가 다시 글로 정리하여 금강경 하편(17장에서 32장까지) 모두를 완성한 것입니다.

그런데 청중들이 금강경 설법을 이왕 시작한 김에 금강경 1장에서 16장까지도 새롭게 한번 설법해달라는 요청으로 2006년

5월15일에서 25일까지 강론을 마쳤습니다.

그리고 이 강론(제1장에서 16장까지 상편)도 다시 글로 정리하여 쓴 것이 바로 이 책입니다.

그래서 이 원고는 '빈틈이 없는 학문적인 원고'가 아닙니다. 금강경 관련 설법이기 때문입니다.

염언(念言)하건대, 이런 원고는 천도백련(千陶百鍊)하듯이 적어도 10년 정도는 자강불식(自彊不息)하며 피드백(되먹임)을 해야 빈틈이 없어지는데, 시절인연으로 부족함과 흠이 많은 그대로 세상에 내보내게 되었습니다. 고로 이 원고의 빈틈은 저와 사상의 성질이 똑같은 독자께서 잘 장엄해주시기 바랍니다.

여기서 강론이란 '사실과 진실'에 근거해서 여러 가지 명제(命題; These)를 평가하는 이야기입니다. 그리고 이러한 강론은 반야바라밀의 통찰력이 없이는 불가능한 것입니다.

대승불교에서 '반야바라밀'은 부처의 지혜를 가르치는 계통인 반야부 경전의 총칭을 의미하는 책제목들입니다. 그런데 나는 이 반야바라밀을 글자 뜻 그대로 '완전한 지혜' 또는 '지혜의 완성'으로 받아들이면서, 그 의미를 '무지가 사라지는 지혜의 빛' 또는 '거대하고 심원한 통찰력의 완성' 또는 '우주적이면서도 인간적인 지혜의 완성' 또는 '지혜를 사랑하는 사람의 가르침' 등으로 다시 고쳐 표현해 봅니다.

대승불교 반야사상의 용어인 쁘라즈냐아(Prajna)는 인도 우파니샤드와 바가바드 기타에서 말하는 즈냐나(Jnana)는 같은 개념으로 심원하면서도 초월적인 지혜를 의미합니다.

그러나 반야바라밀(지혜의 완성)을 내가 어떤 뜻으로 사용하든지간에, 내가 최선을 다해 만든 이 책은 마치 티베트 승려들이 정성껏 공(功)을 들여 만든 후 의식(儀式)이 끝나면 덧없이 흩어버리는 '모래 만다라'와 같은 것입니다.

덧붙여 말한다면, 이 지구상에 있는 모든 도서관의 책들도 인류가 그동안 만들어낸 '모래 만다라'라고 여겨집니다.

해탈에도 해탈한다는 삶의 의미

이제 숙제를 끝낸 학생처럼 개운(開運)한 마음으로 '환지본처(還至本處)'합니다.

금강경에 나오는 이 환지본처(還至本處)란 글자는 '본래 있었던 곳으로 돌아와서'라는 뜻이지만 '회도복묘(廻途復妙)' 또는 '회도지묘(廻途之妙)'라는 의미로 성찰해볼 수도 있는 글자이기도 합니다.

그래서 저는 금강경의 환지본처(본래 있었던 곳으로 돌아옴)를 "해탈(Liberation)조차도 해탈하는 경지로, 삶에 다시 복귀한다."는 의미로 깨달으면서 이만 물러가겠습니다. 그럼 안녕히 계십시오.

캐나다 에드먼톤 오오사에서 석진오 계수재배(稽首再拜).

금강경과 함께 깨어나기

釋眞悟的金剛經批點談論

| 목차 |

■ **금강경(상권)**

금강경과 함께 깨어나기

釋眞悟的金剛經批點談論　上篇

“지적인 탐험은 새로운 땅을 발견하는 것이 아니라 새로운 눈으로 보는 것이다.”

M.프루스트(1871-1922)

너의 두 눈의 숲속에서 불의 재해(災害)를 보게 하라.
거기서 영감에 가득 찬 작품들을, 그리고 그 재(災)의 낙원을!

폴 엘뤼아르(1895-1952)

“당신의 반야바라밀('거대한 통찰력의 탐험')은 반드시 후퇴함이 없는 믿음을 가지고 있는 보살에게만 말해야 합니다. 왜냐하면 이러한 사람만이 당신의 반야바라밀('공(空)의 가르침')을 들어도 아무런 의심이나 후회를 품지 않기 때문입니다.”

《소품반야경》에서 지혜제일' 사리불이 석가모니 부처에게 한 말

일상생활이 곧 지혜가 완성되는 곳이다

금강경 제 1장의 의미번역

나는 다음과 같이 들었다. 어느 때 스승은 슈라바스티 시의 제타 숲에서, 고독한 사람들에게 음식을 주는 장자의 정원에서, 1천2백5십명이나 되는 비구들과 함께 머물고 있었다.

스승은 오전에 옷을 입고, 가사를 걸치신 다음, 발우를 손에 쥐고, 슈라바스티 시내에서 탁발을 위해 걸으셨다. 식사가 끝나자, 탁발에서 돌아와 발우와 가사를 정돈하고, 발을 씻고, 이미 마련된 자리에 결가부좌하고 몸을 곧게 하고 앉으셨다. 그때 많은 비구들이 세존이 계신 곳으로 다가왔다. 그들은 스승의 발에 머리를 대고, 스승의 주위를 세 번 돌고, 한 쪽으로 물러나 앉았다.6)

---

6) 지금 필자가 참고대본으로 사용하고 있는 금강경은 범어본(梵語本)입니다. 하지만 구마라집(343-413)이 번역한 중국 고대한자로 된 금강경 제1장의 원문도 새롭게 한글현토를 붙여서 여기 각주로 소개해둡니다. 금강경 중국어 번역은 역시 구마라집의 번역문(402년)이 가장 쉽고 좋은 것 같습니다.
　法會因由分 第一: 如是我聞하였다. 一時에 佛께서 在舍衛國 祇樹給孤獨園하시어 與 大比丘衆 千二百五十人으로 俱하셨다. 爾時에 世尊께서 食時에 着依持鉢하시고 入舍衛大城하시어 乞食하시기를, 於其城中에 次第乞已하시고 還至本處하시고 飯食訖하시어 收依鉢하시고 洗足已하시고 敷座而坐하셨다.

동남아 불교승려든, 동북아 불교승려든, 승려생활을 한다는 것은 과연 무슨 의미일까?

금강경 제1장의 기록처럼, 큰 절이든 작은 암자든 사찰에서 늘 공양물을 받으며 산다는 것은 무엇을 의미하는 것일까?

출가자는 출가자 자신의 문제로 인해 출가한 것인데, 왜 타인이 출가자를 저렇게 공경하며 그의 생을 도와주는 것일까?

인간은 불가사의한 동물이다. 왜냐하면 지구 자연계에서 인간만이 천의 얼굴을 가진 존재이기 때문이다.

사람들은 왜 승려가 되고, 왜 신자가 되며, 왜 절에 오는 것일까?

사람들은 왜 성현을 찾고, 자기스승이 될 만한 이를 찾는 것일까? 그것은 환자가 어느 특정한 의사를 찾아다니는 것과 똑같은 것일까? 그러나 환자가 의사를 만나 완전한 치료를 받았다하더라도, 삶은 여전히 고독한 것이 아닌가?

갑자기 적막을 깨듯이, 저 건너 강원에서 학인이 잘못하여 대중에게 종아리를 맞는 소리가 들려온다. 나는 그가 종아리를 왜 맞고 있는지 그 이유를 안다.

금강경 제 1장의 핵심주제어는 석가모니 부처의 일상생활에 관한 것이다. 즉, '명상(어떤 문제에 대해 주의깊은 통찰력으로 관찰하며 자기를 있는 그대로 반성하는 것)' 또는 '설법(타인에게 자기사상을 말하거나 타인의 괴로운 문제를 치료해주는 효과가 있는 말을 하는 것)' 이

전에 이루어지는 부처(깨달은 자, 또는 깨어난 자)의 일상적인 삶에 관한 것이다.

나는 이런 이야기를 좋아한다. 왜냐하면 그 어떤 '특정한 종교적 수행'이라는 것도 기본적으로는 '일상의 삶'속에 있는 것이기 때문이다.

우리는 과연 어디서 무엇을 하며 이 순간순간을 어떻게 지내는 사람들일까? 부처가 탁발하러 나가듯이, 일반사람들이 돈벌이를 위해 출근하듯이, 나는 대체 무엇을 원하고 있는 사람일까?

부처가 탁발한 후 본래 있었던 곳(本處)으로 돌아오듯이, 일반사람들이 일한 후 퇴근하여 집에 돌아오듯이, 나는 대체 무엇을 본처(本處)로 삼아 '환지(還至)'하는 사람일까?

가만히 제 모습을 쳐다본다. 2천5백년전에 네팔지역 부근에 살았던 석가족의 성자는 과연 오늘날에는 어디서 무엇을 하며 순간순간 제 모습을 어떻게 똑바로 쳐다보고 있을까?

일상생활에서 모든 것이 만들어진다

법회인유분(法會因由分: 법회가 이루어지게 된 연유)에서, 여시아문(如是我聞), 즉 "나는 이렇게 들었다."고 하는 것은, 석가모니가 살아있을 당시 어디서 무엇을 하고 있었는지에 대한 소식을 전해줍니다.

그리고 금강경 제2장부터는 대승불교의 특징적인 사상들이 설정되고 있지만, 이 금강경 제1장의 여시아문(如是我聞) 즉

"나는 이렇게 들었다"는 것은 모든 불교 종파들이 사실로 인정하는 대목입니다. 따라서 금강경 전체에서 가장 사실에 가까운 대목은 금강경 제1장이라고 여겨집니다.

석가모니와 그의 제자 1천2백50명이 슈라바스티의 제타 숲속에 있는 급고독 장자의 기원정사에 모여 있었다고 합니다. 그들은 오전에는 식사문제를 해결하기 위해 탁발을 하고, 오후에는 고요한 마음과 곧은 자세로 명상을 했습니다. 그리고 이 명상의 모임에서 제자들은 스승에게 절하고, 스승과 함께 고요히 앉아 있었습니다.

일상생활이 곧 지혜가 완성되는 곳이다.

이런 장면은 고귀하고 정결하여 읽는 이의 마음도 교화되는 듯한 느낌을 줍니다.

석가모니 부처는 정말 불가사의한 분입니다.

나는 다행히 현대에도 석가모니 부처의 이미지가 연상되는 현자를 여러 명 알고 있기 때문에, 이 살아있는 현자들의 활동을 통해 석가모니가 어떤 방식으로 사람들에게 말했을까에 대한 상상은 어느 정도 할 수 있습니다.

석가모니 부처는 정말 거의 기적같은 인물입니다.

하지만 이 세상에서 알려져 있는 석가모니는 석가모니가 아닙니다. 왜냐하면 이 세상에 알려져 있는 석가모니는 그의 제자들이 수천년동안 시대의 발전과 시대의 적용을 위해, '사실'을 수정하고 왜곡해서 재창조된 석가모니 부처의 심상(心象;

Image)일 뿐이기 때문입니다.

예를들면 금강경 제2장만 읽어도 실제의 석가모니의 사상의 수정과 왜곡이 보입니다. 과연 우리는 이것을 발전이라고 평가할 수 있을까요? 나는 회의적입니다.

그러나 분명한 것은, 한 번도 실제로 만나 뵌 적이 없지만 석가모니는 정말 대단한 분이라는 점입니다. 이것은 저도 사실로 믿고 있습니다.

나의 오후 명상

나는 울창한 숲을 지나 광야에 앉습니다.

그리고 내 눈앞에 보이는 모든 것을 향해 "아름답다."고 혼잣말을 해봅니다. 이런 방식으로 나는 존경하는 석가모니에게 절합니다.

나는 요즘 사찰에서 너무 멀리 나와서 살고 있습니다. 그러나 어쩌면 이런 곳이 정말 사찰일 수도 있고, 예불일 수도 있지 않을까요? 이제 어스름한 저녁이 다가오고, 나는 홀로 스적스적 걸으며 여러 가지 상념에 젖습니다.

생각건대, 끝까지 가면 다시 돌아오게 되고, 원점으로 돌아오게 되면 다시 움직여 나아가는 것이 자연법칙(Laws of nature)입니다. 진리 파악하는 두뇌의 세계도 마찬가지입니다. 부정하는 방법으로 극까지 가면 다시 긍정적이 되고, 이렇게 긍정하는 방법으로 극까지 가게 되면 다시 부정해 나아가는 것이 영장류의 두뇌가 작동하는 법칙입니다.

그래서 나는 '역(逆)'을 써서 '순(順)'을 완전하게 한다는 표현을 좋아합니다. 즉, 나의 부정 속에는 긍정이 담겨 있고, 나의 긍정 속에는 부정이 담겨 있습니다. 다시말하면, 역(逆)속에 순(順)이 있고, 순(順)속에 역(逆)이 있다는 것입니다. 그러므로 나의 부정은 부정이 아니요, 나의 긍정은 긍정이 아닙니다. 다시말하면, 역(逆)도 아니고, 순(順)도 아니라는 것입니다. 과연, 부정도 아니고 긍정도 아닌 이것은 (역(逆)도 아니고 순(順)도 아닌 이것은) 나의 두뇌 어디에서 어떻게 작용하며 이 제 인생과 사상을 만들어내는 것일까요?

이제 금강경 제1장의 첫 문장을 읽어보기로 합니다.

금강경 본문

"이와같이 나는 들었다(如是我聞)."

금강경 집필자는 누구인가

여시아문(如是我聞; 에에밤 마야아 쉬루땀)이란 "나는 이렇게 들었다" 뜻입니다.

영어로는 대개 "Thus have I heard" 또는 "This is what I heard" 또는 "Once I heard the Buddha speak these words."라고 번역되고 있습니다. 나는 간단히 "I heard(나는 들었다)"라고 적겠습니다.

여기서 여시아문(如是我聞; 나는 이렇게 들었다)한 사람은, 초기 불교경전 성립사에서는 주로 아난존자를 대표적인 인물로 거론합니다. 그러나 대승불교 경전 성립사에서는 여시아문(如是我聞)한 사람은 아난존자가 아니라 보살도(菩薩道)를 가르치는 대승불교의 교법사들입니다. 그러므로 여시아문(如是我聞)이라고 글자는 같아도 초기불교와 대승불교의 의미적 이해(意味的理解)는 완전히 다릅니다. 즉 금강경 바이라이너(byliner; 집필자)는 아난존자가 아니라는 것입니다.

금강경은 대승불교 반야부 경전입니다. 이 금강경이 만들어진 시기는 대략 서기 150년경 또는 200년경입니다. 이때의 인도 정치상황은 쿠사나 왕조(45-200년)입니다.

중국에서는 5호16국(304-439)이 있었던 동진시대(317-419) 구마라집(343-413)이 402년 장안에서 번역한 책이 중국어 최초 번역본입니다.

그런데 금강경이 특이한 것은, 금강경이 공사상을 가르치는 대승불교 반야부 경전이면서도 공(空; Sunya 또는 Sunyata)이라는 글자가 보이지 않고, 대승(Mahayana)이라는 글자도 보이지 않는다는 것입니다. (하지만 보살승, 최상승, 최승승이라는 글자는 있습니다.) 이런 점을 미루어보면 금강경도 분명히 오래된(대승불교 최초기에 만들어진) 경전이라고 느껴집니다. 어쨌거나.

여시아문(如是我聞; 나는 이렇게 들었다)에 대한 통찰명상

이제 여시아문(如是我聞; Evam maya shrutam)에 대한 나의 색다른 담론을 시작해봅니다. (이러한 담론의 발상은 금강경을 지은 경전작가도 미처 생각해보지 못한 것일 겁니다.)

여시아문(如是我聞)은 글자 그대로 "나는 이렇게 들었다." 라고 읽습니다. 그러나 그 의미는 글자를 초월하여 〈나는〉이란 무엇인가? 〈이렇게〉란 무엇인가? 〈들었다〉는 것은 무엇인가? 라는 의문을 품어보는 것도 지성을 닦는 한 방법(성찰명상 또는 통찰명상)이라고 여겨집니다.

그런데 초기불교의 핵심적인 관점에서 이해한다면, 〈나(I)는〉 없는 것입니다. 왜냐하면 나는 원인과 조건에 의해 생겨난 것으로 영원히 불변하는 실체성이 없는 것이기 때문입니다.

〈이렇게(Thus 또는 This)〉도 없는 것입니다. 왜냐하면 고정적으로 정해진 것은 없기 때문입니다.

〈들었다(Heard)〉도 없는 것입니다. 왜냐하면 '소리'에 고정불변의 자체성(自體性)이나 실체성(實體性)이 없고, '청각' 역시 고정불변의 자체성이나 실체성이 없는 것이기 때문입니다. 어째서 '소리(聲)'도 실체성이 없고, '귀(耳)'도 실체성이 없는가 하면, 모든 대상(형태, 소리, 냄새, 맛, 접촉, 자연법칙(色聲香味觸法))과 감각(시각, 청각, 후각, 미각, 촉각, 지각(眼耳鼻舌身意))은 모두 원인과 조건의 상호작용에 의해 있거나 없는 것이기 때문입니다.

그러므로 여시아문(如是我聞; "나는 이렇게 들었다")에 관한 나의 담론의 결론은, 〈나는〉 〈나(I)〉가 아니라 명칭과 개념이 〈나(I)〉이며, 〈이렇게〉는 〈이렇게(Thus 또는 This)〉가 아니라 명칭과 개념이 〈이렇게(Thus 또는 This)〉이며, 〈들었다〉는 것은 〈들었다(Heard)〉는 것이 아니라 명칭과 개념이 〈들었다(Heard)〉는 것입니다.

이렇게 〈나〉가 무아(無我)라면, 무아('허구')에서 만들어진 금강경 또한 무아입니다. 그런데 금강경 경전작가(byliner)는 왜 금강경을 실체화(實體化) 개별화(個別化) 특별화(特別化) 신비화(神秘化) 주문화(呪文化) 하는가?

금강경은 언어문자요, 개념이요, 명칭이며, 언어문자상의 규정일 뿐입니다. 그런데 금강경 경전작가는 왜 금강경을 마치 아트만(Atman)처럼 선전하고 실재의 진리(Dharma)처럼 집착하는가?

우리 현대인들의 여시아문(如是我聞)은 무엇인가

이제 이러한 '글자를 초월하여 말하는 의미'도 넘어서 자유롭게 여시아문(如是我聞: 나는 이렇게 들었다)에 대해 한 번 더 말해보겠습니다;

금강경의 여시아문(如是我聞)만 여시아문(如是我聞)이 아니라, 우리도 어릴 때부터 지금에 이르기까지 (누구로부터) 듣거나 (어떤 책을) 읽은 대로 만들어진 사람이라는 점에서, 우리도 제각각 자신의 인생으로부터 어떤 여시아문(如是我聞)을 했거나, 하고 있는 사람입니다.

그렇다면 나와 당신의 여시아문(如是我聞; "나는 이렇게 들었다." "I heard.")은 어떤 것들입니까? 물론 우리들의 여시아문(如是我聞)은 제각각 다릅니다. 왜냐하면 우리들은 서로 제각각 살아온 환경조건과 인생방법이 다르기 때문입니다. 금강경의 여시아문(如是我聞; "나는 이렇게 들었다." "I heard.")도 마찬가지입니다.

금강경도 시대의 원인과 조건의 산물이다

금강경은 대승불교 반야부 경전입니다. 하지만 금강경은 대승불교 반야부 후기에 성립된 불교경전들(단 한권의 예를 든다면, '반야이취경')에 비해서는 유연성이 많이 떨어지는 사상도 있습니다. 이것은 경전이 제작된 시대의 환경조건이나 사회심리 조건이 다르기 때문에 당연한 것입니다.

그러나 금강경은 초기불교 경전들에 비해서는 사고의 유연성이 매우 돋보입니다.

그래서 대품반야경의 주석서인 대지도론(제1권)에서 "부처는 삼장(三藏)을 통해 여러 가지 비유로써 성문(聲聞)들을 위해서 법을 설하셨지만, 보살도(菩薩道)는 설하지 않았다."라고 말할 정도입니다.

금강경의 탁월한 사고의 유연성

금강경의 탁월한 사고의 유연성은 특히 '시설즉비시명(是說卽非是名)'이라고 하는 변증법적 논리에 있습니다. 아무리 생각해보아도 이러한 가르침은 금강경(또는 수많은 반야경)만이 주는 정말 대단한 지적 선물입니다.

금강경 불교의 핵심에 대하여; 부주(不住)와 시비시(是非是)

나의 이해력으로는, 금강경 불교의 핵심적인 글자는 '무주(無住; 무집착)' 또는 '부주(不住; 머무르지 않는 것)'입니다.

그리고 이 무주(無住; 무집착)의 레벨을 가능하게 해주는 논

리적 토대는 시설즉비시명(是說卽非是名)이라는 변증법적 논리
입니다.

그리고 이 시설즉비시명(是說卽非是名)의 논리적 토대는 부
처가 철저히 깨달았다고 하는 인연기멸(因緣起滅)의 무아법(無
我法)입니다. 즉 모든 존재와 현상은 무수한 원인의 원인과 조
건의 조건에 의해 생겨나거나 없어지는 것이므로, 이 모든 존
재와 현상에는 고정불변의 자체성(自體性)과 실체성(實體性)과
본체성(本體性)과 정체성(定體性)은 없다, 라는 것입니다.

그러므로 최고의 깨달음('모든 것은 변화한다는 것과 실천적 자기변
형')을 구하는 사상가의 입장에서는 이 '무주(無住)'와 '시설즉
비시명(是說卽非是名)'과 '일체법무아(一切法無我)'는 정말 중요
한 가르침입니다.

그리고 금강경에서 최고의 덕성(德性)을 구하는 자는 보시와
인욕의 가르침에서 배움과 실천이 가능합니다.

이상이 금강경 첫 문장인 여시아문(如是我聞; 에에밤 마야아
쉬루땀; Thus have I heard. 나는 이렇게 들었다)에 대한 저의
담론이었습니다.

수보리 존자의 질문

금강경 제 2장의 의미번역

그때에 장로 수보리도 대중 가운데 앉아 있었다.

그는 자기 자리에서 일어나 가사를 한 쪽 어깨에 걸치고, 오른쪽 무릎을 땅에 대고 스승께 공손히 합장하고 다음과 같이 말했다.

"거룩한 일입니다, 스승이시여. 여래의 원력에 의해서 모든 보살들이 항상 보호받고 또 발전하며, 이끌어지고 있다는 것은 참으로 거룩한 일입니다.

그런데 스승이시여, 보살의 수레를 타고 나아가는 사람들은 어떻게 생활하고, 어떻게 수행하고, 어떻게 그 마음을 조절해야 합니까?"

그러자 스승은 이렇게 말했다.

"수보리여, 정말 그대가 말하는 바와 같다. 여래는 모든 보살들을 항상 보호하고 또 발전시키며 이끌고 있다.

그러므로 수보리여, 잘 듣기를 바란다. 내 이제 그대에게 '보살의 수레를 타고 나아가는 사람들은 어떻게 생활하고, 어떻게 수행하고, 어떻게 그 마음을 조절해야 좋은가'에 대해서 설명하겠다."

수보리가 대답했다.

"바라옵니다. 스승이시여, 부디 그렇게 해주시옵소서."7)

새로운 생각의 길

여기서 필요한 것은 정기신(精氣神)의 성질(특성)이지, 상황과 여건을 의식하는 인식(認識)이 아닙니다.

인식(認識)은 자신의 생존과 번영을 위한 인식이지만, 성질(특성)은 자기애(自己愛)를 위한 인식마저도 변형시켜버린다는 점에서 창조적인 것입니다.

전통 인도철학의 인간 유형론

전통적인 인도철학에서는 인간의 성품을 세 가지로 유형화(類型化)했는데, 그것은 사트바 구나(善性)와 라자스 구나(動性)와 타마스 구나(暗性)입니다.

사트바 구나(Sattva Guna)는 지혜의 길을 가는 사람들로서 순수

---

7) 지금 필자가 참고대본으로 사용하고 있는 금강경은 범어본(梵語本)입니다. 하지만 구마라집이 번역한 중국 고대 한자로 된 금강경 제2장의 원문도 새롭게 한글현토를 붙여서 여기 각주로 소개해둡니다.

善現起請分 第二: 時에 長老須菩提가 在大衆中하다가 卽從座起하여 偏袒右肩하고 右膝着地하고 合掌恭敬하여 而白佛言하기를 希有입니다 世尊이시여 如來께서 善護念 諸菩薩하시고 善付囑 諸菩薩하시니, 世尊이시여 善男子와 善女人이 發阿耨多羅三藐三菩提心일때에는 應云何住이며 云何降伏其心이어야 합니까? 佛言하시기를 善哉 善哉다. 須菩提여 如於所說한 것같이 如來께서는 善護念 諸菩薩하고 善付囑 諸菩薩하나니 汝今諦聽할지어다 當爲汝說하리라. 善男子 善女人이 發阿耨多羅三藐三菩提心일때에는 應 如是住이며 如是降伏其心해야 한다. 唯然입니다, 世尊이시여. 願樂欲聞합니다.

한 목적달성을 위한 선행(善行)의 상징이고, 라자스 구나(Rajas Guna)는 행동의 길을 가는 사람들로서 세속적인 목적달성을 위한 열정의 상징입니다. 그리고 타마스 구나(Tamas Guna)는 고요한 명상과 안식의 길을 가는 사람들로서 아둔함과 무관심과 체념과 게으름과 침체의 상징입니다.

전통 인도철학과 석가모니 불교의 차이점

이 중에서 대승불교의 보살성품(菩薩性品)은 사트바 구나(현명하고 순수한 성품, 또는 의식의 밝은 빛과 같은 성질)에 해당합니다.

그러나 석가모니 부처는 인도철학의 이 세 가지 유형의 성품(TriGunas)이론을 부정했습니다. 그래서 석가모니 부처는 트리구나티타(Gunatita; 천성이나 속성에 얽매이지 않는 사람)입니다.

따라서 대승불교계 보살들의 성품도 인도철학에서 말하는 삼성(三性) 또는 삼덕(三德)을 초월한 공성(空性; Sunyata)이나 무성(無性; Nirguna)이라고 말할 수 있습니다.

따라서 저의 성질(특성)도 인도철학의 삼성(三性) 또는 삼덕(三德)을 부정하거나 초월하는 공성이나 니르구나(Nirguna; 無性, 또는 無自性)의 상태에 있는 것입니다.

즉, 나의 성질(특성)은 '무집착(또는 집착하지 않음)'이요, '장애에 걸림이 없는 자유로움'이라는 것입니다. 즉, 나는 프라즈나 사트바 구나(prajna-sattva guna; 지혜의 특성을 지니고 있는 자)입니다.

이상이 지금 여기서 금강경을 숙시(熟視)하는 저의 성질(특

성)에 관한 이야기였습니다.8)

올바른 불교이해를 위한 인도철학의 용어 해설

그런데 (대승불교가 아니라) 석가모니 부처의 불교를 소개하기 위해서 저는 이야기를 조금 더 해보겠습니다.

왜냐하면 이러한 이야기는 '올바른 불교'를 이해하는데 있어서 정말 많은 도움을 받을 수 있는 상식(常識)이기 때문입니다.

석가모니 부처가 인도철학의 용어를 부정한 이유

즉, 인도철학에서는 인간의 세 가지 성품을 프라크리티(Prakriti)에서 나온 것이라고 설명합니다. 프라크리티는 '자연의 힘, 물질의 작용력'을 의미합니다.

불가에서는 이 프라크리티를 '자성(自性; 자연의 근본적인 본성)'이라고 명칭하고 있습니다. 그러나 석가모니 부처는 이

---

8) 여기서 인도철학의 삼성(三性; 3가지 성품)유형이란, 트리구나(triguna)로 사트바 구나(善性)와 라자스 구나(動性))와 타마스 구나(暗性))에 관한 분별을 의미한다. 이 인도철학의 세 가지 구나(속성, 특성, 성질)의 유형론은, 불교심리학과 인간학을 이해하기 위해 꼭 필요한 개념들이므로 한 번 더 설명해본다. 1) 사트바 구나(善性)는 지성인이나 사상가처럼 현명하고 순수한 성품으로 지혜와 사색가의 속성이 강하고, 선행(善行)을 좋아한다. 제멋대로 예를들면, 석가모니, 가전연, 나가르주나, J.크리슈나무르티와 U.G.크리슈나무르티 등의 인물들이 사트바 구나 성향이 우세하게 보인다. 2) 그리고 라자스 구나(動性)는 정치인이나 상업가들처럼 열정적인 행동가의 속성이 강한데 행선(行禪), 작업(作業), 고행(苦行)을 좋아한다. 제멋대로 예를들면, 공자, 예수, 마호메트, 간디 등의 인물들은 라자스 구나의 성향이 우세하게 보인다. 3) 그리고 타마스 구나(暗性)는 종교수행자들처럼 편안한 것만 좋아하는 게으른 속성이 강한 것으로 무관심, 아둔함, 멍청함, 안식, 침체, 열반, 내버림, 완전한 포기, 체념, 와선(臥禪; 누워서 하는 수행), 수면명상(睡眠瞑想)을 좋아한다. 제멋대로 예를들면, 아라한, 노자와 장자, 신선도사 등이 타마스 구나의 성향이 우세하게 보인다.

프라크리티(자성)조차도 부정했습니다. 왜냐하면 이 프라크리티(자성)도 진여자성(眞如自性)이라고 하는 마하푸루샤(Maha Purusha)와의 결합을 원하는 것(緣)이기때문입니다. 푸루샤는 프라크리티의 물질적인 세계에 순수의식(純粹意識)이라는 요소를 제공합니다.

이렇게 제가 이해하는 인도철학에서 푸루샤는 프라크리티의 작용을 가능하게 한 우주 최초의 원아(原我; 즉 원재료)로서 우주의식(宇宙意識) 또는 바로 그것(썸싱그레이트)이라고 할 수 있는 실체(아트만)입니다.

그러나 석가모니 부처는 이 진여자성(眞如自性)을 의미하는 푸루샤와 아트만(내재적 실체성(實體性))과 브라만(우주적 본체성(本體性))조차도 부정했습니다. 왜냐하면 이 푸루샤와 아트만과 브라만도 무수한 원인과 조건에 의해 생겨난 것(緣起)이기 때문입니다. 그래서 석가모니 부처의 사상은 무자성(無自性; No Self-Nature), 니르아트만(非我, 無我)과 니르브라만(非梵)의 깨달음이라고 말할 수 있습니다.

제가 이해하는 인도철학에서는 푸루샤와 아트만은 푸루소따마(예를들면, 지고자(至高者)로서의 바가반 크리슈나)의 본성이라고 설명합니다. 그러나 석가모니 부처는 푸루소따마(최고의 신)의 본성도 부정했습니다. 왜냐하면 푸루소따마(최고신의 본성) 또한 무수한 원인과 조건에 의해 생겨난 것(緣起)이기때문입니다.9)

---

9) 제가 이해하는 인도 우파니샤드 철학으로 말하면, 자성(自性)이란 자아의 본성을 의미한다. 그런데 여기서 자아는 '아트만'을 의미한다. 고로 자아의 본성으로서의

 금강경과 함께 깨어나기
Wake-up sleeper, and be free from chains of illusion

자, 이제 인도철학 이야기는 그만하고, 금강경 본문을 들여다 보기로 합니다.

첫 번째 단상; 수보리 존자의 질문에 대하여

금강경 제2장에서 수보리 존자의 질문은 "선남선녀들이 무상정등정각(無上正等正覺; 최고의 깨달음)을 얻으려고 발심할 때에는, 마땅히 어떻게 '주(住)'하며 어떻게 마음을 '항복(降伏)'해야 합니까?" 라는 것입니다.

여기서 문제점은 무상정등정각(無上正等正覺)이란 무엇이며, 발심(發心)과 주(住)와 항복(降伏)이란 무엇인가 하는 것입니다.

만약 금강경 제7장의 가르침처럼 "무상정등정각(최고의 깨달음)은 고정된 법이 아니어서 성취할 수 없고, 설할 수 없는

자성이란 곧 아트만의 본성과 브라만의 본성과 똑같은 것이다. 그런데 우파니샤드와 바가바드 기타에서는 아트만의 본성을 니르아트만(비아(非我), 무아(無我))이라고 말하고, 브라만의 본성을 니르브라만(非梵, 더 정확히 말한다면, 니르구나브라만(고정불변의 속성이 없는 브라만)이라고 말한다. 이렇게 되면 결국 인도 우파니샤드 철학에서 말하는 니르아트만의 본성과 니르브라만의 본성과 석가모니부처의 깨달음인 니르아트만(비아(非我), 무아(無我))는 모두 똑같이 무자성(無自性; not real in one's nature)인 셈이 된다. 그러나 불교의 무아는 아트만과 브라만이 실재하지 않는다는 뜻이지, 무아라고 하는 실체가 있다는 뜻은 아니다. 따라서 석가모니 부처의 제자들인 인도 대승불교와 중국 선불교에서 주장하는 자성(自性) 또는 진여자성(眞如自性)이란 '없는 것(비아(非我), 무아(無我), 무자성(無自性; without intrinsic nature)'이다. 그런데 왜 인도 대승불교와 중국 조사선 불교에서는 "진여자성(眞如自性)을 투철(透徹)하라" "너의 본래 진면목을 보라"는 등 쓸데없는 말을 하는가? 내가 이해하는 석가모니의 가르침(불교)에 의하면, 자성(自性)이나 진여자성(眞如自性)이란 암탉의 강력한 이빨이요, 거북이의 부드러운 털일 뿐이다. 그리고 인도 우파니샤드 철학과 석가모니 부처의 철학을 관련시켜 생각해보면, 석가모니 부처는 결코 '우파니샤드(오묘하고 신비적이고 은밀한 영지적(靈智的) 가르침)에 충실한 사상가'가 아니다. 왜냐하면 석가모니는 유신론적인 또는 실체론적인 또는 본체론적인 아트만과 브라만에 몰두하거나 매혹되어 있거나 빠져있는 자가 아니었기 때문이다.

것"이라고 한다면, 이 무상정등정각(최고의 깨달음)도 신기루와 같이 환상적으로 있는 덧없는 것일 뿐입니다.

최고의 깨달음을 얻으려고 발심하는 것도 일종의 고급스러운 탐욕이다
그렇다면, 이러한 무상정등정각(최고의 깨달음)을 얻으려고 발심한 선남선녀들은 과연 올바른 발심을 한 것일까요?
나의 성찰에 의하면, 최고의 깨달음을 얻으려고 발심하는 것도 일종의 고급스러운 탐욕이라고 여겨집니다.
왜냐하면 금강경 제10장의 가르침처럼 "없는 법을 있는 법"으로 착각하거나, 또는 법을 일부러 만들어내는 일(施設) 또한 아상(我想)과 똑같은 것이기 때문입니다.

금강경 경전작가에게 내가 묻고 싶은 것
그런데 왜 수보리 존자는 무상정등정각(최고의 깨달음)에 대한 발심을 적극적으로 권장하고 있습니까? 더구나 생활내용('住')과 정신의 움직임('降伏修行')을 일정한 법(有定法)으로 만들어 선남선녀들을 왜 조정하려고 합니까? 도대체 선남선녀들을 이렇게 교육시킴으로써, 수보리 존자와 부처와 금강경 경전작가는 그들에게 무엇을 얻으려고 합니까? 초등학교와 중학교와 고등학교와 대학교와 대학원 등을 모범적으로 착실하게 교육받은 사람처럼, 선남선녀들을 이렇게 불교교육받은 사람으로 만들어서 대체 어디에 어떻게 사용하려고 합니까? 불국토 장엄을 위한 것입니까? 그러나 금강경 제10장에 이미 "장엄(莊

嚴: 꾸미는 것, 장식)이라고 하는 것은 곧 장엄이 아니니, 이 명칭이 장엄이다."이라고 설파하지 않았습니까?

나는 무주(無住) 무수(無修) 무심(無心)의 길을 가는 자입니다. 그래서 나는 금강경(제3장과 제4장)에서 설해지는 중생구제라는 거창한 마음(心)도 일종의 망상이요, 탐욕이라고 설법합니다.

그리고 또 무주상보시(無住相布施, 무집착으로 아무런 기대도 없이 그냥 주는 것, 일방적인 시혜)도 착각과 위선일 뿐이라고 나는 설법합니다.

나의 두 번째 단상; 수보리 존자의 질문에 대하여

수보리 존자가 가만히 그냥 앉아 있었다면, 석가모니의 금강반야바라밀 설법은 이루어지지 않았을 것입니다. 이 점은 수보리 존자의 공덕입니다. (물론 더 정확하게 말한다면, 금강경 경전작가의 공덕입니다.)

이와같이 우리도 그냥 가만히 앉아 있지만 말고, 일어나서 질문을 할 줄 알아야 합니다. 만약 질문이 정말 진지한 질문이라면, 스승은 어떤 형태로든 반응할 것입니다.

수보리 존자는 예의바른 분 같습니다. 왜냐하면 그는 석가모니에게 질문하기 전에 먼저 예의를 갖춘 말을 하고 있기 때문입니다.

그는 첫째 이 명상모임에 대해 놀라운 경탄을 말하고, 둘째 석가모니의 완벽한 깨달음을 찬양하고, 셋째 석가모니의 가르침의 은덕에 감사하고, 넷째 보살들에게 영광스러운 실천의 기회를 만들어 주신데 대한 기쁨을 말합니다.

수보리 존자의 질문은 대승불교의 입문사상이다

그리고 나서 수보리 존자는 석가모니에게 다음과 같은 질문을 합니다; "보살승에 들어온 사람은 어떻게 살아야 하며, 어떻게 행동해야 하며, 어떻게 마음을 다스려야 하는가?"10)라고.

여기서 보살승이란 보살도(The Path of Bodhisattva)라고 읽어도 무방합니다. 대승불교에는 도(道; The Path)가 많은데, 여기 금강경에서는 보살도가 설해지고 있습니다.

그런데 금강경은 보살도에 입문한 사람들을 "명문양가의 자제들"로 설정함으로써 보살계층의 신분들이 "하천한 빈민들의 자제들"은 결코 아니라는 점을 알 수 있습니다.

그러니까, 이 대목에서 벌써 금강경의 차별성이 있는 셈입니다. 왜 명문양가의 자제들만 보살(Bodhisattva; 깨달음을 추구하는 자, 또는 깨달음을 가지고 있는 자)이고, 하천한 빈민가의 자제들은 보살이 될 수 없습니까?

만약 금강경 경전작가가 이 금강경을 작성하기 전에 나를 만났다면, 나는 그에게 이 대목의 수정을 요구했을 것입니다. "보살승(菩薩乘)에 명문양가의 자제들만 태우지 말고, 하천한 빈민가의 자제들도 동등하게 함께 보살승에 태워야 한다."라고.

---

10) 예민한 감수성을 가지고 있는 사람은 이 질문을 통해 이미 체(體)의 기미(機微)와 용(用)을 알아차렸을 것이다. 체(體)와 용(用)이란 주역(周易)의 용어이다. 무슨 말인가 하면, 바야흐로 대승불교 반야부 경전작가들의 자기주장이 물결처럼 일어나고 있는 것을 나는 이 구절을 통해 미리 감지(感知)한다는 말이다.

세계 전기문학(傳記文學)전집들에서 확인한 통계적인 사실

수천년동안 이어져 온 불교인물사상사에서 보면, 정말 큰 인물들은 모두 명문양가의 자제들이 아니고, 하천한 빈민가의 자제들이었습니다. 예를들면, 근대 인도국가 헌법의 아버지이며, 인도국가의 진정한 지도자였던 암베드카르가 그렇고, 중국 조계종 불교의 창립자인 노혜능이 그렇습니다.

이렇게 빈민층 출신의 천재들과 영웅들과 지도자들은 각 나라 역사에 엄청나게 많습니다. 그런데 왜 금강경은 차별성을 보입니까? 명문양가의 자제들이 잘났으면 얼마나 잘났고, 하천한 빈민가의 자제들이 못났으면 얼마나 못났겠습니까? 부디 현대의 금강경 설법사는 차별하지 말기를 바랍니다.11) 왜냐하면 중요한 것은 출신계급이 아니라 완벽한 지성(반야바라밀)이기 때문입니다.

우정과 연민조차도 절대 고정 불변하는 것은 아니다

금강경 제2장에서 수보리 존자의 질문은 보살도의 기본에 관한 것입니다.

---

11) 바로 이러한 시비의 소지가 있을 수 있기 때문에 《금강경》이 끝나는 문장에서는 "재가(在家)의 많은 남자와 여자들"이라고 하는 말이 추가되었는지도 모른다. 어쨌거나, 구마라집과 진제는 명문양가의 자제들을 선남선녀들(good men)로 번역했지만, 보리유지와 급다는 보살이라고 번역했고, 현장과 의정은 선남 선녀를 빠뜨리고 있다. 빠뜨린 이유는 보살승에 나아간 자는 선남선녀가 아니라 보살로 간주했기 때문이었을 것이다. 내 관점으로는 구마라집과 진제의 번역어가 평등한 불교다운 표기라고 여겨진다. 물론 원어는 명문양가의 귀족자제들이라는 뜻이다. 실제로 필자가 중국의 모미술대학 도서관에서 몇 달 머무르면서 확인한 것인데, 중앙아시아 여러 고대불교의 보살그림들과 조각품들은 모두 상류층의 화려하고 권세가다운 면모를 보이고 있었다.

그러면, 보살도(The Path of Bodhisattva)의 기본이란 무엇입니까? 보살도의 핵심은 자비(慈悲; loving-kindness)입니다.

그런데 이 자비심(우정과 연민)은 단순무식한 사람들의 생각처럼 그렇게 깔끔하게 명료한 문제가 아닙니다. 왜냐하면 우정과 연민조차도 무아(無我; Selflessness)이며, 고정적인 것이 아니기때문입니다.

다시 말하면 절대불변하는 고정적인 자비의 본체는 없는 것이므로, 세상에서 말하는 자비심이란 그저 명칭(名稱)과 시설(施設)일 뿐이라는 것입니다. 그렇기 때문에 보살의 마음(Maha Karuna; Loving Kindness Meditation, The Great Compassion)에 관한 것은 누구나 말할 수 있는 것이지만, 동시에 '보살의 마음'에 대해서는 아무나 말하고 행할 수 있는 것이 아닙니다.

금강경 본문

"여래께서 여러 보살들을 잘 호념해주시고, 여러 보살들에게 잘 부촉하시니"

도행반야경(제10권)의 촉루품에 보면 여래(이렇게 온 깨달은 자)의 부탁이 무엇인지 잘 알 수 있는 대목이 있습니다. 즉, 여기서 부처는 자신의 최측근 제자인 아난다의 어깨를 세 번이나 어루만지면서, 이 반야바라밀(완전한 지혜)의 선전보급 일을 당부하고 있습니다.

즉, "이 반야바라밀(지혜의 완성)을 항상 갖고 다니면서 학습하고 기억하며 베껴 쓰되 한 글자라도 틀리게 쓰거나 삭제하지 말고 오로지 글자에 집중하고 좌우를 두리번거리지 말라. 이 모든 일이 방해될까봐 두렵기 때문이니, 부디 이 반야경을 잘 살펴서 한 글자라도 빼먹지 말라. 아난다여, 나는 그대에게 이 반야바라밀(지혜의 완성)을 당부한다."고 거듭 반복하며 말하고 있는 것입니다.

금강경 경전작가의 허물

그러나 나는 위의 말에 접하면서 미소를 짓습니다. 왜냐하면 대승불교 반야부 경전작가들의 저의(底意)를 꿰뚫어 보기 대문입니다.

왜 그들은 석가모니와 석가모니의 최측근 제자들을 이렇게 배우로 만들어서 연출시키고 있습니까?

왜 그들은 이미 죽어서 아무런 말도 할 수 없는 석가모니와 아난다를 내세워 제멋대로 권위를 만들어내며 정통성을 주장하려고 합니까?

오늘날 반야경이 제 아무리 오래된 책이라고 하더라도 틀린 것은 틀린 것입니다. 그런데 만약 어떤 사람이 이 세상에서 가장 오래된 것만으로도 가치가 있는 것이라고 한다면, 호도사피엔스 사피엔스로서의 나의 정신은 '이 가장 오래된 책'이 있기 전부터 있었다고 말해주고 싶습니다.

그러니까 인류에게 중요한 것은, 시간의 장단(長短)보다 심오하고 성숙한 깨달음이 더 중요하다는 것입니다.

연민과 우정의 바라밀

스승은 수보리에게 이렇게 말했다.

"보살승을 타고 나아가는 보살은 마땅히 다음과 같이 그 마음을 일으켜야 한다. 수보리여, 무릇 살아 있는 모든 것(우주적인 상호작용의 결과물)들을, 즉 조류와 같이 알에서 태어나는 것들과, 소나 말과 같이 모태에서 태어나는 것들과, 또는 벌레나 모기와 같이 습기에서 태어나는 것들과, 또는 귀신들과 같이 홀연히 스스로 태어나는 것들과, 그리고 또, 형태가 있는 것들과 형태가 없는 것들과, 또는 지각이 있는 것들과, 지각이 없는 것들과, 또는 지각이 있는 것도 아니고 없는 것도 아닌 것들과, 이밖에 살아 있는 종류로서 모든 생명체들을 모두 영원한 행복의 세계로 인도하여 구제하지 않으면 안된다. 그러나 그렇게 무수한 생명체들을 모두 영원한 행복의 세계로 인도하여 구제했다 하더라도, 사실은 어떤 중생도 구제한 바가 없다고 깨달아야 한다. 왜냐하면 구제할 중생과 구제하는 보살과 구제의 방편이란 모두 환상과 같고, 꿈과 같은 것이기 때문이다.

만약 보살이 영원한 자아에 대한 집착과 영원한 중생에 대한 집착과 영원히 살고 싶다는 집착과 불멸의 인간으로 영속

하고 싶다는 집착이 있다면, 그는 깨달은 보살이라고 말할 수
없다.12)

새로운 생각의 길

만약 금강경이 대자대비(大慈大悲)와 중생구제만 주장했다면,
힌두교와 예수교와 이슬람교와 다를 게 하나도 없을 것입니다.

그런데 타종교의 사상과 달리 불교만의 매우 독창적인 면은
'시설즉비시명(是說卽非是名; 테제와 안티테제와 신테제)'이라고 하
는 놀라운 지혜의 변증법에 있습니다.

이러한 사상은 자기부정과 자기초월의 깨달음이 없이는 불
가능한 레벨의 사상입니다.

나의 금강경 담론도 시설즉비(是說卽非; 테제와 안티테제)의 레
벨에서 이루어지는 것입니다.

그리고 시명(是名; 신테제, 종합하는 명제, 균형적인 명제)의 경지는
단순한 흑백논리로는 이해시킬 수 없는 우리들의 전체적인 삶
입니다.

---

12) 지금 필자가 참고대본으로 사용하고 있는 금강경은 범어본(梵語本)입니다. 하지만
구마라집이 번역한 중국 고대 한자로 된 금강경 제3장의 원문도 새롭게 한글현토
를 붙여서 여기 각주로 소개해둡니다.
　　大乘正宗分 第三: 佛께서 告須菩提하시기를 諸菩薩 摩訶薩은 應如是 降伏其心
이니 所有一切衆生之類인 若卵生 若胎生 若濕生 若化生 若有色, 若無色 若有相,
若無相, 若非有相, 非無相을 我皆令入無餘涅槃하여 而滅度之해야한다. 그러나 如
是滅度 無量無數無邊衆生했다 하더라도 實無衆生 得 滅度者이니, 何以故냐하면
須菩提여 若菩薩이 有我相 人相 衆生相 壽者相이면 卽非菩薩이기 때문이다.

여기서 전체적 삶이란 본성론적인 대승불교 용어로는 '불이(不二)' 또는 '불이(不異)'라고 합니다.

인도철학에서는 이 불이(不二)의 경지를 아드바이타(Advaita)라고 명칭하지요.

아무리 생각해보아도 대승불교는 (석가모니 불교와는 달리) 인도철학의 이론과 교묘하게 닮은 데가 너무 많은 종교사상 같습니다. 왜냐하면 대승불교의 핵심적인 용어와 술어는 우파니샤드와 바가바드 기타에 모두 적혀 있는 것이기 때문입니다.

작가가 독자에게 양해를 구하는 점

이제 금강경을 설법을 시작하고자 합니다.

우선 제가 여기서 (여러분에게) 양해를 구해야 할 점은, 여기서 제가 '금강경 부정'과 '금강경 초월'을 주장한다고 하더라도, 여러분은 결코 후퇴함이 없는 (확고부동한) 신심과 진지함과 자비심을 잃지 않는 보살(불퇴전위보살(不退轉位菩薩))의 마음으로 주의깊게 제 설법을 경청해야 한다는 것입니다.

일찍이 《팔천송반야경》에서 천신들은 (석가모니 부처를 부정하는) 수보리 존자의 설법을 듣고 큰 충격을 받아 경악(驚愕)한 적이 있습니다.

나 또한 해공제일(解空第一)의 수보리 존자처럼, 철저한 즉비(卽非; Is Not)논리로 공성(Emptiness; Sunyata)과 해탈(Liberation; Moksha)을 증명하려고 합니다.

그러니 여러분들은 놀라거나, 두려워하거나, 불안해하거나,

의심하지 말고 저를 잘 따라 오시기 바랍니다.13)

이제 여러분은 여태까지 단 한 번도 가보지 못한 곳을 여행하게 될 것입니다. 그러나 나는 이 곳을 이미 익숙하게 잘 아는 전문적인 가이드이니 안심하셔도 됩니다. 저는 여러분을 어떤 음험한 장소로 몰래 데리고 가서 잽싸게 잡아먹으려는 악마가 아닙니다. (청중 웃음)

그러나 또 어떻게 생각해보면, 적당한 놀라움과 두려움과 불안정과 의심과 긴장은 정기신(精氣神)의 건강에 때로는 매우 유익한 것이 될 수도 있다고 생각합니다. 하여튼 어쨌거나.

이제 우리 함께 진지하고 주의깊은 마음으로 이 금강경 부처의 말씀을 숙시(熟視)해보기로 합시다.

금강경 제3장의 요지

금강경 제3장에 보이는 생명구제를 향한 열망과 보살대사의 정신적인 경지는, 금강경 제17장에서도 반복적으로 언급되고 있습니다. 참고하시기 바랍니다.

여기서 구제의 대상은 모든 생명체들이고, 구제하는 자는 보

---

13) 결코 후퇴함이 없이 확고부동한 불퇴전(不退轉)의 보살이라고 해서 무조건 자신의 주장을 꺾지 않는 고집이 센 사람이라고 예단해서는 안된다. 왜냐하면 정말 깨달은 자의 참된 지혜를 완성하려고 하는 불퇴전위보살(不退轉位菩薩)이라면, 대부분 창의적이고 창조적인 사람들이기 때문이다. 영화《The Hunting Party(2007)》에 나오는 덕과 사이몬의 대화가 생각난다. 이 영화는 보스니아 전범(戰犯)인 폭스를 추적하는 기자들의 모험담인데, 덕이 사이몬에게 말했다. "사이몬, 난 왜 당신과 함께 있을 때마다 내 삶이 위험해지는 것일까요?" 그러자 사이몬이 말했다. "위험에 처해지는 게 진짜 삶이야. 나머지는 허구(虛構)고. 자네에겐 그 점을 상기시켜줄 필요가 있어."

살과 보살대사입니다.

그러나 생명 구제자인 보살과 보살대사의 정신적인 경지는 '무집착(Nonattachment)'이어야 한다고 가르치고 있습니다.

이러한 가르침은 '행위(Acton)와 동기(Motive)'에 관한 심리학적인 성찰을 보여주고 있습니다. 이것이 금강경 제3장의 요지입니다.

금강경 제3장의 가르침은 언뜻 보면 완벽합니다. 흠잡을 데 없습니다. 이상적입니다. 아마 세계 어느 종교경전에서도 이보다 더 '이판(理判)과 사판(事判)을 함께 갖춘 교리는 단 하나도 없습니다. 그러나 우리는 다음과 같이 질문해야 합니다.

"모든 종류의 중생이란 무엇인가?

보살과 보살대사란 무엇인가?

무집착의 마음이란 무엇인가?"

중생구제의 문제는 승려들의 일이 아니라 정치가의 일이다

오늘날 생명구제의 문제는 불교계 보살과 보살대사의 일이 아닙니다. 왜냐하면 오늘날 생명구제의 문제는 종교인 어느 한 사람이나 어느 한 종교단체에서 감당할 수 있는 성격의 문제가 아니기 때문입니다.

오늘날 종교인들의 생명구제 문제는 한정되어 있고, 이제 특히 불교승려는 참선과 설법과 경전학습과 그리고 각종 행사의식 외에 그나마 할 일도 없습니다.

왜냐하면 고대사회와 달리 오늘날에는 전세계 각 나라의 모든 대학교에서 모든 분야의 전문가들 (예를들면 재난구조요원, 소방대원, 경찰구조요원, 적십자 활동요원, 의사, 간호사, 응급요원, 위기관리상담사 등등)이 체계적으로 배출되어 그들이 사회 모든 분야에서 생명구제 활동을 하고 있기 때문입니다.

일인당 국민소득이 5천원밖에 안되는 경제수준의 나라에서 사람들이 전쟁과 기아로 절망적인 불안 공포로 방황할 때 그들을 도우려는 동남아시아의 '영웅적인 불교승려들'도, 일인당 국민소득이 5천만원이나 되는 경제수준의 나라에 오면 그들의 할 일은 더욱 한정되어져 별로 할 일이 없을 겁니다. 왜냐하면 부유한 국가의 현대인들이 겪는 정신의학적이고 정신심리적인 문제에 관한 상담 및 치료전문가들은 이미 충분히 존재하고 있기 때문입니다.

현실적으로 선택할 수 있는 승려들의 사회개혁적인 방법론

오늘날 생명구제 문제에 관한 기획과 실천의 힘은, 이 사회를 통치하며 지도해나가는 정치경제계 권력자들의 사업적인 임무에서 나와야 하는 것입니다. 이들만이 국가사회적으로《배려의 정치경제학》을 실행할 수 있는 것입니다.

그러므로 고대사회의 경우처럼 승려가 직접 나서서 생명구제하는 것보다는(할 능력도 없습니다.) 정치경제계 권력자들에게 정신적인 영향력을 발휘해주는 것이 차라리 승려들이 현실적으로 선택할 수 있는 방법이라고 여겨집니다.

그래서 금강경 제3장의 본문처럼 거창한 이상론도 좋지만 이것은 그저 하나의 말이요, 표어요, 선전문구일 뿐입니다. 아마 대승불교 만큼 생명구제에 관해 감동적인 이야기를 무수하게 쏟아내는 종교도 없다고 나는 생각합니다. 예를들면 세상사람들의 온갖 번뇌와 갈등과 눈물을 닦아준다는 대자대비(大慈大悲; 위대한 자비명상(慈悲冥想)의 대가(大家)인) 관세음보살의 이야기와, 모든 지옥이 완전히 텅 비기 전까지 나는 결코 깨달음에 들어가지 않겠다고 맹서한 지장보살의 이야기와, 중생구제를 위해 48가지 서원을 세우고 아미타불이 된 법장보살의 이야기와, 중생구제를 위해서라면 그 어떤 인내와 실천도 마다하지 않겠다고 하는 보현보살의 이야기는 얼마나 감동적입니까!

하지만 실제 승려들의 사고와 행동은 이와 반대입니다. (이것은 왜냐하면 승려도 자기자신을 사랑하고 아끼며 건강하게 생존하고 싶어하는 마음이 있기 때문입니다.)

그러므로 나는 이러한 말뿐인 거창한 중생구제론을 앵무새처럼 반복적으로 위선적으로 추상적으로 떠들지 않습니다.

나는 중생구제자와 구제받은 중생을 그저 '건강한 신체와 정신이 충분히 기능(function)하는 생명체가 되는 것' 정도로만 이야기하고 싶습니다.

구제받는 생명체와 구제하는 자와 구제방법이 덧없는 이유

금강경 제3장 본문에서 필자가 주목하고 싶은 대목은 "내가 중생을 모두 완전한 열반(고뇌가 없는 마음상태)으로 인도하여 구제했다 하더라도 구제를 얻은 중생은 사실 단 한 명도 없다."

는 말씀입니다.

이것은 구제받는 중생과 구제하는 보살과 구제하는 방법이
나 과정 모두는 인연과 여건에 의해 상호관계적으로 발생하고
없어지는 것이므로, 무아(無我; Anatman, non-self)라는 뜻입니다.

무아(無我; Selflessness)라는 말은 무슨 뜻입니까? 그것은 원인
과 조건에 의해 생겨난 것은 모두 근원적으로는 실체가 없는
것이요, 텅 빈 것(空性)을 의미합니다.

그리고 또, 모든 것은 원인과 조건에 의해 생겨난 무아(無我)
의 공성이므로 근원적으로는 평등한 하나라는 뜻이기도 합니다.

이 하나됨의 전체성(全體性)을 대승불교에서는 '불이(不二)'
또는 '불이(不異)'라고 표현합니다. 여기서 불이(不二, 不異)란
존재와 비존재(not existing), 있음(present)과 없음(absent)을 특별
히 서로 딱 잘라 나눌 수 없는 것, 이미 서로 퍼지(fuzzy)하게
포섭되어 있는 것, 곧 '전체(全體)'라는 뜻입니다.14)

그리고 이러한 깨달음을 가지고 금강경 제3장을 본다면, 중
생은 중생이 아니다. 그래서 중생이라고 부른다(卽非衆生 是名
衆生)는 것이요, 보살은 보살이 아니다. 그래서 보살이라고
부른다(卽非菩薩 是名菩薩)는 것이요, 구제는 구제가 아니다.
그래서 구제라고 부른다(卽非救濟 是名救濟)라고 말할 수 있습
니다.

---

14) 조선의 천재문인 김시습(1435-1493, 설잠스님)은 "불이(不二) 법문을 어떻기 인식
   해야 하는가? 전삼삼후삼삼(前三三後三三)이로다."라고 말한 바 있다.

열반과 구제의 미묘한 점

다시 말하면 완전한 열반(Nirvana)이나 구제(滅度)는, 탐욕과 증오와 어리석음에 사로잡혀 있는 마음상태에 있는 것은 아니지만, 이 탐욕과 증오와 어리석음이 없는 상태에 있는 것도 아니라는 것입니다. 그러므로 중생과 보살은 근원적으로는 텅 빈 상태(空性)이어서 속박되거나 해방되는 것이 아닙니다. 그래서 필자는 중생 그대로 부처, 생사윤회 그대로 열반, 번뇌 그대로 깨달음이라는 사실이 진리라고 말합니다.

바로 이것이 금강경에서 왜 보살이 중생을 열반으로 인도하여 구제하면서도 사실은 단 한명도 구제받는 중생은 없다고 말했는가 하는 이유일 것입니다.

그리고 생각건대, 공성이란 텅 빈 것이지만 무슨 일도 일어날 수 있는 에너지가 충만한 곳입니다. 즉, 공성이란 텅 빈 것이지만 모든 생명이 발생하는 곳이기도 합니다.

이상이 불교사상에 충실한 나의 설법입니다.

대인관계에서 생기는 연민피로감이라는 병에 대하여

그런데 이제는 세속적인 진리(俗諦)로 내 경험담을 이야기해보기로 합니다.

나는 어떤 사람들을 돕다가 '연민피로감(Compassion Fatigue)'이라는 병(病)을 얻은 적이 있었습니다.

석가모니도 사람이고, 그의 십대제자도 사람이고 나도 당신도 사람인데, 어떻게 우리가 비인간(非人間)일 수 있겠습니까?

석가모니와 보살에게도 화학물질의 뇌분비를 조절하는 기관이 있습니다. 그래서 석가모니와 보살도 좋은 일이든 궂은 일이든 긴장을 하게 되면 청반이 과잉활성화 하고, 호르몬이 과다분비되는 법입니다. 이것은 자연생물체의 법칙으로 생리적인 사실입니다. 그러므로 석가모니와 보살도 '중생을 돕다가 얻는 병'에 걸릴 수 있는 것입니다.15)

이에 관련하여 유마거사도 《유마경(중권 제5장)》에서 "나의 병은 중생의 병으로 인한 것이다." 라고 말한 바 있습니다. 즉 "모든 중생이 병에 걸려 있어서 나도 병이 들었다. 만약 중생들이 병에 걸리지 않는다면 나의 병도 없어질 것이다. 그래서 중생이 병을 떠날 수 없으면 보살도 병을 떠날 수 없다. 하지만 중생이 병을 떠날 수 있으면 보살도 병이 없을 것이다."라고 말한 것입니다.

이렇게 중생의 구제 과정이란 자기희생적이고 위험하고 어

---

15) 물론, 심리학에 '사실 피로감(Fact Fatigue)'이라는 용어도 있다. 그리고 '연민피로감(Compassion Fatigue)'이라는 병에 관련하여 내 심중의 말을 한다면, 나는 불운한 지인들은 그냥 가만히 두고 보지 못하는 성질이 있어서 지인의 문제해결에 적극적으로 나서서 물심양면으로 도와주는 편이다. 그런데 어떤 때에는, 내가 왜 보통사람의 무지와 욕심과 어리석은 생각에 동조하여 동분서주하며 끌려 다녀야 하는지 나자신이 한심하게 느껴지는 때가 많다. 즉, 사람들은 자신의 일(탐욕과 어리석음과 소유욕)이 잘 성사되기를 바라는 마음에서 현자(지혜의 전문가)들을 이용한다. 그리고 현자는 마치 그의 변호사처럼 행동하며 그의 욕구를 다만 지인이라는 이유로 성취시켜주고 있는데, 아무것도 구함이 없는 현자가 왜 이런 일을 수행해야 하는가? 아무리 동사섭(同事攝)의 사상이 동기라고 해도 회의감이 든다. 사람들이 원하는 것은 오로지 자신의 이익일 뿐이기 때문이다. 그래서 이제 앞으로는 가능한한 남의 문제해결에 너무 깊이 들어가지 않는 것이 현명하다고 반구제기(反求諸己)해본다. 왜냐하면 불운한 보통사람들의 무지와 욕심과 어리석음은 마치 독(毒)과 같아서 내 정신에도 영향을 많이 주는 것이기 때문이다.

려운 일입니다. 그러므로 특히 지금 생명구제를 위해 활동하는 보살들은 이 금강경의 가르침을 주의깊게 읽고 성찰명상하면서 가장 완벽한 깨달음의 지성을 심신(Mind-Body)에 익혀야 할 것입니다.

대승불교에서 가장 오래된 팔천송반야경의 보살 선언

팔천송반야경에도 다음과 같은 보살들의 선언이 있습니다. "보살은 하기 어려운 일을 하는 사람들이고, 지고의 깨달음을 얻기 위해 노력하는 대단한 사람들이다. 그들은 자신만의 사사로운 평화를 얻고자 하지 않는다. 반대로 그들은 고통으로 가득한 중생의 세계를 살펴보고, 지고의 깨달음을 얻기를 바라면서 죽음도 두려워하지 않는다. 세상에 대한 연민으로 세상을 이롭게 하기 위해서 세상에 평온을 주기 위해 닻을 올린다. 그들은 다음과 같이 말한다; 우리는 세상의 피난처요, 세상의 은신처요, 세상의 휴식처요, 세상의 궁극적 구원이요, 세상의 섬이요, 세상의 빛이요, 세상의 지도자요, 세상을 건네는 다리가 되리라."

유마거사의 통찰력: 자비심에도 집착하지 말라

그러나 유마경에는 다음과 같은 가르침이 있습니다.

"보살은 자비심에도 집착해서는 안된다. 모든 집착은 무상하기 때문이다. 타인을 해탈하게 해 준다고 그것에 얽매여서도 안된다. 애써 구하는 마음에서 비롯된 명상 또한 집착이기 때문이다. 최고의 방편(Skillful Means)은 해탈이다. 이 지혜로부터 나오지 않은 방편은 집착이며, 지혜로부터 나온 방편은 곧 해탈이다. 보살은 늘 바보와 같이 어수룩한 상태에 있지도 않고, 그렇다고 해서 항상 고승처럼 도도한 성인의 자리에 머무르지도 않는다. 보살의 몸가짐은 이와 같이 청정하지도 않고 청정하지 않은 것도 아니다. 그는 모든 것을 완전히 깨달으려고 하지만 결코 서두르지 않는다. 그는 인연법을 잘 알고 있기에 기꺼이 온갖 삿된 견해 가운데로 들어간다. 그리하여 모든 중생을 위해 몸을 움직이되 결코 그 일에 집착하지는 않는다. 그는 세상에 실재하는 것(Reality)은 아무것도 없다는 사실을 잘 알고 있다. 하지만 결코 깨달음의 문턱 안에서만 머물러 있으켜고 하지 않는다.

보살은, 자신이 만들어낸 허깨비를 보고 있는 마술사처럼 중생을 보아야 한다. 마치 물에 비친 달을 보듯이, 거울에 비친 얼굴을 보듯이, 그리고 장님이 색깔을 보듯이 중생을 보아야 한다."

금강경 제3장 중생구제론의 요지

금강경 제3장과 4장에 나오는 중생구제론과 보시에 관한 일반적인 이야기는 모든 종교의 교훈점이기도 합니다. 그런데 금강경(또는 모든 반야경)이 여타 종교의 교훈점과 다른 점은 스스로 자기를 부정하고, 자기를 초월을 해버린다는 점입니다. 나는 바로 이 점 때문에 금강경을 좋아합니다.

즉, 금강경 제 3장과 4장의 가르침은, 중생을 구제하려는 마음과 물질적인 보시가 아무리 좋은 것이라고 할지라도 이 자체에 무슨 절대적인 정체성(定體性)은 없는 것이므로 결코 아상을 내거나, 관념적으로 집착해서는 안된다는 것입니다.

왜냐하면 중요한 것은 남을 물질적으로 구제하는 것이 아니라 자기자신을 근원적으로 깨닫는 것이기 때문입니다.

다시 말하면 자기인생에서 가장 중요한 것은 반야바라밀(가장 근원적인 자각을 이루는 것, 지혜의 완성)이지, 남에게 베푸는 것과 참을성과 법률을 지키는 것과 같은 대인관계적인 처세론이 아니기때문입니다. 이러한 가르침16)은 예수교 신자들은 꿈에서도 이해할 수 없는 것입니다. 예수교 신자들은 모든 것은 버려도 하나님(神)만큼은 버릴 수 없다고 합니다. 그런데 불교는 이 하나님(神)을 버리는 마음에서 시작하는 종교입니다. 그러니 예수교신자들이 불교를 어떻게 이해할 수 있겠습니까?

---

16) 이와같은 가르침이란 다음과 같은 가르침이다.《팔천송반야경(제1장)》에서, 부처가 수보리에게 말했다. "수보리여, 보살대사는 다음과 같이 생각한다. '나는 수많은 중생을 열반으로 인도하지 않으면 안된다. 하지만 열반으로 인도되는 사람도, 인도하는 자도 사실은 존재하지 않는다.'라고. 왜냐하면 모든 것의 본성(本性; 본래의 고정적인 천성)은 공성(空性)이기 때문이다. 수보리여, 예를 들면 어떤 마술사가 큰 사거리의 교차점에서 수많은 군중들을 마법으로 만들어냈다고 하자. 그리고 나서 마술사가 그 수많은 군중들을 지워버렸다고 하자. 수보리여 그대는 어떻게 생각하는가? 이럴 경우, 대체 누구에 의하여, 누가 가해되고 피살되고 소멸된 것인가?" 수보리 존자가 말했다. "그렇지 않습니다." 그러자 부처가 말했다. "수보리여, 이와 같이 보살대사는 한량없고 무수한 중생들을 열반으로 인도하지만 열반에 들어가는 사람도, 열반으로 인도하는 사람도 사실은 존재하지 않는다. 만약 보살대사가 이러한 설교를 듣고도 겁내지 않고, 두려움으로 불안해하지 않고, 공포에 빠지지 않는다면 이 보살대사는 용맹한 보살전사라고 할 수 있다." 이러한 가르침이 금강경과 팔천송반야경의 가르침이다.

금강경 본문

"만약 보살이 아상과 인상과 중생상과 수자상이 있으면 곧 보살이 아니다."

석가모니는 상응부경전(22,95)과 잡아함경(10.10)에서, 출가승려들에게 가르치기를 "인간의 육체(Form)는 강에서 일어나는 소용돌이요, 그 감각(Feelings)은 물방울이요, 그 표상(Represntation, 조는 perception)은 아지랑이요, 그 의지(Will 또는 Formation)는 파초이며, 그 의식(Consciousness)은 환상이다."라고 설파하였습니다.

금강경에 나오는 아상(我想)과 인상(人想)과 중생상(衆生想)과 수자상(壽者想)이라는 글자의 뜻도 모두 이와같습니다.

금강경에서 말하는 네 가지 상(四想, 四相)이란, 영원한 자아에 대한 집착과, 영원한 중생에 대한 집착과, 영원히 살고 싶다는 집착과, 불멸의 신(神)처럼 불멸의 인간으로 영속하고 싶다는 집착을 의미합니다.

금강경의 아상에 대하여

그런데 나는 이 말을 도리어 금강경 경전작가에게 해주고 싶습니다. 즉, "어떻게 하면 이 금강경이 오래 존속할 수 있을까? 어떻게 하면 이 금강경의 이름이 소멸되지 않을 것인가? 어떻게 하면 이 금강경이 영원히 이야기되고, 복사되고 출판되고 학습되고 있을 때 악마의 방해를 일으키지 않을 수 있을까?"라고 하면서, 오로지 이 금강경의 선전보급에 대해 생각을 쏟고 있다면 이러한 생각도 탐욕적인 보통사람들의 마음과 다를 게 없다는 것입니다. 왜냐하면 이 금강경을 영원불멸하게 선전보급 하겠다는 행위 자체도 의욕적인 아상(我想)이기 때문입니다.

완전한 보시와 회향에 대하여

그리고 또, 수보리여, 참으로 보살은 사물에 집착하면서 보시해서는 안된다. 어떠한 경우에도 그 무엇인가에 대해 집착하면서 보시해서는 안된다. 즉, 어떤 형태에 집착하면서 보시해서도 안되며, 어떤 소리와 냄새와 맛과 접촉과 관념에 집착하면서 보시해서도 안 된다. 왜냐하면 만약 보살이 집착하는 바가 없이 순수하게 보시를 행한다면, 그가 얻는 복덕의 양은 헤아릴 수 없기 때문이다. 수보리여, 동쪽에서 허공의 양을 측량하는 것이 가능하다고 생각하는가?"

수보리가 대답했다.

"아닙니다. 스승이시여, 그렇지 않습니다."

스승이 물었다.

"그렇다면, 남쪽과 서쪽과 북쪽과 아래와 위와 중간 방향과 널리 모든 곳에서 허공의 양을 측량하는 것은 가능하다고 생각하는가?"

수보리가 대답했다.

"아닙니다. 스승이시여, 그렇지 않습니다."

스승이 말했다.

"수보리여, 그와 같이 만약 보살이 집착하는 바가 없이 보시를 행한다면, 그가 얻는 복덕의 양은 헤아릴 수 없는 것이다.

수보리여, 참으로 보살의 수레를 타고 나아가는 자는 어떤 관념에도 집착하지 말고, 보시를 행하여야 한다.17)

새로운 생각의 길

불교가 사회복지를 위하여, 가난하고 병든 자들을 배려하는 것, 베푸는 것만 말한다면, 여타종교와 다를 게 하나도 없을 것입니다.

불교만의 독창적인 특성은, 오묘한 실천인 부주(不住; Nonattachment)를 가르친다는 것입니다.

부주(不住)란 '머무르지 않는다, 안주하지 않는다, 집착하지 않는다'는 뜻입니다.

그래서 이 부주(不住)는 자기부정과 자기초월의 깨달음이 없이는 실천이 불가능한 레벨의 사상입니다.

예를 들면, 불교신자가 부처를 부정할 수 있습니까?

---

17) 지금 필자가 참고대본으로 사용하고 있는 금강경은 범어본(梵語本)입니다. 하지만 구마라집이 번역한 중국 고대 한자로 된 금강경 제4장의 원문도 새롭게 한글현토를 붙여서 여기 각주로 소개해둡니다.

妙行無住分 第四 : 復次須菩提여 菩薩은 於法에 應無所住하여 行於布施하나니, 所謂不住色布施해야 하며 不住聲香味觸法布施해야 한다. 須菩提여 菩薩은 應 如 是布施하여 不住於相하니 何以故냐하면 若菩薩이 不住相布施하면 其福德은 不可 思量이기 때문이다. 須菩提여 於意云何인가? 東方虛空을 可 思量不인가? 不也입 니다 世尊이시여 須菩提여 南西北方 四維上下 虛空은 可 思量不인가? 不也입니다 世尊이시여 須菩提여 菩薩의 無住相 布施의 福德도 亦復如是하여 不可思量인 것 이다. 須菩提여 菩薩은 但應如所教住해야 한다.

예수교 신자가 예수를 부정할 수 있습니까?

이슬람교 신자가 마호메트를 부정할 수 있습니까?

유교신자가 공자를 부정할 수 있습니까?

그리고 각종 신흥종교 신자가 자신의 교주를 부정할 수 있습니까? 이렇게 부주(Nonattachment)는 아무나 말하고 행할 수 있는 게 아닙니다.

부주(不住)는 거대한 통찰명상(통찰로 자기반성하는 것)의 결과이며, 큰 깨달음의 결과이며, 참신한 두뇌의 혁명적인 결과입니다. 그러므로 이러한 사상가는 인구 천만명에 단 한명도 없을 정도로 희귀한 존재라고 할 수 있습니다.

이렇게 (자기부정과 자기초월을 의미하는) 부주(不住)는 결코 아무나 말하고 실천할 수 있는 게 아닙니다.

금강경 제4장에서 우리가 깨달아야 할 것에 대하여

금강경 제4장은 "남에게 베풀되, 어떤 마음으로 베풀어야 하는가"에 관한 가르침입니다.

금강경 제2장에서 "보살도(菩薩道)를 가는 사람은 어떻게 머무르고, 어떻게 수행하며, 어떻게 그 마음을 조절해야 하는가?"라는 수보리 존자의 질문이 있었고, 금강경 제3장에서는 "보살은 살아있는 모든 것들에 대해 자비심을 가지고 그들을 구제해야 한다."는 부처의 답변이 있었습니다.

그런데 (단순한 유신론의 종교들과 다르게) 금강경만의 놀라운 점은 자기부정 또는 자기초월을 해버린다는 점입니다. 즉 단순한 유신론의 종교처럼 '가르침'을 일반적인 진리(俗諦)에서 그치지 않고, 가르침의 레벨이나 질을 높고 심오한 것으로 바꾸어버린다는 것입니다.

즉, 금강경 제3장에서는 "구제받는 중생과 구제하는 보살과 구제의 방법이란 모두 정체성(定體性; 정해진 본체성)이 없는 것이어서 환상이나 꿈이나 아침이슬이나 번개같은 것으로 알아야 한다."는 것입니다.

그런데 이러한 자기부정 또는 자기초월의 가르침은 금강경 제4장에서도 계속되고 있습니다. "보살은 보시를 할 줄 알아야 한다."는 것입니다. 이것은 일반적인 진리(俗諦)입니다.

그런데 금강경의 놀라운 점은, 이렇게 가르치면서 동시에 "보살은 보시하되, 보시받는 대상과 보시하는 자신과 보시하는 물건에 대해 집착하는 마음이 없어야 한다."고 가르침의 레벨을 높여버립니다. 바로 이 점이 금강경 지혜의 매력입니다.

금강경의 가르침은 행위보다 동기를 중시한다

금강경 제 4장의 가르침을 내 방식으로 다시 정리해서 말한다면, 금강경 제4장은 '행위와 동기에 관한 문제'를 다루고 있다고 여겨집니다.

금강경은 행위와 동기에서 '동기'를 중시합니다. 왜냐하면 동기가 순수하면, 행위도 순수한 것이 되기 때문입니다.

그런데 이러한 사고방식은 일반사회의 법원 재판정에서도 적용될 수 있다고 여겨집니다. 즉 법원에서 범인들의 행위에

대해 시비를 판단하고 형벌을 결정하는 판사들에게도 이 문제
는 한번 생각해 보아야 할 문제라는 것입니다.

즉 판사가 어떤 사람의 행위에 대해 시비를 논할 때에 그
행위의 결과를 중시하는가, 아니면 그 행위의 동기를 중시하는
가에 따라 판결이 달라질 수 있다는 것입니다.

생각건대, 정신연령이 높고, 지성의 깊이가 있는 불교적인 판
사일수록 행위의 '동기'를 중시하는 판결을 해야 할 것입니다.

금강경 제4장의 가르침의 원리는 이렇게 1천 8백년전의 고
전이면서도 (행위의 결과를 중시하는) 현대적인 판사보다 오히
려 더 진보적이고 지혜의 인간다운 점을 내포하고 있습니다.

금강경의 사상이 여타종교와 다른 점

다시 말하지만 금강경 제 4장의 가르침의 원리는 행위와 동
기에 관한 문제를 가르치고 있습니다.

그런데 이러한 무집착의 행위는 불교에서만 가르치고 있는
것은 아닙니다.

내가 어릴 때 매우 좋아했던 바가바드 기타(제2장 47절)에도
"네가 지금 할 일은 오직 행동하는 것이지, 결코 그 행동의 결
과에 대한 집착이 아니다. 그러므로 행위의 결과에 대한 집착
이 없이 행동하라. 그리고 또, 행동하지 않는 것(無爲)에도 집
착하지 말라."는 가르침이 있습니다.

그런데 힌두교의 바가바드 기타와 석가모니의 불교는 성격
과 기질이 다른 종교입니다. 즉 바가바드 기타는 궁극적으로

유신론(有神論)의 종교입니다. 이에 비해 석가모니 불교는 브라만과 아트만만 아니라 푸루소따마(지고자(至高者)로서의 바가반 크리슈나의 본성)도 수많은 원인과 조건에 의해 생겨난 것이기 때문에 원인과 조건이 변하면 따라 변하거나 또는 없어지는 것이라고 가르치는 종교입니다.

그리고 이러한 진리파악은 힌두교와 도교와 예수교와 이슬람교에서는 찾아볼 수 없는 오직 불교만의 독특한 관점입니다.

금강경 핵심적인 인생철학은 '머무르지 않는 것'이다

생각건대, 금강경 제4장에서 가장 핵심적인 단어는 '부주(不住)'입니다.

그런데 이러한 부주론(不住論)도 '원인과 조건에 의한 생성과 소멸'이라는 진리관(眞理觀) 위에서만 비로소 가능한 것입니다.

금강경에서 '부주(不住)하라'는 말은, 모든 것이 원인과 여건에 의해 끊임없이 변하기 때문에 고정불변의 실체라는 관념에 사로잡혀 있지 말라는 것입니다.

이상이 내가 이해하는 금강경 제4장에 대한 나의 독법(讀法)입니다.

'머루르지 않는 것(不住)'에도 집착하지 마라

그런데 필자가 새로운 생각을 원하는 독자에게 팁을 하나 드린다면, 이 "머무르지 않는 것에도 머무르지 말라"고 말하고 싶습니다. 왜냐하면 인생은 근본적으로 안주(安住; 安心立命,

平衡維持)를 원하는 것이기 때문입니다.

금강경 제4장에 대한 나의 의도적인 오독; 메마른 '사실'보다는 열매가 열리는 비옥한 오독(誤讀)을 선택하며

금강경 제4장은 모순적인 가르침입니다. 왜냐하면 보살도를 실천하는 것은 남에게 베푸는 것인데, 이러한 베품에도 집착하지 말라고 했기 때문입니다.

금강경의 이중적이고 모순적인 가르침

그런데 이야기가 여기서 끝나지 않고, 뒤이어 나오는 이야기가 무엇인가 하면, "만약 보살이 이러한 보시행(布施行)을 하면 상상할 수 없을 정도의 엄청난 양의 과보를 받을 것이다." 라는 석가모니가 직접 보증하는 말이 나온다는 것입니다. 이것은 분명히 모순적인 (또는 이중적인) 가르침입니다.

물론 보시에 대해 무집착하는 가르침은 승제(僧諦)요,[18] 부

---

18) 여기서 승제(僧諦)란 초월적인 진리(Paramartha-satya), 초월적인 지혜(Para vidya)를 필자가 의역(意譯)한 것이다. 승제(승려들의 진리)란 자기부정과 초월적 진리를 추구하는 특별한 사람들을 위한 진리 또는 특별한 사람들이 깨닫는 진리 또는 일반인들이 알고 있는 진리보다 차원이 더 높은 앎의 진리 또는 부처의 깨달음에 관한 보다 높은 의식의 완성인 반야바라밀의 진리 또는 논리와 분석과 설명이 통하지 않는 비개념적인 진리를 의미한다. 이러한 진리를 한자로 제일의제(第一義諦), 진제(眞諦), 승의제(勝義諦), 구경제(究竟諦), 진실제(眞實諦)라고도 표기한다. 그리고 속제(俗諦)란 '석가모니의 깨달음을 매우 낮은 수준으로 일반화시켜 개념적으로 말하는 진리', 또는 '세상 속인들이 깨닫고 지키는 진리와 지혜'를 의미한다. 원어는 Samvrti-satya. 또는 Apara vidya라고 표기한다. 일반인이 깨달을 수 있는 진리. 일반적인 진리라는 의미이다. 세속제(世俗諦), 부속제(覆俗諦), 고제(苦諦), 가제(假諦), 시설제(施設諦)라고 표기할 수도 있다. 그러나 나는 이 두 가지 진리(二諦)를 통합적으로 말한다는 점에서 나의 진리는 승속통합제(僧俗統合諦)이다.

주상보시(不住相布施)로 인해 얻는 과보를 보장하는 말씀은 속제(俗諦; 속인들을 위한 진리)라고 자기합리화적인 설명을 한다면, 말은 됩니다. 그러나 나는 이런 식으로 독자를 기만하고 싶지는 않습니다.

보시하는 자와 보시하는 물건과 보시 받는 자는 없다 라고 하면서, 동시에 무한한 양의 복덕을 받는다고 주장한다면, 과연 무한한 양의 복덕을 받는 자는 누구입니까? 이 또한 정체성(定體性)이 없는 무아(無我; No Self, 자아는 환상이다)라면, 그 무한한 양의 복덕성(福德性)을 강조하는 것은 완전히 무의미한 것입니다.

그러니까 내 말의 요점은 지혜의 길을 가는 자답게 승제(勝諦; 초월적인 진리)의 말만 하든지, 아니면 속인들의 타력사상(Other Power; 신앙심으로 의존하는 것)처럼 세속제(世俗諦)의 말만 하든지, 말을 분명히 하라는 것입니다.

만약 이 문제를 그저 두루뭉수리로 하나로 엮어서 호환하는 진리를 만들어 놓게 되면, 나중에 분명히 문제점이 많은 사상들이 불교계에 나타나게 될 것입니다. 그 증거는 인도와 중국의 불교계 각 종파들의 역사를 보면 금방 찾아 볼 수 있다고 생각합니다.

그리고 이 금강경(제4장)에서 언급하는 "어떤 형태에 집착하면서 보시해서도 안되며, 어떤 소리와 냄새와 맛과 접촉과 관념에 집착하면서 보시해서도 안 된다."라고 하는 말은, 법구경(92구절)의 비유처럼 "마치 허공에 날아가는 새의 발자취가 없듯이 그런 마음으로 보시해라"는 가르침일 것입니다.

실제로 어떤 관념에도 집착하지 않으면서 보시행을 하는 보살의 사례를 알고 싶은 독자는 육도집경(제1권에서 제3권까지)을 참조해 보시기 바랍니다. 그러나 그 어떤 경우에도 색성향미촉법(色聲香味觸法)과 안이비설신의(眼耳鼻舌身意; 시각, 청각, 후각, 미각, 촉각, 지각)는 서로 원인과 조건이 되어 교묘한 작용을 하는 것이지만, 부처(깨달은 자)는 이 모든 것에 아트만(眞我; 고정불변의 자체성과 실체성)은 없다고 설파했다는 사실을 잊지 말아야 할 것입니다.

보시에 관한 문제는 이제 일방적인 시혜가 아니라 교환관계(상호관계적 보시)로 성찰해야 한다

나는 현재 세계에서 가장 높은 세금을 강제로 거두어가고 있는 국가에 사는 자입니다. 그리고 돈이 최고의 가치로 숭앙되고 있는 한국 자본주의 사회 또는 시대풍조에서 살고 있는 사람입니다. 그러므로 "집착함이 없는 베풂(不住相布施)이란, 보시하는 자와 보시 받는 자는 서로 고정된 실체가 아니라 교환관계(상호관계적 보시)로 성찰해보아야 한다."는 식으로 닫론의 성격이나 방향점이 정해졌으면 합니다.

머무르지 않는다는 것의 의미

이제 끝으로 금강경 제4장에 나오는 '부주(不住; 무집착, 머무르지 않는다)'라는 말에 주목해보기로 합니다.

‘부주(不住)’라는 용어는 “주(住)하지 않는다. 머무르지 않는다.” “무집착” “진정한 자유”이라는 뜻입니다.

그런데 저는 이 ‘부주(Not Abiding)’라는 용어 속에는 대승불교 보살비구들과 여러 법사들의 인생론과 철학이 들어있다고 여겨집니다. 예를들면 용수(150-250)존자도 “모든 것이 존재한다는 견해(Eternalism)와 아무것도 존재하지 않는다(Nihilism)는 견해에도 머무르지 말아야 한다.”고 가르친 바 있습니다. 금강경에서 언급되는 이상적인 보살대사도 이러한 ‘부주보살(不住菩薩)’입니다.

모든 굴레로부터 자유 한다는 의미

그래서 부주보살(不住菩薩)이란 생사윤회에 대한 ‘부주(不住; Not Dwell)’뿐만 아니라, 해탈열반에도 ‘부주(Not Stay)’, 성불(成佛)에도 ‘부주(Not Stop)’하는 보살입니다.

그러면 왜 보살대사는 이렇게 ‘부주(Not Settle)’해야 하는가? 그것은 보살이 고집해야 할 아상(我相)은 고정불변의 영원한 자체성(自體性)과 정체성(定體性; 정해진 본체성)이 없는 것이기 때문입니다.

다시말하면, 보살의 아상이나 아집은, 어떤 원인과 조건에 의해 얼마든지 변동하는 것이기에 집착하지 않아야 한다는 것입니다.

여기서 독자들에게 더욱 오해받을 만한 이야기를 한 번 더 한다면, 대승불교의 모든 보살과 마하살은 ‘중생을 구제하겠다는 서원과 실천에도 집착하지 말아야’ 합니다. 왜냐하면 구제받는 중생과 구제하는 보살과 구제과정의 정체성(定體性; 정해진 본체성)은 없는 것이기 때문입니다.

감히 말한다면, 관세음보살과 아미타불과 지장보살과 보현보살과 약사여래조차도 중생구제를 향한 열망(誓願)에 집착한다면 그는 진정한 보살이라고 할 수 없습니다.

생각건대, 대승불교의 모든 보살신들은 중생구제를 향한 열망과 실천에도 '부주(不住, 사로잡히지 않는다, 집착하지 않는다, 머무르지 않는다, 진정한 자유)' 해야 합니다. 왜냐하면 구제받는 중생들과 중생들을 구제하는 대보살과 중생을 구제하는 방법이나 과정 또한 정해진 본체성이 없는 무아(無我)이기때문입니다.

그래서 나는 가족주의와 민족주의와 지구주의에도 '부주(不住, 머무르지 않는다, 집착하지 않는다)' 합니다.

금강경 제 4장에서 가르치는 "남에게 베푸는 보시에 더한 것" 또한 마찬가지입니다.

내가 집착하면서 집착하지 않고, 집착하지 않으면서 집착하는 이유

그래도 내 방식으로 다음과 같은 말은 해두고 싶습니다;

베푸는 것으로 말하면 베품 아닌 것이 없고, 베품이 아닌 것으로 말하면 그 어떤 베품도 베푼 것이 아닙니다. 왜냐하면 그 어떤 베품과 인색에도 고정불변의 정체성(定體性)은 없는 것이기 때문입니다. 이렇게 우리는 자기도 모르게 주고, 자기도 모르게 받고 사는 인류(人類)입니다. 그런데 이러한 불이(不二, 또는 不異)의 삶에서 무엇을 일부러 특화(特化)하며 의미화(意味化)해서 집착하게 할 필요가 있겠습니까?

“모든 것이 무아요, 모든 것이 공”이라는 주장하는 이에게

색성향미촉법(色聲香味觸法; 형태, 소리, 냄새, 맛, 접촉, 법)과 안이비설신의(眼耳鼻舌身意; 시각, 청각, 후각, 미각, 촉각, 지각)는 서로 원인과 조건이 되어 상호작용을 하는 교묘한 것입니다.

그런데 부처(깨달은 자)는 이 모든 것에 아트만(眞我; 고정불변의 실체성)은 없다고 설파했습니다. 하지만 “무주(無住)도 유주(有住)가 없다면 어찌 알 수 있었겠습니까? 부주(不住)도 안주(安住)가 없다면 어찌 알 수 있었겠습니까?

그러므로 나는 주(住)하면서 주(住)하지 않고, 주(住)하지 않으면서 주(住)하노라, 고 말합니다.

'상은 상이 아니다' 라고 하는 것도 상이다

금강경 제 5장의 의미번역

"수보리여, 그대는 어떻게 생각하는가? 여래는 어떤 특징적 인 외모를 갖추고 있는 자라고 생각하는가?"

수보리가 대답했다.

"아닙니다. 그렇지 않습니다. 여래는 어떤 특징적인 외모를 갖춘 자라고 생각하지 않습니다. 왜냐하면 외모는 영원한 실재 (Reality)가 아니며, 집착의 대상이 아니기 때문입니다."

그러자, 스승은 수보리에게 다음과 같이 말했다.

"수보리여, 여래의 외모 또한 덧없는 것이다. 그러므로 중요 한 것은 여래의 진실한 통찰력 바로 그것이니라."19)

---

19) 지금 필자가 참고대본으로 사용하고 있는 금강경은 범어본(梵語本)입니다. 하지만 구마라집이 번역한 중국 고대 한자로 된 금강경 제5장의 원문도 새롭게 한글현토 를 붙여서 여기 각주로 소개해둡니다.

　如理實見分 第五: 須菩提여 於意云何인가? 可以身相으로 見如來不인가? 不也입 니다 世尊이시여 不可以身相으로 得見如來입니다. 何以故냐하면　如來所說身相은 卽非身相이기 때문입니다. 佛께서 告須菩提하시기를 凡所有相은 皆是虛妄이니 若 見諸相 非相이면 卽見如來할 것이다.

우리는 대인관계속에서 '깨달은 자(부처)'를 만나 본 적이 있습니까? 아니, 부처는 아닐지라도 현명한 지식인(선지식)을 만나 본 적은 있습니까? 아니, 선지식(善知識; Pandita)은 아닐지라도 최소한 진지한 질문자(구도자)를 만나 본 적은 있습니까?

아마 없을지도 모릅니다. 왜냐하면 우리들의 대인관계란 제각기 자기중심적으로, 자기본위로 유형이든 무형이든 손익타산을 위주로 하는 것이기 때문입니다.

심지어, 부부간, 부모자식간이나, 부처와 대승불교의 보살신들을 공경하는 신앙조차도 모두 자신의 결핍을 채우려고 공(功)을 들인다는 점에서 우리는 이기적입니다.

그런데 이런 사람들에게 "깨달은 자의 외모는 어떤가? 깨달은 자는 어떤 신체적 심리적 특징을 갖추고 있는가? 깨달은 자는 어떻게 알아볼 수 있는가?"라는 질문이 무슨 의미가 있겠습니까?

첫 번째 단상; 깨달은 자의 외모에 대하여

금강경 경전작가 다시 자기본래의 정신상태로 돌아왔군요. 왜냐하면 여기서는 32상(Thirty-two Parts of The Body)이 철저히 부정되고 있기때문입니다. 그러나 32상을 부정하고 있는 그 부정을 한 번 더 부정하면 32상은 회복되는 것이라고 여겨집니다. 고로 32상을 정말 부정하고 싶으면 32상이라는 말 자체가 금

강경에 단 한마디도 없어야 32상을 정말 부정하는 셈이 된다
는 것입니다.

그런데 금강경에서 한 두 번도 아니고 계속 32상 부정론이
나온다면, 그것은 부정이 아니라 매우 교활한 논리로 32상을
긍정하는 것이 될 수도 있다는 점을 나는 꿰뚫어 보지 않을
수 없습니다.

모든 상을 상이 아닌 것으로 보는 것도 일종의 상이다

금강경 부처는 "상(相)이 없는 것을 상으로 본다."고 했는데,
그렇다면, 상이 없는 것을 상으로 보는 것은 일종의 상(相)이
아닙니까?

나의 두 번째 단상; 깨달은 자의 외모에 대하여

금강경 제5장은 "신체적인 특징으로 깨달은 자(여래)를 볼
수 있는가?"하는 문제입니다.

이 문제에 대하여 수보리는 "신체적인 특징으로 깨달은 자
를 볼 수 없다."고 잘라 말합니다.

신체적인 특징이란 어떤 신체적 외형, 외모를 가리키는 말입
니다.

그런데 석가모니 부처의 신체는 32개의 특징과 80개의 좋은
상호(相好)를 갖추고 있다고 합니다.

하지만 부처의 부처다운 점은 신체적 특징에 있는 것이 아
니라 그의 완벽한 깨달음의 지성에 있다는 점을 잊지 말아야

할 것입니다.

부처의 몸의 생김새와 마음의 생김새에 대하여

금강경 제5장에서는 부처의 몸의 모양(身相, 色身, 신체적 외모, 육체적 특징)이 철저히 부정되고 있습니다.

하지만 부정적으로 성찰한다면, 금강경 본문에서 부처(깨달은 자)의 몸의 모양을 부정하는 마음의 모양(心相)도 일종의 관념의 모양(相)으로 인지하여 부정할 수 있습니다.

저는 이야기를 자유롭게 다른 방식으로 해보겠습니다.

과연 부처의 몸의 모양(특별히 인상적인 외모나 외형)과 마음의 모양(특별히 인상적인 마음)은 서로 다른 것일까요? 저는 같은 것이라고 봅니다.

직설한다면, 신체적(Somatic) 특징이 곧 심리적(Psychological) 특징이요, 심리적 특징이 곧 신체적 특징입니다. 그래서 요즘 서양에서 관심이 많은 심신의학(心身醫學)이 가능한 것입니다.

심신의학과 일체의학에 대하여

잠깐 심신의학(Psychosomatic Medicine)에 관해 이야기하겠습니다.

심신의학이란 전인적인 의학(Holistic Medicine)입니다. 전인적(全人的)이란 몸과 마음을 하나로 본다는 것입니다. 즉, 신체적 질병은 마음의 질병 속에서 (마음의 질병은 신체의 질병 속에서) 발견하고 치료한다는 것이지요.

그런데 저는 인류의 몸과 마음만 아니라 모든 것을 하나

(Oneness of the All)로 봅니다. 즉, 인류의 몸과 마음도 지구생태계와 매우 밀접한 영향관계에 있다는 것입니다. 그래서 저는 심신의학(心身醫學; Psychosomatic Medicine)이라는 명칭보다는 일체의학(一體醫學; The Oneness Medicine)이라는 명칭을 제안합니다. 즉 몸과 마음과 지구생태계의 일체감(Sense of Oneness)만이 근본적인 치료의학이 될 수 있다는 것이지요.

이런 의담(醫談)은 예부터 중국과 한국의 전통의학에서는 매우 흔한 이야기입니다.

석가모니 불교의 핵심 용어

마찬가지로 부처의 몸의 모양(身相)과 마음의 모양(心相)도 하나(Oneness)입니다. 그런데 불교의 핵심은, 몸의 생김새든 마음의 생김새든 인연소생이요, 인연소생이므로 무아(無我)라는 것입니다. 이 인연소생(因緣所生)이기 때문에 무아(無我)라는 관찰은, 아주 과학적인 진리를 담고 있는 불교 핵심용어입니다. 즉 인연소생(因緣所生)의 무아(無我)란, 무수한 원인과 조건에 의해 모든 것이 발생하는 것이기에 고정불변의 실체성(實體性, 眞我, 아트만)이 없다는 것입니다.

내 식으로 표현하면 인연기멸(因緣起滅; 수많은 원인과 조건의 상호작용에 의해 생겨나거나 없어지는 것)입니다.

인연기멸이란 '인(因)으로 연(緣)하여 기(起)하고 멸(滅)한다'는 뜻인데, 만물과 만사는 모두 이렇게 인연관계(상호작용)에 의해 발생하고 소멸한다는 것입니다.

이렇게 부처의 몸의 모양과 마음의 모양도 인연기멸(因緣起滅)이기 때문에 무아(無我; 독립독존의 고정불변적인 실체성은 없다)라는 것입니다.

이 무아(No Ego)의 진리앞에 그 어떤 몸의 생김새와 마음의 생김새도 평등한 것(ONE)이요, 완전히 비어있는 것(Complete Emptiness)입니다.[20] 그래서 금강경 본문에서도 "여래가 설한 몸의 모양은 곧 몸의 모양이 아니다."라고 말하고 있는 것입니다.

깨달은 자의 지혜의 몸에 대하여

그리고 부처의 몸(身相)을 단순히 신체적인 외모로만 생각할 게 아니라, 지혜의 몸으로 이해하는 것이 불교취지에 맞는 것이라고 여겨집니다.

지혜의 몸이란 '완벽한 지혜를 갖추고 있는 몸'이라는 뜻입니다.

그런데 이 지혜(Prajnaparamita)가 없을 때에는 보통사람에 불과하지만 이 지혜를 얻으면 부처(깨달은 자, 깨어난 자)로 변합니다. 즉, 부처(Enlightend man, 또는 Awakened man)가 되면 얼굴이 밝고 눈빛이 부드럽고, 몸자세도 균형 잡히게 되고, 하는 행동도 점잖아지고, 매사 일처리도 현명하게 운영하게 됩니다. 바로 이것이 내가 긍정적으로 여기는 부처의 '몸의 모양; 신체적 특징)'에 대한 의미입니다.

---

20) 어디서 어디까지가 내면이고 외면인가? 나의 관점은 내면이든 외면이든 모두 무아(無我)라는 것이다.

그리고 또 독자는 부처의 몸의 모양을 무드라(Mudra; 印相)와 연관시켜 사색해보는 것도 의미있는 성찰행위(省察行爲)가 될 것입니다.

불상 숭배가 성행한 이유

원래 서기전(西紀前)의 인도에서는 석가모니 부처의 몸의 형상이나 얼굴조각이나 그림은 없었습니다. 그런데 서기(西紀) 기원후(紀元後)부터 사람들은 부처의 형상을 만들어 내기 시작했습니다.

그리고 중국불교사에서 보면, 중국불교는 불상(부처의 형상)의 유입과 더불어 시작되었고, 초기의 중국불교는 불상숭배의 불교라고 까지 말할 수 있습니다.

금강경이 구마라집(343-413)에 의해 중국에서 최초로 번역된 것이 402년이지만, 금강경 범어원전은 서기 150년이나 200년경에 성립된 것이라고 보는 학자가 있습니다.

이것이 사실이라면, 금강경이 만들어질 때에는 여래(깨달은 자)를 친견하려는 소망의 풍조가 강했음을 알 수 있습니다.

그래서 그런지 금강경에서도 제5장, 제20장, 제26장에서 계속 '여래(깨달은 자)를 보는 것'에 관한 문제가 반복적으로 언급되고 있습니다.

왜 그 당시 사람들은 그토록 여래(깨달은 자)를 친견하려고 했을까요? 그것은 자기마음의 안정을 위하여, 또는 부처님에게 공양하고 복을 받기 위해서였을 것입니다.

팔천송반야경에 나오는 법상대사와 금강경의 사상

이에 관련하여 지금 생각나는 이야기는 팔천송반야경에 나오는 상제보살의 구도 이야기입니다.

그는 허공에서 들려오는 생생한 음성과 그의 환상적인 명상 속에 나타난 여래의 지시에 따라 구도행각을 시작했습니다.

그러나 금강경 제26장은 "모든 상은 다 허망한 것이다." "만약 나를 어떤 형상으로 보거나 음성으로 나를 구한다면, 이 사람은 삿된 길을 가는 자이니, 그는 여래를 볼 수 없을 것이다." 라고 가르치고 있습니다.

이 점에서 금강경은 상제보살의 스승인 법상보살대사 만큼이나 반야바라밀(공성의 이해 및 자각)에 철저한 편입니다.

허무주의 냄새가 나는 불교용어를 개선되어져야 한다

그런데 필자의 불만족스러움은 다음과 같은 것입니다.

즉, 금강경 제5장에서 "무릇 있는바 상은 다 허망하다(凡所有相皆是虛妄) 만약 모든 상을 상이 아닌 것으로 본다면(若見諸相非相 卽見如來)." 이라고 했는데, 여기서 "다 허망하다(皆是虛妄)"느니, "모든 상을 상이 아닌 것으로 보라(諸相非相)"느니 하는 단어에는 지나치게 허무적이고 소극적인 냄새가 난다는 것입니다.

금강경을 만든 경전작가가 (금강경을 쓸 때) 조금만 더 깊이 생각해서, 허망(虛妄)과 비상(非相)이라는 단어대신 실제적이고 논리적이고 이성적인 용어로 표현했다면, 어느 시대에서나 불교가 좀 더 적극적이고 능동적이고 창조적인 것이 되었을 텐데 아쉽습니다.

하나의 제안으로 말해본다면, 허망이나 비상(非相)이라는 단어보다는, '모든 것이 상호관계적으로 생성하고 소멸한다는 원리'를 의미하는 상호의존성, 또는 상호관계성 또는 상대성 또는 전체성이라는 단어를 사용한다면 어떨지 모르겠군요. 이런 용어는 최첨단 현대과학의 사상과도 일치하고 있는 단어라고 여겨집니다.

그래서 금강경 본문에 나오는 '허망론(虛妄論)'은 '인연기멸론(因緣起滅論; 인연으로 기멸한다는 관점 또는 원인과 조건에 의해 성성하고 소멸한다는 것 또는 아트만과 브라만은 실재하지 않는다는 것)'으로 파악하고 이해해야 큰 잘못이 없을 것입니다.

나의 세 번째 단상; 깨달은 자는 어떻게 알아볼 수 있는가
나는 금강경 부처에게 다음과 같이 묻습니다.

왜 금강경 부처는 "여래는 신체적인 특징으로 볼 수 있는가, 없는가?"하는 말씀을 합니까?

신체적인 특징에 관한 문제가 그토록 중요합니까?

여래(Tathagata; 깨달은 자로서 이렇게 온 성자)를 보는 문제가 이토록 중요합니까?

솔직히 말하면 나는 여래(如來; 이렇게 온 깨달은 자)가 어떻게 생겼는지, 그가 어떻게 사생활을 운영하고 있는지에 대해서는 호기심도 관심도 없습니다.

내 관심사는 오로지 다음과 같은 질문의 답에 관련된 진리일 뿐입니다.

"이 인생은 무엇인가? 우리는 왜 온갖 기쁨과 분노와 슬픔과 쾌락에 사로잡혀 있는가? 산다는 것은 무엇이며, 죽는다는 것은 무엇인가? 영원한 생명(태양 에너지의 충만한 저장)과 지금 이 순간에 자살(생명에너지의 완전한 연소)을 동시에 원하는 이 인간의 심정은 대체 어디에서 기인되고 있는 것인가?

왜 보통사람들은 자기가 사랑할 수 있는 신과 인간을 이토록 간절히 원하는가?"

그리고 또 '모든 상(相)은 허망한 것이다.'이라고 설하면서 동시에 부처를 친견할 수 있다는 조건적인 관념인 '비상(非相)이라는 상(相)'을 설하는 이 금강경 경전작가의 심정은 왜 그토록 신앙적인가?"

나의 네 번째 단상; 깨달은 자는 어떤 특징을 갖추고 있는가
부처의 문제제기:
신체적 특징(身相)으로 여래를 볼 수 있는가?
수보리의 관점:
신체적 특징(身相)으로 여래를 볼 수 없다.
이러한 관점의 이유:
왜냐하면 신체적 특징(身相)은 신체적 특징(身相)이 아니기 때문이다.
수보리 관점의 이유의 이유:

어째서 신체적 특징(身相)이 아닌가 하면, 모든 형상은 허망한 것이기 때문이다.

허망한 것도 허망한 것이요, 비상(非相)도 비상(非相)이다

그렇다면(모든 형상이 허망한 것이라면), 신체적 특징으로 여래를 볼 수 없다는 것(非相) 또한 허망한 것입니다.

즉, 허망도 허망한 것이요, 상이 아닌 것(非相)도 상이 아닌 것(非相)인 것입니다.

그러므로 신체적 특징과 신체적 특징이 아닌 것, 실재하는 본체론과 허망론을 분별하고 차별하는 것은 깨달은 자의 통찰력(Insight)이 아닙니다.

나는 여래를 이렇게 본다

그렇다면, 어떤 것이 깨달은 자(부처)의 통찰입니까?

1) 여래(如來; 깨달은 자로서 이렇게 온 성자)는 언어문자적인 의미가 실체화된 허상입니다. 그러므로 여래란 우리 두뇌속에 개념적으로만 존재하는 것일 뿐입니다.

2) 따라서 이러한 여래(깨달은 자로서 이렇게 온 성자)를 본다는 문제는 마치 환상속에서 어떤 형상과 음성을 체험한다는 것과 같은 말입니다. 여기서 체험이란 두뇌에서 전기화학(電氣化學)적인 작용이 생겨났다는 뜻입니다.

3) 그리고 금강경 제 26장에서 세존은 "만약 형상으로 나를 보거나 음성으로 나를 구한다면 이 사람은 삿된 길을 가는 것

이니, 결코 여래(이렇게 온 깨달은 자)를 보지 못한다.”고 잘라 말했습니다.

4) 그러나 문제의 불씨가 여전히 남아 있습니다. 그것은 “여래를 볼 수 있다(則見如來)”는 소망적인 관념에 관련된 것입니다.

이 문제는 금강경 경전작가와 신앙적인 대승불교 교법사들에게는 문제가 될 것이 없지만, 진리와 사실을 가능한한 객관으로 추구하는 나에게는 문제가 됩니다. 왜냐하면 “여래를 본다”는 문제는, 여래(깨달은 자로서 이렇게 온 성자, 깨달은 성자)를 보려고 하는 자들의 욕망('救福')에 관련된 문제이기 때문입니다.

나의 다섯 번째 단상; 우주의 미세한 먼지같은 벌레들

불교성직자들은 32상(相) 80종호(種好)을 갖추고 있는 부처의 몸의 모양에 대해 이런 말 저런 말이 많습니다.

하지만 이렇게 위대한 32상 80종호를 갖춘 인물을 낳은 부모의 관상(觀相)이나 신상(身相)은 어떤가? 또 그리고 그 부모의 부모의 관상이나 신상(身相)은?

이렇게 소급하여 수십억년을 거슬러 올라가 그 원조가 되는 존재(Existence)를 찾아보면, 우리는 경악스럽게도 볼품없는 괴상한 우리들의 원조(元祖)적인 형상(身相)을 목격하게 됩니다.

그리고 이 볼품없는 괴상한 우리들의 생명체 원조도 넘어서 '있는 것(Is-ness)'이 있으니 그것은 바로 우주의 존재입니다. 그런데 이 우주에 형상이 있습니까?

이 우주조차도 대폭발이 있기 전에는 진공상태(眞空狀態)였

습니다. 그런데 무슨 (먼지보다 더 미세한 먼지인) 인간의 관
상(觀相)이나 몸짱(身相)에 대해 이토록 말이 많습니까? 나는
입을 비죽거리며 그저 어깨를 한번 들썩거릴 뿐입니다. 이하
담론의 전개는 독자에게 맡깁니다.

미래에도 반야경의 가르침을 듣는 사람들이 있다

수보리가 스승에게 물었다.

"세존이시여, 미래의 어느 날에 누군가가 이와 같은 법문을 듣고, 이것이 진실이라고 알고 믿는 사람들이 있겠습니까?"

스승이 수보리에게 말했다.

"수보리여, 그렇게 말해서는 안된다. 왜냐하면 여래가 죽은 수천년 이후에도, 진지한 삶으로 어진 성품(Sattva Guna)으로 복과 덕을 닦는 자가 있기 마련이기 때문이다.

그들은 어떤 인연의 힘에 의해 이 법문을 듣고, 스스로 믿고 실천하면서 그 깨달음의 세계를 열어갈 것이다.

그들은 그동안 여러 부처님들에게 어진 성품을 내었을 뿐만 아니라, 현재의 무수한 깨달은 모든 성자들에게도 어진 성품을 내고 있는 자이다.

그러므로 그들은 이 법문을 듣는 순간 한 생각으로 청정한 믿음을 얻어서, 그 깨달음의 세계를 열어갈 것이다.

수보리여, 여래는 그들이 한량없는 복덕을 얻으리라는 것을 잘 알고 있다.

그들은 영원한 자아에 대한 집착과 영원한 존재에 대한 집착과 영원한 영혼에 대한 집착과 영원한 인간에 대한 집착에 사로잡혀 있지 않다. 그들은 또 모든 사물에 대한 집착에서도 자유롭다.

그러나 만약 그들이 집착하는 마음이 있다면, 그들은 영원한 자아라는 관념과 영원한 존재라는 관념과 영원한 영혼이라는 관념과 영원한 인간이라는 관념에 사로잡혀 버리게 될 것이다.

또 사물에 대해서도 '실체다' 또는 '실체가 아니다'라는 생각에 집착한다면, 그들은 그 사물로부터 결코 자유롭지 못할 것이다.

그리고 여래는 바로 이러한 의미를 깨우쳐 주기 위해 다음과 같은 비유의 말씀을 하셨다.

'비구들이여, 내가 말하는 설법을 뗏목의 비유와 같이 알고 이해하는 사람은 법조차도 버리지 않으면 안된다. 하물며 법이 아닌 것에 있어서 겠는가'라고.21)

---

21) 지금 필자가 참고대본으로 사용하고 있는 금강경은 범어본(梵語本)입니다. 하지만 구마라집이 번역한 중국 고대 한자로 된 금강경 제6장의 원문도 새롭게 한글현토를 붙여서 여기 각주로 소개해둡니다.

正信希有分 第六: 須菩提가 白佛言하기를 世尊이시여 頗有衆生이 得聞如是言說章句하고 生 實信不일까요? 佛께서 告須菩提하시기를 莫作是說하라 如來滅後 後五百歲에 有 持戒修福者하여 於此章句에 能生信心하여 以此爲實할 것이니 當知하라. 是人은 不於一佛二佛三四五佛에 而種善根일 뿐만 아니라 已於無量千萬佛所에 種諸善根하여 聞是章句하고 乃至一念으로 生 淨信者이다. 須菩提여 如來는 悉知悉見하니 是諸衆生은 得如是無量福德이다. 何以故냐하면 是諸衆生은 無我相 人相

금강경은 부처(깨달은 자)의 거대한 통찰력이 적혀 있는 책입니다. 그러나 통찰력은 통찰력이 아닙니다. 왜냐하면 통찰력은 수많은 심리적 (두뇌작용의) 원인과 조건에 의해 생겨난 것이기때문입니다.

고로 통찰력은 한 물건이 아닙니다. 즉, 통찰력에는 그 어떤 자체성(自體性)과 실체성(實體性)과 정체성(定體性)도 없는 것입니다. 그리고 이러한 사실은 단 한 번의 '즉사(卽死)' 또는 '치매(癡呆)'로 증명할 수 있습니다. 하여튼 어쨌거나. 금강경은 거대하고 심원한 통찰(반야바라밀)이 적혀 있는 책입니다.

그런데 여기서 문제점은, 그 누구도 이 책의 운명(니야티)을 조정할 수는 없다는 사실입니다.

무슨 말인가 하면, 금강경 경전작가는 선대의 불경들을 참조하며 새로운 불경을 최선을 다해 썼습니다. 그러면 그것으로 그의 임무는 완료되었다는 것입니다.

그런데도 금강경 경전작가가 욕심을 내어 자기 책의 운명마저 조정하려고 한다면, 그것은 세속적인 너무나 세속적인 발상이라고 여겨집니다.

衆生相 壽者相이며 無法相이며 亦無非法相이기 때문이다. 何以故냐하면 是諸衆生이 若心取相하면 卽爲着我人衆生壽者이며 若取法相도 卽 着我人衆生壽者이니 何以故냐하면 若取非法相일지라도 卽着 我 人 衆生 壽者이기때문이다. 是故로 不應取法이며 不應取非法이니 以是義故로 如來常說하시기를 汝等比丘는 知我說法을 如筏喩者이니 法尙應捨하거늘 何況非法이겠는가

그래서 금강경은 유혹자입니다. 그리고 놀라웁게도 금강경의 유혹은 과거와 미래와 현재를 통해 성공적입니다. 그러나 금강경은 성공한 만큼의 불행한 댓가를 지불하게 될 것입니다.

금강경 본문

"세존이시여, 미래의 어느 날에 누군가가 이와 같은 설법을 듣고, 이것이 진실이라고 알고 믿는 사람들이 있겠습니까?"

수보리 존자도 예상하지 못한 사람

직설한다면, 수보리 존자는 미래에 올 사람들을 보는 눈이 없습니까? 수보리 존자는 단순히 굳센 신앙심을 가진 불교신자들만을 원하십니까? 수보리 존자는 나와 같은 사람이 나와서 그 자신과 부처에게 예리한 질문을 할 것이라는 것을 예상한 바 있습니까?

그런데 나의 문제점은 금강경의 가르침을 글자 그대로 고분고분하게 절대적인 신앙심으로 순종하지 못하고, 감히 금강경을 심해(甚解)하며 비점(批點)을 제시하고 있다는 점입니다.

이 점은, 수보리 존자와 부처님을 절대적인 신앙심으로 존숭하는 분들에게 인정적(人情的)으로 죄송(罪悚)함과 미안(未安)함을 느낍니다. 독자는 그저 "저 놈의 운명('假傷官格')이거니!" 하고 이해(理解)해주시기 바랄 뿐입니다.

다양하고 풍성한 불교를 위해서는 나 같은 사상가도 필요하다

나는 팔천송반야경에서 유감없이 드러내는 수보리 존자의 설법을 잘 알고 있고, 또 석가모니 부처님이 어떤 사상을 말하고 있다는 것도 잘 알고 있습니다.

그래서 가능한한, 수보리 존자와 석가모니 부처에 대한 충성심보다는, 진리의 발견에 관련해 더 철저하고 더 정밀한 방법을 가지고 최선을 다해 보려고 합니다.

어떻게 생각해보면, 석가모니와 수보리 존자의 후손 중에는 나같이 철상철하(徹上徹下)하는 사람도 한 명 정도는 있어도 괜찮다고 생각합니다. 왜냐하면 금강경의 가르침을 이렇게 비점담론(批點談論)하는 사람이 없으면, 금강경 공부는 기껏해야 글자의 원전 공부와 불교포교용과 생활처세의 도구용을 넘어서지 못하기 때문입니다.

이런 종류의 금강경 해설은 전반적으로 금강경의 가르침에 아부하는 해설의 수준 이상은 되지 못합니다.

금강경은 우리의 정신을 구속하는 문자감옥(文字監獄)이 되어서는 안됩니다. 그래서 이 유례가 없는 저의 금강경 비점담론서(批點談論書)는, 지나치게 모범적인 학생노릇에 충실한 각묵스님이나, 도전적인 도올 김용옥 교수의 금강경 공부처럼, 번역어가 어떻고 원어는 어떻고 하는 문자시비가 아니라, 금강경 경전작가와 수보리 존자와 금강경 부처를 상대로 비판적 법거량(法擧量)을 행하고 있다는 점입니다.

바로 이 점 때문에 나는 신앙심이 독실한 사부대중(四部大

衆)으로부터 소외와 배척을 당할 수도 있다고 생각합니다. 그러나 나는 그 누구보다도 수보리 존자와 금강경 부처에 대한 존경심과 독실한 마음을 가지고 있다는 사실을 독자는 알아야 할 것입니다.

건방지게 감히 말한다면, 금강경이 나같은 사상가를 배출한 이유를 모르는 자는 오묘한 불교사상의 맛을 알 수 없을 것이라고 생각합니다.

하여튼, 이러한 대인관계상 의사소통의 문제는 그저 나의 지음지기(知音知己)가 아니고서는 해결이 될 문제가 아니라고 여겨집니다.[22]

나의 지적인 성향과 기질에 대하여

포러효과(Forer Effect) 또는 바넘효과(Barnum Effect)적인 이야기지만,[23] 나의 사주팔자는 병정화(丙丁火)가 지배하는 강한 인성격(印性格)에 경금상관용신(庚金傷官用神)을 타고난 가상관격(假傷官格)입니다.

그리고 에니어그램의 이론에서는 제1번과 제5번 유형에 속

---

22) 그러나 이러한 지음지기(知音知己)에 대한 내 생각도 어쩌면 내 두뇌의 편도체 강화를 위한 것에 지나지 않은 것인지도 모른다. 즉, 나와 똑같은 사상가나 비슷한 사고방식이나 지적성향의 독자를 찾아내어 그와 특별한 지적 사회적 연대를 욕구하는 것인지도 모른다는 것이다. 그런데 이러한 마음은 석가모니 부처의 통찰에 의하면, 분파를 만들고 스스로 결박하는 견해의 정글에 지나지 않은 것으로, 갈망의 한 표현이며, 인지의 한 표현이며, 어떤 상상일 뿐이며, 어떤 관념적인 확산일 뿐이며, 움켜쥠의 경향이며, 그저 후회의 원천이 되는 것일 뿐이다.

23) 포러효과(Forer Effect) 또는 바넘효과(Barnum Effect)란 보편적으로 누구나 가지고 있는 성격이나 심리적 특징을 자기만의 고유한 특성이라고 여기는 심리적 경향을 의미한다.

하는 사람입니다.

그래서 이러한 나의 천성처럼 일반독자들이나 사부대중(四部
大衆)가운데에서도 나같은 유형을 좋아하는 사람은 엄청 좋아
하며 후원할 것이고, 또 나를 싫어하는 사람은 엄청 증오하며
시기질투와 비난을 퍼부을 것입니다.

특히 옛날 우리나라 유교적인 정치가였던 분들처럼 정관성
(正官性)이 강한 사주팔자를 가진 분들은 나를 보면 미치고 팔
짝 뛸 것입니다. (이런 현상은, 현재의 우리나라 종교계와 학계
의 정관적(正官的)인 지도자들도 마찬가지로 여전할 것입니다.)

그러나 원리원칙이나 고정관념에만 충실하고 고지식하고 고
리타분한 관료(官僚)같은 종교계 지도자들이나 학계 지도자들
은 결코 나를 이기지 못할 것입니다. 왜냐하면 내 사주팔자의
운명은 정관(正官)을 정면에서 상(傷)하게 하는 상관용신(傷官
用神)이기때문입니다.24)

참고로, 석가모니 부처도 진상관격(眞傷官格)이요, 달라이 라
마도 상관격(傷官格)입니다. J.D.크리슈나무르티도 가상관격(假
傷官格)이요, O.라즈니쉬도 진상관격(眞傷官格)이요, U.G.크리슈
나무르티도 상관용신(傷官用神)입니다. F.니체도 상관격(傷官格)
이요, 버나드 쇼도 상관격(傷官格)입니다. 중국인을 예로들면
장자도 가상관격(假傷官格)이요, 이탁오도 상관격(傷官格)이요,

---

24) 내 사주팔자에서 상관(傷官)이 용신(用神)이라는 의미는 1) 갇히고 억압된 정서를
　　밖으로 발산하여 모두 누진(漏盡)시켜버려야 한다는 것, 2) 지적 에너지를 끊임없
　　이 충전해야 한다는 것, 3) 모든 것을 서로 연결하는 홀리스틱 사고
　　(Holistic-Thinking)로 글을 써야 한다는 것이다.

루쉰도 상관격(傷官格)입니다.

이들은 모두 나처럼 비판적인 근성이 매우 강한 자들로서, 강자에 매우 강하고 약자에 매우 약한 자들입니다. 그리고 또 이들은 모두 예리한 논리로 역설적인 웅변을 토해내지만 비활동적인 관찰자들이기도 합니다.

그래서 부디, 나와 다른 사주팔자의 성격(性格)과 용신(用神; 정기신(精氣神))을 가진 독자들은 내가 지금 이렇게 건방진 말투로 자기심정을 표현한 점을 이해해주시기 바랍니다. 나는 내가 타고난 천성("假傷官格의 성질") 그대로 정말 최선을 다하고 있을 뿐입니다.

이쯤에 와서, 나는 수보리 존자와 석가모니의 한바탕 큰 웃음을 듣고 싶습니다.

나는 법구경(58-59구절)의 표현처럼, 길가에 버려져 있는 쓰레기더미같은 눈먼 중생들 속에서 생겨난 연꽃입니다.

나는 법구경(197구절-200구절)의 표현처럼, 증오하는 사람들 사이에서, 병든 사람들 사이에서, 고생하는 사람들 사이에서, 가진 것이 없는 사람들 사이에서 괴로워하며 부처의 지혜를 추구하는 사람입니다.

금강경 경전작가가 전혀 예상하지 못한 사람

내가 금강경 제6장 전반부 내용을 읽어보고, 말하고 싶은 것은, 이 금강경이 미래의 사람들에게 베스트셀러로 읽혀진다 하더라도 또 다른 문제가 발생할 수도 있다는 점입니다.

그 문제 중의 하나는 바로 나같은 사람이 출현하여 주변의 독실한 사부대중(四部大衆)의 마음을 혼란시키고, 불안하게 하고, 두렵게 하고, 어지럽게 한다는 것입니다.25)

왜 나는 이렇게 말하고 글을 씁니까? 그것은 내 사상의 씨알을 뿌리기 위해서입니다.

방법이 조금 거칠기는 하지만, 이미 익숙한 독자분들은 오래 전부터 즐기고 있을 것입니다. 26)

이제 다시 금강경 본문을 들여다 보기로 합니다.

---

25) 나는 사람들을 깊이 깨닫게 만드는 것을 주업으로 삼고 있는 사람이다. 나는 한국출신의 비서저작랑(批書著作郞)으로, 거짓된 지식에 끌려 다니지 않고, 반역하는 사람이다. 나는 불교의 새로운 진로(進路) 또는 새로운 생각의 길(思路)을 발견하려고 노력하는 사람들중의 한 사람이다. 나는 동양고전 비평(고전비판적 해석학)에 관련된 일을 하고 있는 자유저술가이다. 그리고 나는 중국과 한국과 일본불교계의 '본성론(本性論)적인 대승불교와 선불교를 비판하는 현대불교 사상가'로 논란(論難)의 여지가 많은 사람인데도 아무도 논란하지 않는 사람이다.
　나는 자기성찰과 창조적인 글쓰기 작업을 위해 혼자 있는 것(고독)에 익숙한 홍진도시(紅塵都市)의 은둔고승(隱遁孤僧), 상문외소승(桑門外素僧), 벽담잠용(碧潭潛龍)이다. 나는 원효, 최치원, 김시습, 이동인, 최한기, 한용운, 함석헌 등 방외(方外)의 재야지사(在野志士)들이 남긴 지적인 유전자들(아이디어 밈)의 격랑(激浪)속에서 이리저리 떠내려가고 오르내리며 여기저기 왕래하는 강렬하게 명멸하는 생명체로서, 한민족 집단적 무의식의 원형속에서 어쩔 수 없이 가문의 선조들과 부모로부터 전해 받은 <치유되어 있지 않은 불완전한 유전자들>을 가능한 치료하고, 이 유전자의 영적인 설계도를 다시 작성하며 디자인하려고 애쓰는 사람이다.
　나는 불교의 실용주의적인 미래를 위해 제4의 길(僧俗統合之道; 전체적인 삶의 길)을 주장하는 불교사상가이다. 나는 하워드 가드너의 다중지능이론(Theory of Multiple Intelligences)의 검사에 의하면, 대인관계지능(Interpersonal Intelligence)과 자기성찰지능(Intrapersonal Intelligence)이 매우 강한 사상가이다. 그리고 나는 '동기부여' 전문 상담가이다.

26) "의혹이 없을 곳에서 의혹이 생긴다면, 그것도 일종의 진보(進步)라고 할 수 있다."

금강경 본문

수보리 존자가 물었다:

"여래가 멸한 후에, 후오백세에 이 문장구절에 능히 신심을 내어, 이것을 참되게 하는 사람이 있겠습니까?"

수보리 존자의 노파심

여기서 〈이 문장구절〉이란 곧 금강반야경의 말씀을 가리킵니다. 그런데 과거세든 현세든 미래세든 이 금강경의 말씀이란 무엇입니까? 금강경이란 실제의 껍질일 뿐입니다. 왜냐하면 문장구절이 곧 사실 자체는 아니기 때문입니다.

그런데 왜 수보리 존자는 이 금강경의 껍질에 집착합니까? 더구나 "미래세상에서 금강경의 가르침이 소멸되는 시기"운운하며 평범한 사람들의 지적수준인 노파심까지 내고 있습니까? (고대인도의 수보리 존자가 지금은 어디서 무엇으로 어떻게 살고 있는지는 모르겠지만) 제가 수보리 존자에게 이야기 하나 해드리지요.

현재 우리나라 불교승려들에게 가장 유명한 금강경해설서는 《금강경오가해(金剛經五家解)》입니다. 그런데 만약 수보리 존자가 이 《금강경 오가해》에서 야부도천의 《금강경송》을 본다면 무슨 생각을 하게 될까? 아마도 그 멋진 문장에 탄성을 낼지도 모릅니다. 그러므로 수보리 존자는 노파심을 내지 않아도 된다는 것입니다.

금강경 오가해에 나오는 중국 주해승(註解僧)들에 관한 촌평

그런데 말이 나온 김에 《금강경 오가해》에 대해 한마디 평가하고 넘어가기로 합니다.

"양나라 쌍림부(497-570)대사의 《금강경찬》은 금강경 부처에게 아부하는 지혜로 해설하고, 당나라 조계혜능(780-841)의 《금강경해의》는 선종의 법사처럼 해설하고, 당나라 규봉종밀(780-841)의 《금강경소론찬요》는 대학교에서 교과서를 공부하는 학인처럼 해설하고, 송나라 야부도천(1127-1130)의 《금강경송》은 평소 조사선 어록을 많이 읽은 분답게 선어(禪語) 인용이 많고, 조사선의 미학적인 감성과 선문학적(禪文學的)인 시인의 직관적인 경지로 해설하고, 명나라 예장종경의 《금강경제강》은 선종의 포교사처럼 해설한 것 같습니다. 이 중에서 그나마 야부도천은 나의 즐거운 담론상대가 될만한 분이라고 여겨집니다. 하지만 야부도천은 (살인상생(殺印相生)하는) 나의 근성처럼 중국 조사선 불교와 대승불교와 부파불교를 넘어서는 반역적인 안목과 걸림없는 자유정신은 보이지 않습니다."

이미 죽은 지 수천년이 된 그들이 무엇을 알겠는가

수천년전에 죽은 석가모니 부처와 수보리 존자와 금강경 경전작가가 이런 후학들의 이야기에 접한다면 그들은 무슨 생각을 하게 될까?

여래('이렇게 온 깨달은 자'라고 하는 과거의 여래)가 죽은 지 수천년이 지난 오늘날에도 이 금강경 문장구절에 적극적으로 신심을 내어, 이것을 참되게 하는 사람(현재여래; 이렇게 온 깨달은 사람들)이 있으니, 이미 죽은 지 수천년이 지난 그들(如去者群)이 무엇을 어떻게 알 수 있겠습니까?

금강경 본문

"수보리여, 참으로 이 위대한 보살들은 오직 한 명의 부처님만을 섬긴 것이 아니며, 오직 한 명의 부처님 밑에서만 선근을 심은 것이 아니다.

수보리여, 이 위대한 보살들은 수백명 또는 수천명의 모든 부처님을 섬기며, 수백명 또는 수천명의 모든 부처님 밑에서 선근을 심은 사람들이다."

나는 단순무식한 청정보다는 모든 것을 다 아는 지성의 더러움과 복잡함과 모순과 역설의 진리를 더 좋아 한다

나는 30여년동안 승려생활을 해오고 있지만, 부처님을 섬긴 적도 없고, 공덕의 선근(善根)이 없는 사람입니다. 그리고 바로 이러한 이유에서 나는 누구보다도 순수한 사람인지도 모릅니다.

"금강반야경을 해설하면 사람들은 청정한 일심(一心)을 가지게 될 것이다."라고 했지만, 나는 단순무식한 청정보다는 모든 것을 다 아는 지성(반야바라밀)의 더러움과 복잡함과 모순(矛盾)과 역설(逆說)의 진리를 좋아합니다.

예를들어 아래의 문장구절에 대하여 나의 탁하고 복잡하고 모순되고 역설적인 평창(評唱)을 한번 해보기로 합니다.

금강경 본문

"여래는 부처의 지혜로써 그들을 알고,
또 여래는 부처의 통찰력으로써 그들을 보고,
또 여래는 부처의 신통력으로 써 그들을 기억한다."

**여래께서 부처의 지혜로 나를 모르고, 나를 보지 못하고, 나를 기억
하지 못하는 이유**

상상하건대, 오로지 이 나이가 되도록 금강경만 매일 읽고
공부하고 이해하고, 또 남을 위해 설명하는 일만 하고 온 나에
대해 금강경 부처는 말하기를 "석가모니 부처는 나를 잘 알고,
나를 잘 보고, 나를 잘 기억한다."고 하였습니다. 그러나 나는
석가모니 부처를 모르고, 그를 보지 못하고, 그를 기억하지 못
합니다. 왜냐하면 눈이 눈을 볼 수 없고, 들음이 들을 수 없고,
냄새가 냄새를 맡을 수 없고, 맛이 맛을 볼 수 없고, 왼손이
왼손을 잡을 수 없고, 생각이 생각을 할 수 없는 것이기 때문
입니다.

그러므로 나는 나와 별도로 있는 석가모니 부처를 알지 못
하고, 보지 못하고, 기억하지 못합니다.

그러므로 "어떻게 알고, 어떻게 보고, 어떻게 기억해야 하는
가?"에 대하여 나는 무지함으로 알고, 나는 보지 않음으로써
보고, 나는 기억하지 않음('無憶')으로써 기억한다고 간단하게
답합니다. 그러므로 여래께서 부처의 지혜로 나를 모르고, 나
를 보지 못하고, 나를 기억하지 못해야만 나는 행복합니다. 그

리고 나에게는 공덕(功德)의 선근(善根)이 하나도 없어야만 나는 정말 다행(多幸)한 것입니다.

여래는 바로 이러한 의미를 깨우쳐 주기 위해 다음과 같은 비유의 말씀을 하셨습니다.

금강경 본문

"비구들이여, 나의 설법을 뗏목의 비유와 같이 알고 이해하는 사람은 법조차도 버린다. 그런데 하물며, 법이 아닌 것에 대해서는 더 말할 것이 있겠는가?"

여기서 '법이 아닌 것'은 석가모니의 깨달음과 가르침이 아닌 것을 의미합니다. 고로 영원한 자아에 대한 집착과, 영원한 중생에 대한 집착과, 영원히 살고 싶다는 집착과, 불멸의 인간으로 영속하고 싶다는 집착은, 석가모니의 깨달음과 가르침이 아닌 것입니다.[27]

'무집착'에도 무집착 해야 한다

왜 부처는 무집착(無執着; Nonattachment)을 주장합니까?

그것은 집착으로 인해 존재와 현상이 왜곡되고, 삶이 엉망진

---

27) 응용해서 표현하면, 어떤 대인관계나 사랑이 영속되기를 원한다거나, 영원히 지속되는 평화를 바란다거나, 금강경이 영속되기를 바라는 마음도 집착적인 생각(想)이다. 절대적인 신과 하나되어 영원한 존재로 있고 싶다는 것도 집착적인 생각(想)이다. 석가모니 부처의 가르침은 바로 이러한 집착적인 생각(想)을 포기하고 버려라 하는 것이다. 그래서 싯달타는 자기 부인 야소다라와 자식을 버렸는가?

창이 되기때문일 것입니다.

그러나 무집착은 무책임한 것이 될 수도 있습니다. 그래서 나는 '무집착'에도 '무집착'해야 한다고 말하고 싶습니다.

바로 이것이 부주(不住; 머무르지 않는다는 것, 고정관념을 가지지 않는다는 것)의 경지에 철저한 것입니다.

부처의 제행무상(諸行無常)과 나의 무욕무수론(無慾無修論)

석가모니는 다음과 같이 말했습니다. "모든 것은 인연(Condition)에 의해 생기는 것이며, 인연에 의해 없어지는 것이다. 그러므로 모든 것은 끊임없이 변하는 것이다."라고.

나도 말합니다. "변하는 것을 절대 변하지 않게 하려고 하거나, 움직이는 것을 절대 움직이지 않게 하려고 하거나, 절대 소유할 수 없는 것을 소유하려고 하거나, 절대 붙잡을 수 없는 것을 붙잡으려고 하거나, 얻을 수 없는 것을 완전히 얻으려고 하는 것은 에너지의 비생산적 소모적 낭비요, 온갖 번뇌의 희생물만 될 뿐이다."라고.

그러면 어떻게 해야 합니까? 내 경험에 의하면 '어떻게'가 없습니다. 그것은 어떻게 할 수가 없는 것(운명)이기때문입니다. 왜냐하면 우리인간은 태양과 달과 지구의 부산물이기때문입니다.

그래서 나는 장주(370-310.B.C.E)선생처럼 "진정한 인간은 삶('에너지 저장')을 기뻐하지도 않고, 죽음('에너지 연소')을 싫어하지도 않는다. 그는 그저 선선히 가고, 선선히 올 뿐이다."

라고 말하고 싶습니다.

그리고 또 장주선생처럼 "어떻게 할 수 없는 것은, 운명으로 여기고 평온하게 지내는 것이 가장 좋다."고 말하고 싶습니다.

금강경 본문

그래서 석가모니는 다음과 같이 말했다. "비구들이여, 내가 설한 법문을 뗏목의 비유와 같이 아는 자는, 이 설해진 법조차도 버리지 않으면 안 된다. 하물며 법이 아닌 것에 있어서랴?"

불교는 거북이의 부드러운 털이요, 토끼의 강력한 뿔이다

석가모니의 설법은 이미 지나간 과거의 설법(如去說)입니다. 금강경에서 지금 인용되는 이 말씀조차도 금강경이 성립되기 이전 800년전에 이미 설해진 것입니다.

그리고 석가모니의 법(法; Dharma)조차도 그때 그때의 상황과 조건에 맞추어 설해진 법입니다. 그러므로 석가모니의 설법은 무유정법(無有定法) 즉 고정불변의 자체성(自體性)과 실체성(實體性)과 정체성(定體性)이 있는 법이 아니다, 라는 것입니다. 그래서 나는 석가모니와 그의 설법 또한 거북이 털과 토끼의 뿔이라고 말하고 싶습니다. 나의 설법(如來說)도 마찬가지입니다. 마치 멀리서 보면 대단히 아름답고 무언가가 있는 것 같지만, 실제로 가까이 가서 보면 아무것도 없는 무지개요, 신기루 같은 환상일 뿐입니다.

그래서 나는 다음과 같이 말합니다. "이쪽 언덕도 없고, 저

쪽 언덕도 없고, 뗏목도 없고, 뗏목을 탄 자도 없다.”라고.28)

부처가 되려면 중국선불교와 대승불교로부터 벗어나야 한다

그런데 왜 옛날부터 한국인 승려들은 (아직도!) 중국제 불교(메이드 인 차이나 불교, 조사선 불교)에만 충실하면서 진여자성(실제로 존재하는 참된 본성)이 어떻다는 등, 불생불멸의 한 물건(참된 본체성)이 어떻다는 등, “불립문자(不立文字)이니, 불경은 읽지 말고, 오직 조사어록만 읽어라”는 등, “오로지 화두공안선(話頭公案禪)에만 몰두하라”는 등 하면서 미신에 빠져 자타(自他)를 속이며 세상을 미혹하고 있습니까!

그렇다면 팔만대장경이란 무엇인가? 그것은 결코 진리가 아닙니다. 왜냐하면 진공(眞空; Emptiness)이라는 글자가 곧 진공(眞空; Emptiness)은 아니기 때문입니다.

그래서 팔만대장경에 적혀 있는 연기무아(緣起無我), 제법개공(諸法皆空)이란 그저 개념과 명칭으로서의 글자일 뿐입니다. 사실이 아니라는 것입니다.

이와같이 여러 보살신들, 대자대비, 해탈열반도 모두 언어문

---

28) 석진오의 《금강경 연구(출판시대(1999))》 94-95쪽 참조. 금강반야경에서 인용되고 있는 이 뗏목의 비유의 말은 《중아함경》으로부터 인용되어진 것이다. 즉, 중아함경(Majjhima-nikaya: 알라가두파마 수타13: 남전대장경 제9권 237쪽 사유경(蛇喩經; 뱀에 대한 비유의 경))에 “부처의 설법은 강물을 건너간 다음에는 내버리는 뗏목처럼, 법 그 자체를 궁극적인 교의로 취급해서는 안된다.” 라고 적혀 있다. 그리고 또 참고로, 조선 민주주의 인민공화국(북한)의 평양 사회과학출판사(1994.5.30)에서 나온 팔만대장경 선역본 제13권 금강반야바라밀경(구마라집번역본) 13쪽에서는, “여래는 늘 말하기를 너희들 비구들은 나의 설교를 뗏목에 비유한 것임을 알면 법도 마땅히 버려야 하겠는데 하물며 법이 아닌 것이겠는가.” 라고 번역되고 있다. 법구경 제6장 85번 게송도 참조해보시기 바란다.

자일 뿐입니다. 그런데 왜 불교학승이나 불교학자들은 언어문
자에 사로잡혀 평생을 자기최면 거는 짓으로 보내고 있습니
까?29)

---

29) "어떤 말을 만 번 이상 되풀이하면 반드시 그 일이 미래에 이루어진다."는 미국인
디언 속담이 있다. 그러나 그 어떤 언어문자를 아무리 평생동안 반복하여 암기한
다고 할지라도 진정한 깨달음(반야바라밀, 지혜의 완성, 궁극적인 깨달음)은 체득
할 수 없다.

부처는 어떻게 깨달음을 얻고,
어떻게 설법을 했는가

금강경 제 7장의 의미번역

그리고 또, 세존은 수보리에게 이렇게 말했다.

"수보리여, 여래가 아뇩다라삼막삼보리(가장 고귀한 보편적이고 올바른 깨달음)라고 지칭하는 현재 깨달은 어떠한 법이 있거나 또는 여래가 가르친 어떠한 법이 있다고 생각하는가?

그러자 장로 수보리는 세존께 다음과 같이 말했다.

"세존이시여, 제가 세존께서 설하신 뜻을 알고 이해하는 바에 의하면, 여래가 아뇩다라삼막삼보리(가장 높고 평등하고 올바른 깨달음)라는 현재 깨달은 어떠한 법도 없으며 또 여래께서 가르친 법도 없습니다.

왜냐하면 여래가 현재 깨닫고 또는 가르친 법이라는 것은 취할 수 없는 것이며, 설할 수 없는 것이기 때문입니다. 그것은 법도 아니고 법이 아닌 것도 아닙니다. 왜냐하면 성자는 참으로 무위(無爲; Effortless Calm)에서 나타나 온 것이기 때문입니다.30)

---

30) 지금 필자가 참고대본으로 사용하고 있는 금강경은 범어본(梵語本)입니다. 하지만 구마라집이 번역한 중국 고대 한자로 된 금강경 제7장의 원문도 새롭게 한글현토

금강경 제7장은 부처의 깨달음과 성질이 유감없이 발휘되고 있는 대목입니다.

그래서 그런지 금강경 제7장은 정말 위험한 생각과 혁명적인 깨달음의 절정을 보여주고 있는 대목입니다.

그런데도 우리 두뇌가 지금 아무런 깨달음의 자극을 받지 않거나, 깨어남이 없다면, 그는 계속 와선(臥禪; 누워서 하는 명상수행)과 수면명상(睡眠瞑想; 잠자면서 하는 명상수행)의 상태에 있는 자입니다.

금강경 제7장의 문답기록은, 안전한 거리를 유지하며 글만 읽는 독자의 심리와 처지를 벗어나서 직접 알지 않는 한, 진정한 이해와 실천은 불가능한 것입니다.

어느 종교의 어떤 교주가 금강경 부처처럼, 이렇게 철저한

를 붙여서 여기 각주로 소개해둡니다.

無得無說分 第七: 須菩提여 於意云何인가? 如來께서 得阿耨多羅三藐三菩提耶인가? 如來께서 有 所說法耶인가? 須菩提言하기를 如我解佛所說義으로는 無有定法을 名阿耨多羅三藐三菩提라고 하며 亦無有定法이 如來可說이니, 何以故냐하면 如來所說法은 皆不可取이며 不可說이며 非法이며 非非法이기 때문입니다. 所以者何인가 하면 一切賢聖은 皆以無爲法으로 而有差別이기 때문입니다.(한글번역: 수보리여, 어떻게 생각하는가? 여래가 아뇩다라삼막삼보리를 얻었다고 생각하는가? 여래가 설한 법이 있다고 생각하는가? 수보리가 말하기를, 제가 스승께서 설하신 말씀을 이해한 바에 의하면 고정되어진 법으로서의 아뇩다라삼막삼보리라고 이름지어진 것은 없습니다. 또 고정되어진 법이 없는 것을 여래는 설하셨습니다. 왜냐하면 여래가 설한 법은 모두 취할 수도 없고, 설할 수도 없고, 또 법도 아니고, 법이 아닌 것도 아닙니다. 왜냐하면 일체의 현성(賢聖)은 모두 무위(無爲)의 법으로서 차별이 있기 때문입니다.)

자기부정(自己否定)과 자기초월(自己超越)을 했습니까? 나는 알지 못합니다.

금강경 제5장에서 부처는 자신의 외모를 부정했고, 금강경 제7장에서 부처는 자신의 깨달음을 부정하고 있습니다.

그리고 금강경 제8장에서 부처는 자신의 가르침조차 부정합니다. 그리고 금강경 제9장에서 부처는 자신의 제자들(수다원, 사다함, 아나함, 아라한)조차도 부정합니다. 그리고 금강경 제10장에서 부처는 과거의 부처(연등불)조차도 부정하고 있습니다.

어느 종교의 어떤 교주가 이렇게 철저하게 자기부정과 자기초월을 말한 바 있습니까? 나는 알지 못합니다. 바로 이 점 때문에 나는 금강경 부처의 설법에 매혹된 것입니다.

사람들은 나를 힐난하기를, "금강경 부처와 수보리 존자를 신심(信心)이 없는 자처럼 신랄하게 비판하고 부정하면서 왜 끊임없이 금강경을 기획하고 글을 쓰고 제작출판하며 선전보급하는가?" 의아해 합니다. 그러나 이러한 내 마음의 비밀의 시작은 금강경 제 7장에 있습니다. 그런데도 만약 이 깨달음의 비밀을 모르는 독자가 있다면, 그는 끝까지 나를 "금강경을 이용하여 자기 지성을 과시하거나, 교만방자하고, 자기도취에 빠져 있는 자"라고 오해할 것입니다.

그러나 나는 그들에게 빙긋 웃으며 '홀로 서는 용기'를 결코 잃지 않습니다. 왜냐하면 나는 이미 '불퇴전(不退轉)의 보살'이기 때문입니다.

금강경 제'멋'대로 읽기

이제 금강경의 범어 원문과 여러 번역문을 한번 읽어보기로 합니다.

먼저 범어본 금강경 제 7장 전문을 낭송해보기로 합니다.

"뿌날 아빠람 바가바안 아아유움마안땀 수부우띰 에에따드 아보오짜뜨 : 따뜨 낌 마냐세에 수부우떼에, 아아띠 사 까아찌드 달모오 야스 따타아가떼에나-아누따라아 사먀악사암보오딜이띄 아비사암부우따하 까아쯔드 바아달마스 따타아가떼에나 데에쉬따하?

에에밤 우욱따 아아유움마안 수부우띨 바가바안땀 에에따드 아보오짜뜨 : 야타아-아함 바가반 바가바또오 바아쉬따샤-알탐 아아자아나나미, 나-아아띠 사 까아찌드 달모오 야스 따타아가떼에나-아누따라아 사먀악사암보오딜이띄 아비사암부우따하, 나-아아띠 달모오 야스 따타아가떼에나 데에쉬따하. 따뜨 까샤 헤에또오호? 요오 사아우 따타아가떼에나 달모오 나-아달마하. 따뜨 까샤 헤에또오호? 아사앙스끄리따-쁘라바아비따아 희 아아랴-뿌우깔라아하."

다음은 범어본 금강경 제 7장의 한글 번역문입니다.

그리고 또, 세존은 수보리에게 이렇게 말했다. "수보리여, 여래가 아뇩다라삼막삼보리(가장 고귀한 보편적이고 올바른 깨달음)라고 지칭하는 현재 깨달은 어떠한 법이 있거나 또는 여래가 가르친 어떠한 법이 있다고 생각하는가?"

그러자 장로 수보리는 세존께 다음과 같이 말했다. "세존이시여, 제가 세존께서 설하신 뜻을 알고 이해하는 바에 의하면, 여래가 아뇩다라삼막삼보리(가장 높고 평등하고 올바른 깨달음)라는 현재 깨달은 어떠한 법도 없으며 또 여래께서 가르친 법도 없습니다. 왜냐하면 여래가 현재 깨닫고 또는 가르친 법이라는 것은 취할 수 없는 것이며, 설할 수 없는 것이기 때문에 그것은 법도 아니고 법이 아닌 것도 아닙니다. 왜냐하면 성자는 참으로 무위(無爲; Effortless Calm)에서 나타나 온 것이기 때문입니다."

다음은 범어본 금강경 제 7장의 현장 번역문입니다.

부처님께서 다시 또 구수 선현에게 말했다. "선현이여, 그대 생각은 어떠한가? 만약 그 어떤 작은 법이라도 여래(如來)·응공(應供)·정등각(正等覺)이 아뇩다라삼막삼보리(최고의 깨달음)를 증득한 것이 있는가? 만약 그 어떤 작은 법이라도 여래·응공·정등각이 설한 바가 있는가?"

선현이 대답하였다. "세존이시여, 제가 부처님께서 설하신 뜻을 이해하기로는 그 어떤 작은 법도 여래·응공·정등각께서 아뇩다라삼막삼보리(최고의 깨달음)를 증득한 것이 없으며, 또 그 어떤 작은 법도 여래·응공·정등각께서 설한 바가 없습니다. 왜냐하면 세존이시여, 여래·응공·정등각께서 증득하시고 설하시고 사유(Thought)하시는 법은 모두 취할 수도 없으며, 연설할 수도 없는 것으로, 법이 아니며 법이 아닌 것도 아니기 때문입니다. 무슨 까닭인가 하면, 모든 현성보특가라(賢聖補特伽羅)는 모두 무위에서 나타난 것이기 때문입니다."

다음은 금강경 제 7장 몽고어 번역문입니다.

다시 또 세존은 구수 수부티에게 이와같이 물었다. "수부티여, 이것을 어떻게 생각하는가? 여래가 무상정진보리(無上正眞菩提; 더 없이 올바르고 참된 깨달음)를 명확하게 올바로 꺼달은 저 모든 법이 있다고 생각하는가? 그리고 또 모든 여러가 모든 법을 설했다고 생각하는가?"

그러자 구수 수부티는 세존에게 다음과 같이 말했다. "세존이시여, 만약 제가 세존께서 설하신 그 의의를 알고 이해하는 바에 의하면, 모든 여래가 무상정진보리(최상의 올바른 참된 깨달음)를 명확하게 올바로 깨달은 모든 법은 없는 것입니다. 그리고 또 여래에 의하여 선설(宣說)된 저 모든 법도 없는 것입니다. 그것은 왜냐하면 여래가 분명하고 올바르게 깨닫고 또 선설하신 모든 법은 사념이 아니며, 언설할 수 있는 것이 아닙니다. 그것은 법이 아니고 법이 아닌 것도 아니기 때문입니다. 왜냐하면 모든 성인은 무위(無爲)로써 잘 분별하기 때문입니다."

다음은 중국어와 몽고본과 비교하며 번역한 범어본 바즈라체티카의 번역자인 M.C.드 아르레쯔의 프랑스 번역문(아시아 저널 8편- 18권. 1891년 11월-12월호 게재)입니다.

금강경 제 7장 얻어지지도 설명되지도 않는 것:

그리고 나서, 성자는 나이많은 수부티에게 말했다. "오, 수부
티여, 이에 대해 어떻게 생각하는가? 지성의 가장 높은 계시라
고 불리는 것이 있는가? 이와같이 온 사람에 의해 광명을 받
은 다르마가 있는가?"

수부티가 대답하였다. "오, 성자여, 제가 성자가 말한 것의
의미를 이해하기로는, 지성을 계시하는 약속된 다르마는 전혀
없습니다. 이와같이 온 사람에 의해 모습을 드러나게 된 다르
마는 전혀 없습니다. 왜냐하면 이렇게 온 분에 의해 그 모습이
드러나게 될 다르마는 이해되지 않으며, 누구나 표현할 수 있
는 특질이 없는 것이기 때문입니다. 그것은 다르마도 아니고
다르마가 아닌 것도 아닙니다. 왜냐하면 탁월한 본질(Essence)이
란 실재적이고, 완전한 것도 없이 이러한 것들을 만들어내기
때문입니다."

다음은 금강경 제 7장에 대한 **Red Pined**의 영어번역문입니다.

NOTHING ATTAINED AND NOTHING SPOKEN: Once
again, the Buddha asked the venerable Subhuti, "What do
you think, Subhuti? Did the Tathagata realize any such
dharma as 'unexcelled, perfect enlightenment'? And does the
Tathagata teach any such dharma?

The venerable Subhuti thereupon answered, "Bhagavan, as
I understand the meaning of what the Buddha says, the
Tathagata did not realize any such dharma as 'unexcelled,

 금강경과 함께 깨어나기
Wake-up sleeper, and be free from chains of illusion

perfect enlightenment'. Nor does the Tathagata teach such a dharma. And why? Because this dharma realized and taught by the Tathagata is incomprehensible and inexpressible and neither a dharma nor non-dharma. And? Because sages arise from what is uncreated."

이제 금강경의 여러 번역문을 있는 그대로 읽어보았으니, 나는 제'멋'대로 금강경 본문을 다음과 같이 적어보기로 합니다.

"수보리여, 자네는 어떻게 생각하는가? 여래(깨달은 자로서 이렇게 온 사람)만이 소유하고 있는 '최고의 깨달음' 이라고 하는 고정불변의 정체성(定體性)이 있는가?

또 여래는 그러한 고정불변의 정체성(定體性, 또는 眞如自性)을 가르치고 있는가?"

수보리가 대답했다.

"제가 스승께서 말씀하신 뜻을 알고 이해하는 바에 의하면, 여래만이 소유하는 최고의 깨달음이라는 고정불변의 정체성(定體性, 진여자성)은 없다, 라고 생각합니다.

그리고 또, 여래의 설법은 고정불변의 정체성(定體性)을 주장하는 것이 아니므로 확정적인 것이 아니며, 자유로운 것입니다. 그러므로 여래의 설법은 집착의 대상이 아닌 설법이라고 말해지는 것입니다. 왜냐하면 모든 성자들은 원인과 조건에 의해 나타나고 사라지는 것이기 때문입니다."

최고의 깨달음은 일정하게 정해져 있는 것이 아니다

여기서 "여래가 최고의 깨달음을 얻은 바 없고, 설법한 바도 없다"는 것은, 최고의 깨달음과 그 설법에도 집착하지 말라는 가르침입니다. 왜냐하면 최고의 깨달음은 고정불변의 자체성(自體性)이나 실체성(實體性)이나 본체성(本體性)이나 정체성(定體性)이 없는 것이기 때문입니다.

여기서 '고정된 법이 없다(無有定法)'는 말은 인식할 수 없는 것[31]이며, 포착할 수 없는 것이며, 언어문자로 설할 수 없는 것이라는 뜻입니다. 왜냐하면 그것은 진리(dharma, 法, 眞理)가 아니며, 진리가 아닌 것(adhrma, 非法, 非眞理)도 아니기 때문입니다.

금강경 제7장에서, 석가모니 부처는 수보리에게 "수보리여, 어떻게 생각하는가? 여래가 '아뇩다라삼막삼보리(최고의 깨달음)'를 얻었다고 생각하는가? 여래가 설한 '법(法)'이 있다고 생각하는가?" 라고 물음으로서, 철저하게 '제법무아(諸法無我; 모든 존재는 무아이다.)' 내지 '제법진공(諸法眞空; 모든 존재는 공이다.)'의 사상을 강조하고 있습니다.

초월적인 진리와 세속적인 진리의 중도적인 조화

그러나 이런 식의 강조는 초월적인 진리(眞諦, Transcendentalism)에 너무 치우쳐 있는 것이라고 여겨집니다. 왜냐하면 "모든 것이 무아다, 모든 것이 진공이다"라고만 한다면 '공즉시색(空卽

---

31) 인식대상과 인식하는 사람과 인식방법은 모두 원인과 조건에 의해 생기는 것이므로 공성(空性)이다. 그러므로 어떤 원인과 조건이 없으면 생겨나는 것도 없는 공(空)이므로 인식할 수 없다는 것이다.

是色: 에너지가 물질로 바뀌는 것)’ 내지 ‘진공묘유(眞空妙有; 진공이 온갖 형태의 물질로 되어 나타나는 것)’라는 면을 소홀히 하는 것이 되기 때문입니다.32)

그래서 저는 세속적인 진리(俗諦)를 드러내기 위해 이 금강경 제7장에 ‘(無有定法: 고정된 법이 없는 것)’이라는 용어에 주목합니다. 왜냐하면 바로 이 ‘무유정법(無有定法: 고정된 본체성이 없음, 일정한 자성이 없음)’이라는 것에서 부처의 방편력이 행해질 수도 있기 때문입니다. 여기서 방편력(方便力)이란 곧 지혜의 위대한 힘이나 작용력(作用力)을 가리킵니다. 생각건대 이러한 차원에서 소승적(小乘的)인 계율의 의미는 정말 아무것도 아닙니다.

가만히 성찰해보면, 모든 존재와 현상에는 양면이 있는 것입니다. 그리고 이 양면에서 어느 면을 더 선호하고 강조하는가에 따라 그 사람의 사상의 기질이나 성격의 유형이 결정된다고 생각됩니다.

금강경 제7장의 담론 주제
금강경 제7장의 첫 번째 담론 주제어는, ‘아뇩다라삼막삼보

---

32) 《팔천송반야경(1장)》에서, 해공제일(解空第一) 수보리는 지혜제일(智慧第一) 사리불에게 다음과 같이 말했다. “사리불이여, 나는 공(空)에 대해서 조차도 집착하지 않는다. 왜냐하면 공조차도 실체적 대상이 아니기 때문이다. 만약 공이 실체적 대상이라면 우리는 그것을 경험할 수 있을 것이다. 그리고 우리는 거기에 도달하여 그것을 타인에게 내보일 수 있을 것이다. 그러나 공은 실체적 대상이 아니다. 그러므로 우리는 그것을 인식할 수 없다. 우리는 그것을 경험할 수 없다. 그리고 우리는 결코 거기에 도달하여 그것을 타인에게 보일 수 없다.” 그러자 사리불이 물었다. “그렇다면, 도대체 공이란 무엇인가?” 수보리가 말했다. “우리가 여기서 언급하고 있는 공은 결코 공이 아니다. 왜냐하면 공이라고 하는 언어가 곧 공은 아니기 때문이다. 석해탈 편저 《팔천송반야경 제멋대로 읽기》 출판시대(1998) 68-69쪽으로부터.

리(더 없이 올바르고 참된 깨달음)'를 석가모니 부처가 얻었는가, 아닌가? 하는 것입니다. 이러한 질문에 대한 답은 네 가지로 나올 수 있습니다. 첫째 "얻었다"는 것입니다. 둘째는 "얻지 않았다"는 것입니다. 셋째는 "얻은 것도 아니고, 얻지 않은 것도 아니다"라는 것입니다. 넷째는 "얻지 않고 얻었다"는 것입니다. 나의 대답은 "얻지 않고 얻었다"는 것입니다. 그렇다면 석가모니가 "얻지 않고 얻었다"는 최고의 깨달음은 대체 무엇입니까?

가장 고귀한 깨달음은 반야바라밀(심원한 통찰력)이다

아뇩다라삼막삼보리(阿耨多羅三藐三菩提; 중국어로 음역(音譯)하면 '아너우뚜어루어상약상삐띠')란 무상정등정각(無上正等正覺)이라는 뜻인데, 한글로는 "더 없이 올바르고 평등하고 바른 깨달음"이라는 뜻입니다. 그런데 문제는 무상(無上)이나 정등(正等)이나 정각(正覺)은 모두 표현적으로 장식하는 글자들일 뿐입니다. 예를들면 무상(無上)한 것은 무엇인가? 정등(正等)한 것은 무엇인가? 정각(正覺)은 무엇인가? 라는 질문이 또다시 가능한 글자라는 것입니다.

그래서 필자는 아뇩다라삼막삼보리(최고의 깨달음)를 반야바라밀(모든 것을 통찰하는 완벽한 지성, 공성의 이해 및 자각, 거대하고 심원한 통찰력)이라고 바꾸어 부르자고 제안하고 싶습니다.

물론, 대승불교 반야부 경전작가들은, 아뇩다라삼막삼보리(최상의 깨달음)와 반야바라밀(완성된 지혜, 완벽한 지혜, 지혜의 완성)을 구별해서 쓰고 있지만, 나는 동의어로 쓰고 싶습니다.

금강경 본문

"수보리여, 어떻게 생각하는가?
여래가 아뇩다라삼막삼보리를 얻었다고 생각하는가?
여래가 설한 법이 있다고 생각하는가?"

그러니까, 이 질문은 아래와 같이 바꾸어 읽어도 무방하다는 것입니다. 즉 "수보리여, 어떻게 생각하는가? 여래가 '반야바라밀(완벽한 통찰력)'을 얻었다고 생각하는가? 여래가 설한 '반야바라밀(완벽한 지혜)'에 일정한 법(定法)이 있다고 생각하는가?"

금강경 부처의 질문을 이렇게 바꾸어놓고 보니, 질문내용이 조금 더 선명해진 것이 느껴집니다.

반야바라밀이란 '부처의 완벽한 지혜'라는 뜻입니다.

이에 관련하여 도행반야경(제5권)에서, 부처의 십대제자들중에서 지혜가 가장 뛰어난 자라고 하는 사리불도 "만약 어떤 보살이 아뇩다라삼막삼보리(최고의 깨달음)를 얻고자 한다면 마땅히 반야바라밀(거대한 통찰력)의 방편을 잘 배워야 한다."고 말한 바 있습니다.

사리불은 "그런데 반야바라밀(지혜의 완성)은 알기 어렵고, 깨닫기 힘들어서 아뇩다라삼막삼보리(최고의 깨달음)를 얻기가 힘들다."고 말했습니다.

그렇다면, 이제 반야바라밀(공성의 이해 및 자각)이란 무엇입니까? 이에 대한 가르침은 대승불교 경전성립사에서 가장 빨리 만들어진 팔천송반야경에서부터 반야이취경에 이르기까지 모든 반야경에 이미 모두 나와 있습니다.

연기공성(緣起空性)의 지혜를 체득하는 것이 가장 중요하다

우선 팔천송반야경의 중국어 번역본인 도행반야경(제7권)에 보면, 금강경 제7장에 나오는 첫 번째 질문에 관련하여 좀 더 친절하고 구체적인 설명이 기록되어 있습니다.

그러니까 도행반야경(제7권 선지식품)에서, 석가모니 부처는 수보리 존자에게 다음과 같이 말하고 있습니다.

"수보리여 만약 보살대사가 아뇩다라삼막삼보리(최상의 깨달음으로서 공성의 이해)를 얻고자 한다면, 그는 반드시 훌륭한 지식인(善知識)을 찾아서 받들어 모시고 공경해야 한다."

이 말은, 연기공성(緣起空性; 조건적인 발생이기에 고정불변의 실체성이 없다는 뜻)을 이해하는 '최고의 깨달음'을 얻는데 있어서 탁월한 지식인(善知識)의 중요성을 강조하는 말입니다.

그러면 훌륭한 지식인(善知識)이란 누구입니까? 그것은 대학교의 불교학 교수를 가리킵니까? 아니면 '보살대사'를 가리킵니까? 저는 보살대사야말로 훌륭한 지식인(善知識)이라고 생각합니다. 그리고 그 보살대사의 훌륭한 지식(善知識)은 육바라밀(六波羅蜜)이라고 부처는 말합니다.

그리고 부처는 이 6가지 바라밀 중에서도 반야바라밀(지혜의 완성)을 가장 중요시 합니다. 왜냐하면 반야바라밀(우주적이면서 인간적인 통찰력)은 중생이 가지고 있는 번뇌고통의 뿌리를 근원적으로 잘라주기 때문이라고 말했습니다.

번뇌를 근원적으로 치료해주는 반야바라밀의 효능

그러면 반야바라밀(통찰력)은 어떻게 중생의 번뇌고통의 뿌리를 자르는 것일까?

반야바라밀은 공성(空性; 에너지가 생겨나고 흐르고 분산하고 소멸하며 물질을 순환시키는 근본적인 토대, 장(場))을 아는 지혜의 바라밀이므로, 이 공성의 지혜로써 중생의 번뇌고통을 잘라버리는 것입니다. 예를들면 우리들이 가지고 있는 번뇌와 갈등은 실제로는 '없는 것'이라는 겁니다.

그렇다면, 어떻게 '없는 것'인가? 그것은 우리들이 가지고 있는 온갖 번뇌는 수많은 원인과 여건에 따라 변화무상(變化無常; Impermanence)한 것이기 때문입니다.

그렇다면 우리들이 가지고 있는 번뇌는 왜 덧없이 변하는 것인가? 그것은 우리들이 가지고 있는 번뇌에는 어떤 고정불변의 정체성(定體性, 實體性)이 없기 때문입니다.

그래서 세월이 지나고 여건이 바뀌면 모든 것은 사라지고 없어지는 것입니다. 즉, 상처를 준 자도 상처를 받은 자도, 살인자도 살인당한 자도, 부처도 중생도, 모든 것을 통찰하는 지혜도, 아무 것도 모르는 무지도, 세월이 지나고 여건이 바뀌면 모든 것은 사라지고 없어지는 것입니다. 그래서 공성(空性)은 평등(平等)한 것입니다.

금강경 본문

"수보리여, 어떻게 생각하는가? 여래가 아뇩다라삼막삼보리

(최고의 깨달음)를 얻었다고 생각하는가? 여래가 설한 법이 있다고 생각하는가?"

최고의 깨달음을 체득한다는 의미

도행반야경(제7권)에서, 수보리 존자는 부처에게 다음과 같이 물었습니다. "모든 것이 공(空)한 것이라면, 최상의 깨달음(阿耨多羅三藐三菩提)도 없는 것인데, 누가 어떻게 최상의 깨달음을 얻을 수 있겠습니까?"라고.

그러자 부처는 수보리에게 다음과 같이 말합니다.

"얻으려고 하는 마음은 중생들의 집착일 뿐이다. 그러나 최상의 깨달음은 일정한 모양이 없고 아직 생겨난 것이 아닌 '진공(眞空; 모든 에너지와 물질적인 입자(粒子)들의 모태)'이다. 그러므로 일체부주(一切不住) 즉 감각적인 것, 고정되어 있는 관념, 생사를 분별하는 인식을 모두 버리는 반야바라밀(완전한 지혜, 지혜의 완성)을 체득해야 최상의 깨달음을 알고 행할 수 있다."라고.

공사상의 제 일인자인 수보리 존자의 설법

그래서 팔천송반야경(제1장)에서 수보리 존자는 다음과 같이 설법하고 있는 것입니다.

"세존이시여, 보살은 그 어떠한 것에도 마음을 두어서는 안 됩니다. 왜냐하면 만약 보살이 무엇인가에 마음을 둔다면, 보살은 그것에 대해서 마음속에 어떤 관념을 만들어 내기 때문입니다.

만약 보살이 무엇인가에 대해서 마음속에 관념을 만들어 내고, 또, 그 관념 위에 서서 불도(佛道)를 실천한다면, 그 사람은 반야바라밀(거대하고 심원한 통찰력의 완성)에 도달할 수 없습니다. 그는 반야바라밀(통찰력)을 몸에 젖게 할 수도 없고, 원만하게 할 수도 없습니다. 그리고 반야바라밀(거대한 통찰력)을 원만하게 하지 않고서는 모든 것을 아는 지혜를 완성할 수 없습니다. 왜냐하면 반야바라밀(우주적이고 인간적인 통찰력)이 작용하는 장(場)에서는 그 어떤 것도 실체가 있는 것으로서 포착할 수 없기 때문입니다.

그리고 반야바라밀(거대한 통찰력)도 실체가 있는 것으로서 포착 되어서는 안됩니다. 참으로 이와 같이, 보살은 반야바라밀 위에 서서 불도를 실천해야 합니다.

이것은 또 '어떤 것도 실체가 있는 것으로서 포착하지 않는 명상'이라고 일컫는 광대하고, 무한한 보살의 명상으로서 모든 성문(聲聞)과 독각(獨覺)의 경지에 있는 자는 감히 가까이 하기 어려운 것입니다. 왜냐하면 이 명상은 형상으로서는 포착되지 않기 때문입니다.

편력 수행자인 슈레니카는 자질이 떨어지고 지혜가 결핍된 몸으로 불도에 들어 온 사람입니다. 그러나 그는 불도에 들어 와서, 그 어떤 것도 실체가 있는 것으로서 포착하지 않는 수행을 했습니다. 그리하여 편력 수행자인 슈레니카도 '모든 것을 아는 지혜'가 어떤 것인가를 확연하게 이해했던 것입니다. 그러므로 그의 마음은 어떠한 존재(Being)에도 집착하지 않고 어떠한 존재도 버리지 않았습니다. 열반에 조차도 집착하지 않고 또 버리지도 않았습니다.

만약 보살이 이와 같이 관찰하고 고찰한다면, 그는 반야바라밀(우주적이고 인간적인 통찰력)에서 떠나 있지 않은 자라고 할 수 있습니다."33)

금강경 본문

"여래가 설한 법이 있는가?"

수보리가 말했다.

"제가 스승께서 설하신 말씀을 이해한 바에 의하면 고정되어진 법으로서의 아눅다라삼막삼보리(최고의 깨달음)라고 이름 지어진 것은 없습니다.

또 고정되어진 법이 없는 것을 여래는 설하셨습니다."

도행반야경에서의 지혜제일 사리불과 해공제일 수보리 존자의 문답

도행반야경(제8권,강약품)에 보면 유사한 질문이 나옵니다. 즉, 지혜제일(智慧第一)인 자인 사리불이 해공제일(解空第一)인 자인 수보리에게 다음과 같이 물었습니다.

"보살대사가 반야바라밀(완전한 지혜)을 행한다는 것은 실제로 있는 법을 행하는 것인가?"

---

33) 석해탈 편저《팔천송반야경 제멋대로 읽기》출판시대(1998) 24-27쪽으로부터.

그러자 수보리는 "내가 부처님의 말씀을 이해한 바로는, 토살 대사가 반야바라밀(완전한 지혜)을 행한다는 것은 실제로 있는 법(완성되어 있는 것)을 행하는 것이 아니다."라고 대답했습니다.[34]

금강경 본문

"수보리여, 어떻게 생각하는가?

여래가 아뇩다라삼먁삼보리(최고의 깨달음)를 얻었다고 생각하는가?"

도행반야경에서의 수보리 존자의 설법

도행반야경(제5권)에서 사리불은 말하기를 "반야바라밀(거대한 통찰력)은 매우 심오해서 알기 어렵고 깨닫기 힘들어서 아뇩다라삼먁삼보리(가장 높은 깨달음)를 얻는다는 것은 정말 너무 힘들다."고 한 적이 있습니다.

이에 대해 수보리 존자는 정말 명쾌한 설법을 했는데, 이 설법은 금강경 제7장의 주제에 대한 정답으로 손색이 없는 것입니다.

---

34) 대승불교 최초기의 반야경과 초기불교의 수타니파타의 관계:
　　금강경 제7장의 문답은 금강경이 최초가 아니고 《도행반야경(팔천송반야경)》에 이미 이런 문답이 수없이 나오고 있는 것이다. 그러므로 금강경에 대해 전문적인 독자가 되고 싶은 분은 반드시 《도행반야경(팔천송반야경)》과 함께 공부해야 할 것이다. 그리고 대승불교 반야부 경전성립이전에 석가모니의 최초기 가르침인 수타니파타(837구절)에서 이미 "'나는 이것을 주장한다.'는 것이 나에게는 없다. 모든 사물에 대한 집착이 집착임을 확실히 알고, 모든 견해들의 과오를 보고, 고집하는 일이 없이 성찰하면서 나는 내심의 평온함을 느낀다." 라는 말씀이 있으니, 공부하실 때 참조하시기 바란다.

수보리 존자는 다음과 같이 말했습니다:

"반야바라밀은 매우 심오해서 알기 어렵고 깨닫기 어려운 것입니다. 그러나 아뇩다라삼먁삼보리(가장 높은 레벨의 깨달음)를 얻는 것은 매우 쉬운 것입니다. 왜냐하면 가장 높은 깨달음이나 그 진리는 본래 없는 것이니, 그 어디에서 가장 높은 깨달음이나 진리를 얻을 수 있겠습니까?

모든 것은 본래 공(空)해서 얻을 수 없으니, 부처님의 최고의 깨달음도 얻을 수 없는 것입니다. 이와같이 그저 모든 것이 공하다는 것만 알면 가장 높은 깨달음은 쉽게 얻을 수 있습니다."

최고의 깨달음은 공성을 이해하는 것이다.

그렇습니다. 가장 높은 깨달음이라고 하는 언어문자가 곧 가장 높은 깨달음은 아닙니다. 그러므로 가장 높은 깨달음은 언어문자로 인식하고 포착되는 것이 아닙니다.

그러나 그렇다고 언어문자가 아닌 것에 의하여 가장 높은 깨달음이 인식되고 포착되는 것도 아닙니다.

그래서 결론적으로 중요한 것은, 언어문자와 비언어문자의 세계가 공성(空性; 모든 에너지와 물질이 생겨나는 장(場))에서는 모두 똑같이 평등한 것이라는 사실을 깨닫는 것입니다.

그리고 바로 이러한 깨달음에서 가장 고귀한 레벨의 깨달음(아누따라상약상보디, 阿耨多羅三藐三菩提; 무상정등정각(無上正等正覺))은 직관적으로 작동됩니다.

금강경 본문

"여래가 설한 법이 있다고 생각하는가?"

석가모니도 "여래의 설법의 본체는 없는 것이니, 모든 설법
의 대상도 그 본체가 없는 것이다." 설파하였습니다.

이제 끝으로 다시 한 번 더 금강경 제7장을 읽어보기로 합니다.

금강경 본문

"수보리여, 어떻게 생각하는가? 여래가 아뇩다라삼막삼보리
(최고의 깨달음)를 얻었다고 생각하는가? 여래가 설한 법이 있
다고 생각하는가?"35)

수보리가 말했다.

"제가 스승께서 설하신 말씀을 이해한 바에 의하면 고정되
어진 법으로서의 아뇩다라삼막삼보리(최고의 깨달음)라고 하는
것은 없습니다. 또 고정되어진 법이 없는 것을 여래는 설하셨
습니다. 왜냐하면 여래가 설한 법은 모두 취할 수도 없고 설할
수도 없고 또 법도 아니고 법이 아닌 것도 아닙니다. 왜냐하면
모든 성현들은 무위(無爲)의 법으로서 차별이 있기 때문입니다."

---

35) 나는 아뇩다라삼막삼보리라는 개념과 그 체득에 관한 이야기보다는 다음과 같은
질문들을 선호한다. "색깔도 없이 투명한 기체인 수소가 어떻게 스스로를 인식하
는 존재인 인간이 될 수 있었을까? 우주는 어떻게 해서 의식적이게 되었을까? 그
리고 인간은 어떻게 자극을 변별하고 범주화하며 자극에 반응하는가? 입력되는
감각자료가 어떻게 주의 집중하는가? 그리고 두뇌의 복잡한 정보처리가 어떤 이
유로 내면적 경험을 유발하는가? 왜 의식하는 것만 느껴지는가? 도대체 왜 내면
생활이 있을까? 왜 내 두뇌는 이 모든 이유를 이해하고 설명하려고 할까?"

이해한다는 것에 대하여

위의 문장에서 "수보리가 말하기를, 제가 스승께서 설하신 말씀을 이해한 바에 의하면(須菩提言, 如我解佛所說義)"이라는 구절에 대해 성찰해보기로 합니다.

여기서 '이해(理解)'라는 용어는 금강경 제7장 이외 14장, 17장, 21장, 26장, 29장, 31장에 걸쳐 나오는 용어입니다.

하지만 이해와 이해되는 것과 이해하는 사람은 없다고 나는 통찰합니다. 왜냐하면 이해되는 것과 이해는 곧 이해하는 사람이기 때문입니다. 다시 말하면 이해와 이해되는 것과 이해하는 사람은 서로 원인과 조건에 의해서 생기는 것입니다.

필자는 바로 이러한 이유에서, 이해와 이해되는 것과 이해하는 사람은 존재하지 않는다고 통찰하는 것입니다.

불교계 성현들의 무위(無爲)에 대하여

이제 금강경 제7장에 나오는 "모든 성현들은 무위(無爲)의 법으로서 분별을 한다." 는 의미에 대해 생각해보기로 합니다.

우선 필자가 말하고 싶은 것은, 무위(Non-doing)라고 하는 본체성(本體性; 프라크리티와 푸루샤, 자체성, 자성과 진여자성)이 있는 것은 아니라는 것입니다. 왜냐하면 무위는 공성이기 때문입니다. 어째서 무위가 공성인가 하면 무위(아무것도 하지 않는 것)도 유위(有爲; Doing)처럼 무수한 원인과 조건에 의해 생기는 것이기 때문입니다.

그래서 성현들은 자신의 인연법에 따라 차별을 나타내는 것입니다. 물론 인연법도 계속 변화하는 것이기에 공성(空性)입니다. 이렇게 궁극적으로 성현들에게는 미혹도, 속박도, 깨달음도, 해탈도 없는 것입니다.

금강경 본문
"모든 성자는 무위(無爲)의 법으로서 분별을 한다."

무위법이란 무엇인가
여기서는 무위란 단순히 '아무것도 하지 않는 것'이 아닙니다. 불교적으로 말하면, 무위는 무아(無我)이고, 무아는 공성(空性)이므로 불생불사(不生不死)입니다. 그러므로 무위(無爲)인 것입니다.

그래서 무위(Non-Action, Non-Doing, 또는 Non-Striving, 또는 Effortless Calm, 불교용어로는 열반, 마음의 완전한 평온, 번뇌가 소멸된 상태)란 어떤 환경조건에서도 영향받지 않는 자유로운 마음이나 행위를 뜻하는 말입니다. 즉, 무위란 탐욕과 증오와 어리석은 동기가 없는 행위 또는 상대적인 차별관을 초월하는 행위 등을 뜻합니다.

그러므로 불가에서 무위(행함이 없는 고요한 마음상태)는 해탈열반(Nirvana; 번뇌가 소멸된 상태에서의 자유로움)의 경지를 의미합니다.

이렇게 불교계의 성현들은 모두 자유로운 방편(方便; Skillful Means)을 사용하며 모든 법을 잘 분별해서 시설(施設)합니다.

그리고 어떻게 이런 일이 가능한가 하면, 무위법(無爲法; 열반의 가르침)은 연기무아(緣起無我)의 가르침(法)이기 때문입니다. 이렇게 불교계 성현들은 모두 이 연기무아(緣起無我)의 공성(空性)이라는 진리(法, dharma)에 통달해 있기 때문에 자유로운 방편과 시설이 가능한 것입니다.

그리고 더 분명히 알고 싶은 독자는 불교최초기 경전인 《수타니파타》《담마파다》《우다나발가》 등을 참고해보시기바랍니다. 왜냐하면 이러한 최초기 불경에서 정의하는 성현론(聖賢論)이야말로 석교(釋敎) 본래의 뜻이기 때문입니다.

석가모니 부처가 정말 대단한 이유

석가모니(624-544.B.C.E)는 정말 대단한 분입니다. 왜냐하면 다른 성현(예수와 마호메트와 크리슈나신)들은 자기만이 "길이요, 생명이요, 진리"라고 선포하고 주장하고 있는데 비해 석가모니는 "아뇩다라삼막삼보리(가장 보편적이면서도 가장 특수한 깨달음)도 얻은 바 없다. 나의 설법에도 집착하지 말라."고 자기부정과 자기초월을 해버렸으니, 그 당시는 유례가 없는 정말 대단한 분입니다.

석가모니는 "원석을 제련하여 금을 얻는 것처럼, 승려들과 학자들은 나의 가르침을 받아들일 때, 나를 존경한다고 해서 믿지 말고, 나의 말을 잘 조사하고 분석한 후에 받아 들여야 한다."고 말했고, 또 "사람에게 의지하지 말고, 그의 가르침에 의지하라. 그리고 그의 가르침에 있어서도, 그의 말씀에 의존하지 말고, 그의 말씀이 가리키는 의미를 생각해 보도록 하라.

그리고 그가 가리키는 의미에 대해서도, 인습적인 관념으로 이해하지 말고, 그가 가리키는 명확한 의미에 따라 이해하도록 하라. 그리고 또, 명확한 의미를 이해함에 있어서도, 세속의 이해타산에 의해 다른 입장을 갖게 되는 것에 따르지 말고, 고양된 통찰력으로 있는 그대로(as it is)를 인지하도록 하라.” 고 말했습니다.

이 얼마나 대단한 분입니까? 이런 말은 아무나 할 수 있는 것이 아닙니다.

현대 티베트불교계의 대표인 달라이 라마의 무위법

그러므로 티베트 불교 제14대 달라이 라마(아왕 로상 예세 텐진 갸초(1935,7,6-))도 “나의 희망은 불교를 포교하는 것이 아니다. 자기의 종교만을 전파하면서 내 종교만이 최고이며, 올바른 것이라고 주장하여 남들을 모두 자기의 종교로 개종시키려고 해서는 안된다. 불교 강의를 듣는 사람은 스스로 깊이 생각해보고 철저히 분석해 본 후에야 불교적인 방법이 정말로 자기에게 더 적합하고 더 효과적인지를 판단할 수 있어야 한다.” 라고 말할 수 있는 것입니다.

현대 인도불교계의 대표인 암베드카르가 설명하는 석가모니 부처

암베드카르(1891.4.14-1956.12.6)도 1950년도에 인도 마하보디 협회가 발간하는 월간지 《마하보디》에〈붓다와 불교의 미래〉라는 글을 발표했는데, 이 글에서 암베드카르도 다음과 같이 말했습니다.

"붓다는 자신의 가르침에 대하여 예수나 마호메트나 크리슈나처럼 완전무결한 절대성(아무런 오류가 없다는 절대성)을 주장하지 않았다. 붓다는 자신의 가르침이 이성과 체험을 바탕으로 한 것이며, 그것이 붓다의 입에서 나온 것이라고 하여 맹목적으로 추종하는 일이 있어서는 안된다고 가르쳤다. 이것은 곧 붓다의 가르침이 인간의 이성과 체험을 바탕으로 하고 있는 이상, 그것이 시대와 상황에 적합하지 않다고 판단될 경우에는 얼마든지 수정하거나 심지어 배척할 수도 있다는 의미였다. 붓다는 자신의 종교가 썩은 고목처럼 되는 것을 원치 않았다. 그는 그것이 언제나 활기찬 모습을 띠고 시대와 상황에 따라 모든 사람에게 도움이 되기를 원했다. 따라서 그는 상황에 따라 자신의 가르침에 얼마든지 변용을 가해도 좋다고 가르쳤다. 이처럼 큰 용기를 가진 붓다를 다른 어느 종교의 창시자에게서 찾아볼 수 있는가!"

정말 대단합니다. 석가모니와 불교계 성현들의 무위법(無爲法; 번뇌를 완전히 소멸하고 얻은 자유로움)은 정말 대단합니다.

이와같이 우리들도 이러한 석가모니 부처와 불교계 성현들의 가르침과 생애를 본(本) 받을 줄 알아야 할 것입니다.

금강경을 선전하고 보급하면
이런 복을 받는다

금강경 제 8장의 의미번역

"수보리여, 그대는 어떻게 생각하는가?

만약 어떤 사람이 이 세상으로부터 온갖 보물을 모아 가지고 그것을 여래에게 보시한다면, 그는 그 인연으로 수많은 공덕을 쌓은 것이 되겠는가?"

수보리가 대답했다.

"스승이시여, 그 사람은 그 인연으로 수많은 공덕을 쌓은 것이 됩니다. 그러나 여래가 말한 공덕은 집착의 대상이 되는 공덕이 아닙니다."

스승이 말했다.

"수보리여, 만약 어떤 사람이 이 세상으로부터 무수한 보물을 모아 가지고 그것을 여래에게 보시했다고 할지라도, 이 법문에 있는 한 구절만이라도 발췌하여 다른 사람을 위해 상세히 설명해주는 자가 있다면, 그는 그 인연으로 더 많은 공덕을 쌓게 되는 것이다. 왜냐하면 모든 여래의 가장 깊은 깨달음이 모두 이 법문으로부터 나오고, 또 모든 부처와 성현들도 모두 이 법문으로부터 나오기 때문이다.

수보리여, '부처의 가르침'은 탐욕과 집착의 대상이 아니다. 그것은 마치 환상과 같고, 꿈과 같은 것이다. 그러므로 '부처의 가르침'이라고 말하는 것이다."36)

새로운 생각의 길

금강경 제 8장의 첫 구절에 대한 단상

"수보리여, 그대는 어떻게 생각하는가?"

생각하건대, 생각(Thnking)과 생각하는 자(Thinker)는 토끼의 뿔이요, 거북이의 털이요, 허공의 꽃입니다.

그런데 왜 석가모니는 수보리 존자에게 "어떻게 생각하는가?" 라고 묻습니까?

일방적인 진실의 선포와 믿음을 강제하는 것보다는, 질문하고 설명하는 대화방식을 선호한 석가모니의 남다른 점

물론 예수나 마호메트와 크리슈나처럼 일방적으로 선언하고

---

36) 지금 필자가 참고대본으로 사용하고 있는 금강경은 범어본(梵語本)입니다. 하지만 구마라집이 번역한 중국 고대 한자로 된 금강경 제8장의 원문도 새롭게 한글현토를 붙여서 여기 각주로 소개해둡니다.

依法出生分 第八: 須菩提여 於意云何인가? 若人이 滿 三千大千世界七寶로 以用布施한다면 是人의 所得福德은 寧爲多不인가? 須菩提言하기를 甚多입니다 世尊이시여 何以故냐하면 是福德은 卽非福德性이니 是故로 如來說하시기를 福德多입니다. 若復有人이 於此經中에 受持乃至四句偈等하며 爲 他人說한다면 其福 勝彼이니 何以故냐하면 須菩提여 一切諸佛과 乃諸佛의 阿耨多羅三藐三菩提法이 皆從此經出이기 때문이다. 須菩提여 所謂佛法者는 卽非佛法인 것이다.

선포하면서 "네가 가진 것을 모두 버리고 나를 따르라" 하거나 "무조건 나를 믿고 헌신하라."고 하는 식인데 비해 석가모니는 '대화의 방식'을 선호합니다.

금강경에서만 아니라 팔천송반야경에서도 수보리 존자와 석가모니 부처의 문답은 항상 혼연일체의 경지를 이루고 있습니다. 하지만 그래도 "수보리여, 자네는 어떻게 생각하는가?"하고 묻는 것을 보면, 석가모니는 일단 상대방을 개인으로서 인정해 주는 대화의 기본자세가 되어 있는 분 같습니다.

이것은 아마도 석가모니가 왕족출신답게 젊었을 때부터 진정한 강자로 여유있게 살아온 탓이 아닌가 라고 여겨집니다.

왜 금강경 경전작가의 두뇌는 예민하게 깨어있지 못했는가

그런데 필자가 여기서 분명히 말해두고 싶은 것은, 수보리 존자에게 (더 정확히 말하면, 금강경 경전작가에게) 일단 짜증이 일어난다는 것입니다. 이것도 인연소생(因緣所生)입니다.

무슨 말인가 하면 "왜 수보리 존자는 (더 정확하게 말하면, 금강경 경전작가는) 석가모니 부처의 견해를 되받아드리는 생각은 하지 못하는가?" 하는 것입니다.

물론, 팔천송 반야경에서는 이야기가 달라지지만, 이 금강경에서 수보리 존자의 모습은 매우 아둔한 모습을 보이고 있는 것 같습니다. 이것은 '금강경 경전작가의 마음'의 레벨이 이 정도밖에 되지 않기 때문에 그럴 것입니다.

불교역사에서 수보리 존자는 특별히 공사상의 제일인자입니다. 그런데 이러한 수보리 존자를, 금강경에서 석가모니 부처의 말에 그저 아부나 하고 복종하고 순응하는〈생각〉밖에 못하는 자로 출연시켰다면, 이 잘못은 수보리 존자에게 있는 것이 아니라 금강경 경전작가의 영악한 지성에 있다고 말하고 싶습니다.

만약 내가 석가모니로부터 이런 질문("진오야, 너는 어떻게 생각하는가?")을 받았다면, 나는 다음과 같은 의문을 품었을 것입니다.

"왜 부처님은 이런 쓸데없는 말씀을 하실까? 이런 삶의 위계적(位階的; Hierarchical)인 사고방식에서 나오는 질문은 좀 곤란한데…아무리 반야바라밀(완벽한 지혜)의 방편(Methods)이라고 해도 이런 식의 유혹적인 사고방식은 결과가 안 좋은데…왜 부처님은 자기 말(금강경)이 이토록 영속되기를 바라는 것일까? 왜 중생들의 기억을 통해 자기 말(금강경)을 영원히 존재하게 하려는 것일까?"

서로 짜고 치는 고스톱 같은 대화라면 상충하는 지혜의 칼을 빼어들어야 한다

생각하건대, 생각(Thnking)은 아무리 생각해보았자 생각하는 그 사람(Thinker)자신을 넘어 설 수 없는 것입니다.

그래서 대화가 필요한 것인데, 이 대화가 서로 짜고 치는 고스톱처럼 그런 대화가 되면 이것은 분명히 큰 문제가 있는 것이라고 나는 통찰합니다.

그러므로 석가모니가 금강경에서 이런 질문을 할 때에는 서로 상충(相衝)하는 생각을 보여주어야 합니다. 왜냐하면 상충을 해야 갈등이 생기고, 갈등은 대립과 다툼을 낳는 것이지만, 동시에 수정과 변화를 낳는 것이기도 하기 때문입니다.

이제 현대사회에 있어서 금강경의 언어문자와 내용과 사고방식은 반드시 수정과 변화가 필요합니다.

오늘은 금강경 제 8장을 읽어보기로 합니다.

금강경 본문

세존께서 수보리에게 물었다

"수보리여, 그대는 어떻게 생각하는가? 만약 누가 삼천대천세계에 가득찬 일곱가지 보물들을 이용해 보시하면 이 사람의 얻는 복덕은 얼마나 많다고 생각하는가?"

수보리가 말했다. "매우 많습니다, 세존이시여. 왜냐하면 이 복덕은 즉 복덕성(福德性)이 아니기 때문입니다. 그러므로 여래께서 복덕이 많다고 말씀하셨습니다."

세존이 말했다. "만약 또 어떤 사람이 이 경전 가운데어서 네 구절만이라도 수지(Accepting and Upholding)하여 타인을 위해 설하면 그 복은 저것보다도 수승한 것이다. 왜냐하면 수브리여, 모든 부처 및 모든 부처의 아뇩다라삼막삼보리(최고의 깨달음)의 법은 모두 이 경전으로부터 나왔기 때문이다."

아무리 시끄럽게 수다를 끊임없이 떠들어대는 놈도 기계에서 반복적으로 돌아가는 테이프 소리를 이길 자는 없습니다. 이와같이 금강경의 내용도 한 글자도 변함없이 그대로 똑같은 가르침으로 천년이 넘도록 반복하고 있습니다.

이에 비해 나는 지금 살아있는 자이기에 무수한 변화와 예상치 못한 경험도 하면서 과연 "인생이란 무엇인가" 라는 질문을 항상 가슴속에 품고 지내는 편입니다.

그런데 지금 이렇게 1천8백 번뇌를 가지고 있을 정도로 생생하게 살아있는 내가 이 죽은 문자들 앞에서 참으로 초라함을 느낍니다. 마치 허공과 다투고 있는 듯한 느낌입니다.

금강경 제8장을 펴니, 금강경 자기선전, 또 선전! 또 선전! 이제는 내 두뇌에 너무 세뇌가 되어서 비명소리가 다 터져 나올 정도입니다. 왜 불교 경전작가들은 2천년전부터 이런 책들을 만들어서 나 같은 사람들을 끊임없이 괴롭히고 있습니까? 이렇게 괴롭히는 인연법으로 나 같은 자들에게 무슨 지혜가 생겨날까 시험하는 것입니까?

물론 법구경(241구절)에 "경은 낭송되지 않으면 잊혀진다."는 말이 있습니다. 그러나 경을 낭송한다고 저절로 부처(깨달은 자)가 되는 것은 아닙니다. 차라리 실제의 석가모니처럼 그 어떤 흔적도 남김없이 깔끔하게 완전한 무(無, Nonbeing)가 되었다면, 우리들의 사고와 상상력은 좀 더 주체적일 수 있었을 것입니다.

그런데 금강경 부처는 말합니다. 이 금강경을 매일 베끼고 수지(受持)하고 독송(讀誦)하며 남을 위해 설명하는 일을 하는 사람은 그 과보로 상상할 수 없을 정도로 복덕을 많이 받는다고? 그러면 이렇게 하지 않는 사람은 어떤 과보를 받는데? 무한한 악덕을 받습니까?

왜 금강경 부처는 이런 쓸데없는 말을 합니까? 금강경 제14장에서 "여래는 있는 그대로 말하며, 진실한 말만 하며, 서로 다른 말을 하지 않으며, 결코 거짓말을 하지 않는다." 라고 했습니다. 그런데 왜 여기서 금강경 부처는 사람들에게 어떤 복덕성(福德性)을 만들어서 그것으로 혹세무민을 합니까?

직설한다면, 글자로 개념을 고정시켜놓은 금강경에도 무집착해야 하거늘 어찌 금강경의 수지독송과 선전의 과보에 집착합니까? 모두 부질없는 일이라는 것을 알아야 할 것입니다.

반야바라밀(지혜의 완성) 게임에 판돈을 좀 더 올려라

아마 모르긴 해도 금강경을 매일 베끼고 수지독송하면서 타인에게 해설하는 자(金剛經每日書寫受持讀誦爲他人解說者)로서 나만한 사람도 드물 것입니다.

그런데 나는 경제적으로 심리적으로 운명적(Karmic)으로 현실적으로 왜 이토록 절망적입니까? 금강경 부처는 이미 죽은 문자로 있기에 나의 살아있는 이 절망감에 대해서조차 그 어떤 반응도 할 수 없을 것입니다. 왜냐하면 금강경은 죽은 문자일 뿐이기 때문입니다.

생각건대, 고대에서부터 불교계 경전작가들이 미래에 올 사람들을 최면 걸기위해 만들어 놓은 것이 이른바 팔만대장경입니다. 이 중에서 금강경은 특히 빛나는 전통과 권위로 무장한 영향력 때문에 더욱 강력한 최면성(催眠性)이 있는 것이라고 나는 꿰뚫어 봅니다.

그러나 나는 지식과 통찰을 지니고 있는 현대인이기에 금강경 제8장 수준의 설법으로는 결코 최면에 걸리지 않습니다!

그러므로 금강경 부처와 수보리 존자와 이 금강경을 만든 자여! 나는 이 반야바라밀(지혜의 완성) 게임에 판돈을 좀 더 올리기로 합니다. 소소한 관념(小法)을 가진 자는 이 게임에 결코 끼어들지 못하게!

내가 만약 전생에 금강경을 직접 쓴 경전작가였다면, 이 생에서는 금강경에서 반야경 선전보급을 장려하기 위해 엄청난 공덕의 과보를 -부처님의 이름으로 보증한다는 교활한 이야기들은 모두 삭제해 버리고 싶습니다.37)

'한량없는 복덕'에 관한 금강경 부처의 보증, 그러나 '꽝'일 수도 있습니다.38)

금강경 본문

"수보리여, 이른바 불교라는 것은 곧 불교가 아니다."

---

37) 망심(妄心)이 사라지면 불심(佛心)도 사라진다는 것을 아는 자는 안다.
38) 부정한다는 것은 이미 알고 있는 것에 대한 관념을 완전히 비워버리는 것이다. 관념은 지식, 경험, 종족의 유산, 기억, 우리가 경험한 것들에 토대를 두고 있다. 경험은 언제나 과거의 것이며, 현재에 영향을 미치면서 현재를 통해 수정되어 미래로까지 이어진다. 수세기 동안 거대한 저장고 같은 것, 이 모든 것이 관념이다. 이런 관념은 기계적인 삶에나 쓸모가 있다. 그러나 진실과 자유로 나아가는 사람은 이 모든 관념을 즉각 비워낸다. 이 비어냄은 그 자체가 완전한 내적 혁명을 의미한다. 지두 크리슈나무르티(1895-1986)의 책《생활의 기술》박윤정(1970-)번역, 황금나침반(2006,3) 333쪽으로부터

도행반야경에서의 부처의 가르침

도행반야경(제9권)에서 석가모니 부처는 아난다에게 다음과 같이 말했습니다.

"모든 경전의 가르침은 한결같이 공(空)해서 붙잡을 수도 없고, 기억할 수도 없는 것이다. 비유를 한다면, 마치 마술사가 마법으로 만들어낸 허깨비와 같은 것이다.

이와같이 모든 경전의 가르침도 분별할 수 없는 것이며, 아픔을 느낄 수 없는 것이며, 더할 수도 없는 것이다."

그러나 이 모든 경전의 가르침인 진공(眞空)이라는 도티는 이해하면서도, 정작 이 도리를 즐기는 경지(眞色)는 얻지 못한다면 그는 아직도 부분적인 깨달음, 어느 한 쪽으로만 치우쳐 있는 깨달음의 수준을 넘어가지 못할 것입니다.

불교의 핵심은 인연소생의 무아법을 철저히 깨닫는 것이다

이제 끝으로 금강경 제8장의 본의(本意)를 있는 그대로 이해해보기로 합니다.

대승불교 법사들이 이토록 금강경 독서를 권하는 이유는 무엇입니까? 이 금강경에 나오는 네 구절의 게송일지라도 타인을 위해 설명하는 공덕에 대해 왜 그들은 이토록 간절하게 말합니까?

그것은 부처 및 모든 부처의 가장 완전한 깨달음의 가르침이 모두 이 금강경에서 나오는 것이기때문입니다. 이쯤 되면, 금강경은 부처를 낳는 어머니로서 가장 완벽한 기능을 다하고 있는 것이 됩니다.

그러나 완전한 지혜라고 하는 언어문자가 곧 완전한 지혜 자체는 아닙니다. 그러므로 금강경 제8장에서도 "이른바 부처의 가르침이라고 하는 것은 부처의 가르침이 아니다."라고 설파했을 것입니다.

그렇다면 과연 부처의 가르침이란 무엇입니까? 그것은 금강경 제7장의 설명처럼, 부처의 가르침은 무유정법(無有定法: 고정된 법이 없는 것)입니다. 왜냐하면 부처(깨달은 자)는 인연기멸(因緣起滅)의 무아(無我)를 설하고 있기 때문입니다.

전통불교의 네 가지의 도에 대하여

"수보리여, 그대는 어떻게 생각하는가?

처음으로 성자의 세계에 들어온 자가, '나는 성자의 세계에 들어와 있다'라고 하는 자부심에 사로잡혀 있다면, 그는 올바른 사람인가?"

수보리가 대답했다.

"세존이시여, 그는 올바른 사람이 아닙니다. 그와 같은 일은 있을 수 없습니다. 왜냐하면 '성자의 세계'라고 말씀하셨지만, 그 어디에도 그런 세계가 고정적으로 있는 것은 아니기 때문입니다. 그것은 어떤 형태도 아니고, 어떤 소리와 냄새와 맛과 접촉과 관념도 아닙니다. 그러므로 성자의 세계라고 하는 것입니다. 그러므로 이 성자의 세계에 처음으로 들어온 사람은 항상 무아(無我)로 겸손하는 것이 좋습니다.

스승이시여, 만약 성자의 세계에 처음으로 들어 온 자가 '나는 성자의 세계에 들어와 있다'라는 자부심에 사로잡혀 있다면, 그는 영원불멸의 자아에 대한 집착과 영원불멸의 존재에 대한 집착과 영원불멸의 영혼에 대한 집착과 영원불멸의 인간에 대한 집착에서 벗어날 수 없을 것입니다."

"수보리여, 그대는 어떻게 생각하는가? 신이나 인간의 세계에 다시 한번 태어나고, 그 이후로는 신이나 인간의 세계에 다시 생을 받을 필요가 없는 경지에 간 사람을 '한번만 왕래한다'라고 한다. 그런데 이러한 경지를 얻은 사람이 '나는 한번만 왕래한다는 경지를 성취했다'라는 관념에 사로 잡혀 있겠는가?"

수보리가 대답했다.

"아닙니다. 스승이시여, 그와 같은 일은 있을 수 없습니다. 왜냐하면 한번 왕래해야 할 그런 세계는 없기 때문입니다. 그러므로 '한번 왕래한다'라고 말하는 것입니다."

스승이 물었다.

"수보리여, 그대는 어떻게 생각하는가? 번뇌를 완전히 버린 사람이 '나는 번뇌를 완전히 버렸다'라고 하는 관념에 사로잡혀 있겠는가?"

수보리가 대답했다.

"아닙니다. 스승이시여, 그와 같은 일은 있을 수 없습니다. 왜냐하면 버려야 할 번뇌는 사실 없기 때문입니다. 그렇기 때문에 '번뇌를 완전히 버렸다'라고 말하는 것입니다."

스승은 또 수보리에게 물었다.

"그대는 어떻게 생각하는가? 이 세상의 모든 존경과 대접을 받을 만한 자가, '나는 이 세상에서 모든 존경과 대접을 받을만한 가치가 있는 사람이다'라고 하는 관념에 사로잡혀 있겠는가?"

수보리가 대답했다.

"아닙니다. 스승이시여, 그런 일은 있을 수 없습니다. 왜냐하면 받아야할 존경과 대접은 탐욕의 대상이 아니기 때문입니다.

만약 아라한이 '나는 아라한이 되었다'고 하는 관념에 사로잡혀 있다면, 그는 곧 영원불멸의 자아에 대한 관념과 영원불멸의 존재에 대한 관념과 영원 불멸의 영혼에 대한 관념과 영원불멸의 인간이라고 하는 관념에 대해 집착하는 것이 됩니다.

여래께서는 저에 대하여 '시비논쟁으로 다툴 수 없는 지혜의 소유자들 중에서 제일 가는 자'라고 말씀하셨습니다. 스승이시여, 저는 욕망을 버려야 하는 아라한입니다. 그러나 '나는 욕망을 버린 아라한이다'라는 관념에 사로잡혀 있지 않습니다.

제가 만약 '나는 아라한이다'라는 관념에 사로잡혀 있다면, 여래께서는 저에 대해 '시비논쟁으로 다툴 수 없는 지혜의 소유자들 중에서 제일 가는 자'이며, 또 '수보리는 모든 시비논쟁의 세계로부터 벗어나 있는 자유로운 자이다'라고는 말씀하지 않으셨을 것입니다."39)

---

39) 지금 필자가 참고대본으로 사용하고 있는 금강경은 범어본(梵語本)입니다. 하지만 구마라집이 번역한 중국 고대 한자로 된 금강경 제9장의 원문도 새롭게 한글현토를 붙여서 여기 각주로 소개해둡니다.

　　一相無相分 第九: 須菩提여 於意云何인가? 須陀洹이 能作是念하기를 我得須陀洹果不일까? 須菩提言하기를 不也입니다 世尊이시여 何以故냐하면 須陀洹은 名爲入流라고하지만 而無所入이요 不入色聲香味觸法이므로 是名須陀洹이기때문입니다. 須菩提여 於意云何인가? 斯陀含이 能作是念하기를 我得斯陀含果不일까? 須菩提言하기를 不也입니다 世尊이시여 何以故냐하면 斯陀含은 名 一往來라고 하지만 實無往來이므로 是名斯陀含이기 때문입니다. 須菩提여 於意云何인가? 阿那含이 能作是念하기를 我得阿那含果不일까? 須菩提言하기를 不也입니다 世尊이시여 何以故냐하면 阿那含은 名爲不來라고 하지만 而實無不來이니 是故로 名阿那含입니다.

금강경 제9장의 가르침은 반드시 반야바라밀(완전한 지혜, 지혜의 완성)과 관련해서 이해를 해야 교훈점이 뚜렷해질 것입니다.

즉, 금강경 제9장에서 주장하는 요점은, 사성(四聖: 입류(入流)를 의미하는 수다원의 단계와, 일래(一來)를 의미하는 사다함의 단계와, 불환(不還)을 의미하는 아나함의 단계와, 더 이상 배우고 닦을 것이 없다는 것을 의미하는 아라한의 단계)의 레벨보다 더 높고 깊고 넓은 것이 반야바라밀('공성의 지혜')이다, 라는 점을 강조하는데 있다고 보아야 한다는 것입니다.

왜냐하면 실제로 금강경의 원형인 도행반야경(팔천송반야경)에서 다음과 같이 설하고 있기 때문입니다.(어떤 문헌학자는 금강경이 도리어 도행반야경(팔천송반야경)의 원형이라고 주장하는 분도 있습니다만 어쨌거나.)

팔천송반야경이나 금강경의 가르침은 그 어떤 부파불교의 성자들보다 깨달음의 레벨이 높다는 것

도행반야경(제5권)의 불가계품에서, 부처는 수보리에게 다음

須菩提여 於意云何인가? 阿羅漢이 能作是念하기를 我得阿羅漢道不일까? 須菩提言하기를 不也입니다 世尊이시여 何以故냐하면 實無有法이 名阿羅漢이기때문입니다 世尊이시여 若 阿羅漢이 作是念하기를 我得阿羅漢道라고 한다면 即爲着我人衆生壽者입니다. 世尊이시여 佛께서는 說하시기를 我得無諍三昧人中에서 最爲第一이라고 하시면서 是 第一離欲阿羅漢이라고 하셨지만 我不作是念이어야 我是離欲阿羅漢일 것입니다. 世尊이시여 我若 作是念하기를 我得阿羅漢道라고 한다면 世尊께서는 即不說이셨을 것입니다 須菩提는 是樂阿蘭那行者이라고. 以 須菩提 實無所行이므로 而名須菩提 是樂阿蘭那行이라고 하셨을 것입니다.

과 같이 말했습니다.

"반야바라밀(지혜의 완성)은 매우 깊고 넓어서, 모든 것을 아는 자(Sarvavid)의 경지와 수다원(入流)의 경지와 사다함(一來)의 경지와 아나함(不還)의 경지와 아라한(眞人, 應供)의 경지와 벽지불(獨覺)의 경지가 모두 여기에서 나온다...그러므로 수다원과 사다함과 아나함과 아라한의 가르침을 받아들이거나 학습하거나 집착하지 말아야 한다."라고.

그리고 도행반야경(제8권)의 석제환인품에서, 석제환인도 다음과 같이 말하고 있습니다.

"반야바라밀(지혜의 완성)을 수지독송하며 남을 위해 해설하는 사람은, 수다원과 사다함과 아나함과 벽지불보다 더 훌륭한 사람이다."라고.

대승불교 경전작가들의 사상전쟁(思想戰爭)

그리고 또, 도행반야경(제9권)의 누교품에서, 부처는 단호하게 말합니다. "보살대사는 항상 반야바라밀(지혜의 완성)을 행하기 위해 아라한과 벽지불의 가르침으로부터 반드시 떠나버려야 한다."라고.

그러니까 이러한 주장의 요점은 도행반야경(제9권)의 불가진품에서 부처가 수보리에게 말한 것처럼 "만약 보살이 진정한 불교를 체득하려고 한다면 반드시 반야바라밀(지혜의 완성)을 실천해야 한다."는 것입니다.

그래서 도행반야경(제3권)의 니리품에서, 부처는 다음과 같이 주장하고 있는 것입니다. "반야바라밀(지혜의 완성)을 믿으면, 수다원과 사다함과 아나함과 아라한과 벽지불과 부처님의 가르침을 믿지 않게 된다."라고.

내가 의심하는 것

그러나 이러한 말들은 정확하게 석가모니 부처가 실제로 한 말이 아닙니다. 이러한 말들은 부파불교(석가모니 사후 대략 300년에서 500년 사이에 있었던 26개 이상의 부파불교)의 성자들을 저급하게 평가하고 비난하는 대승불교 반야부 경전작가들의 주장일 뿐입니다.

다시말하면, 대승불교 경전작가들이 반야경에 석가모니와 그의 최측근 제자들을 배우로 내세워서 자신들의 사상(思想)을 치열하게 선전하는 문구일 뿐입니다.

내가 이해하는 부파불교의 성자들의 깨달음에 대하여

여기 금강경에 나오는 네 가지 지혜의 경지(四果)에 대해 나는 다음과 같이 풀이합니다.

즉, 수다원이란 '입류(入流)'라는 뜻으로, 불교의 흐름에 합류하여 자기를 정화함으로써 부처의식과 연결되는 것(다시말하면, 깨달은 자의 정신과 연결되는 것)을 의미입니다.

그리고 사다함이란 '한번 갔다 왔다(一來)'는 뜻으로, 제멋대로 해설한다면, 일래(一來)란 임종 때에 좋은 소원을 말하고 죽은 자를 뜻합니다. 누구나 임종의 순간은 그가 평생 어떤 생각과 행위로 살아왔는가를 보여주는 순간이지요. 그런데 임종 때에 간절한 소원이 있는 자는 다시 이 세상으로 돌아오게 됩니다. 그래서 일래(一來; 한 번 더 왕래하여 깨닫는 자)입니다.

그리고 아나함이란 '다시는 오지 않는다(不還)'는 뜻으로, 게 멋대로 해설한다면, 죽어서 다시는 돌아오지 않는 자를 의미합니다. 과연 '다시는 돌아오지 않는 자'는 어디서 누구와 어떻게 사랑의 합일 또는 파멸되어있는 존재일까? 궁금하네요. 불교는 범아일여(梵我一如 또는 천인합일(天人合一))를 주장하지 않으니까요.

그리고 아라한이란 무위진인(無爲眞人)으로, 갈망이나 탐욕으로부터 자유로운 성자이며, 결핍감에서 억지로 구하며 애쓰는 일이 없는 성자들을 의미합니다. 다시말하면, 아라한이란 '더 이상 이 세상에서 완수해야 할 것이 아무것도 없는 스스로 만족하는 성자'라는 의미입니다.

그리고 이 네 가지 지혜의 경지는, 대승불교 지도자들의 설명처럼 위계적(位階的)이고 차별적인 레벨로 보면 안됩니다. 왜냐하면 이 네 가지 지혜의 모습은 일불(一佛; 근원적으로 깨달은 자)의 다양한 모습이기 때문입니다.

금강경 본문

"수보리여 자네는 어떻게 생각하는가? 수다원(入流)이 능히 생각하기를 '나는 수다원(入流)의 경지를 얻었다'라고 하겠는가?"

수보리가 말했다. "아닙니다, 세존이시여. 왜냐하면 수다원은

입류(入流)라고 명칭하지만 들어간 바가 없고, 색성향미촉법(色
聲香味觸法)에도 들어가지 않았으므로 수다원(須陀洹)이라고
부르기 때문입니다.”

'흐름(流)'이라는 글자에 대한 나의 성찰명상

여기서 흐름(流)이라는 글자를 가지고 제 개인적인 성찰명상
을 한 번 해보기로 합니다.

금강경 한 글자가 어떻게 제 지성(知性)을 자극하는지 우리
함께 확인해봅시다.

'흐름에 들어간다'는 의미는 순응성(Conformity)에 대한 명제라
고 재설정해볼 수 있습니다. 즉, 흐름이란 어떤 불교의 흐름일
수도 있고, 인간관계의 흐름일 수도 있고, 진리와 진실의 흐름
일 수도 있습니다. 그리고 이런 각종 '흐름을 따라 가는 것(流
行)'은 만족과 안정감과 행복을 느끼게 합니다. 인생도 순응(順
應)하고 순종(順從)하고 순사(順思)하고 순관(順觀)하며 순행(順
行)하는 사람은 대개 무사평온(無事平溫)합니다.

그런데 나는 반응(反應)하고 반항하고 역사(逆思)하고 역관
(逆觀)하며 역행(逆行)하는 사람입니다. 즉, 나는 인생과 역사와
운명을 거꾸로 보는 사람입니다.

그리고 나는 모든 종교와 철학의 정언(正言; Thesis)에 대해서
도 명제(Thesis) 그대로 믿고 따라가는 유행자(流行者)가 아닙니
다. 나는 반언(反言; Antithesis)를 제시하는 사람입니다. 그래서
나는 모든 사고(思考)의 흐름을 거슬러 올라가는 사람입니다.

그런데 이러한 통찰명상은 아무나 할 수 있는 게 아닙니다.
왜냐하면 통찰명상(Awareness Meditation)은 있는 그대로의 사실분
석과 재창조하는 비판적인 지성이 있어야 하고, 이러한 지성은
하루아침에 얼렁뚱땅 숙성(熟成)되어지는 것이 아닙니다. 현재
의 자아의식조차도 끊임없는 피드백의 결과이기 때문입니다.
내게 있어서 명상이란 오늘 지금 바로 여기 이 순간에 존재하
는 제 모습을 끊임없이 제대로 쳐다보는 것을 의미합니다.40)

부정적인 흐름에는 반대로 움직이는 정신이 필요하다

생각건대, 사주팔자의 운명이 흉한 사람들, 선조와 부모로부
터 치료되지 않은 불행한 유전자를 그대로 전해받은 사람들,
매사에 문제가 꼬이며 잘 풀리지 않는 사람들, 선택의 자유가
없는 사람들, 이런 분들은 내 책을 잘 이용하면 치료효과(변화)
를 체험할 수 있을 것입니다. 즉, 지금 어떤 부정적이고 비생
산적인 '흐름(流)'속에 있는 분들은 그 흐름을 뒤집을(바꿀, 전
환할) 기회를 찾아야 합니다. 만약 그 부정적인 흐름을 반대로
거슬러 올라가는 정신과 노력이 없으면 (개인은 물론이고 인류
사 전체의) 발전과 진화는 불가능한 것이 되고 맙니다.41)

이상이 금강경 본문에 나오는 '입류(入流)'라는 글자에 대한

---

40) 이러한 '순간적 존재성'에 관한 성찰은 다르마키르티(600-660)의 책들을 참고해보
시기 바란다.
41) 리처드 도킨스(1941-)의 진화생물학적인 명제를 생각하면서 말한다면, 즈상과 부
모의 유전자에 순응하여 쫓아가면 보통 일반사람이 되고, 그 유전자들을 거슬러
뒤집으면 특별한 사람이 된다.

제 개인적인 성찰명상(省察冥想)이었습니다.

하지만 이 '입류(入流)' 또는 '합류(合流)'에 관한 부파불교의 본의(本意)는 '부처의식(깨달은 자의 意識)과 연결되는 것(깨달은 자의 정기신(精氣神)과 연결되는 것)'을 의미하는 것일 겁니다.

금강경 본문

여래께서는 저에 대하여 '시비논쟁으로 다툴 수 없는 지혜의 소유자들 중에서 제일인 자'라고 말씀하셨습니다.

스승이시여, 저는 욕망을 버려야 하는 아라한입니다. 그러나 '나는 욕망을 버린 아라한이다'라는 관념에 사로잡혀 있지 않습니다. 제가 만약 '나는 아라한이다'라는 관념에 사로잡혀 있다면, 여래께서는 저에 대해 '시비논쟁으로 다툴 수 없는 지혜의 소유자들 중에서 제일인 자'이며, 또 '수보리는 모든 시비논쟁의 세계로부터 벗어나 있는 자유로운 자이다' 라고는 말씀하지 않으셨을 것입니다."

대승불교 반야부 경전에서 수보리 존자의 위상

팔천송반야경(제1장)에서도 똑같은 구절이 있습니다. 여기서 지혜제일(智慧第一)인 사리불 존자는 수보리 존자에게 이렇게 말했습니다.

"그렇다. 수보리 장로여, 참으로 그대는 다툼이 없는 것에 안주하는 사람들 가운데에서 제 1인자(無諍第一)이다 라고, 세존께서도 인정하셨지만, 정말 그와 같이 다툼이 불가능한 형태로 가르침을 보여주었다."

불교계 성현들의 수행의 역사

금강경 제9장은 수다원(預流)과 사다함(一往來)과 아나함(不歸)과 아라한(眞人, 應供)의 레벨과 그 깨달음에 대하여 설명하고 있습니다.

우리가 참작할 것은 이 초기불교 성자들의 4가지 위계(位階) 이전에 6가지 초능력의 성자들, 4가지 무색정(공무변처, 식무변처, 무소유처, 비상비비상처), 4가지 선정상태, 4가지 한량없는 마음(慈悲喜捨), 10가지 선한 업도(業道), 4가지 포섭법, 29가지 깨달음에 도움이 되는 여러 가지 방법, 8가지의 정도, 5계(살생하지 않는 것, 도둑질 하지 않는 것, 삿된 음행을 하지 않는 것, 거짓말을 하지 않는 것, 술을 즐기는 것, 줄담배를 피우지 않는 것) 등의 위계(位階)와 경지(境地)가 이어져 오고 있었다는 점입니다.

금강경에 소개되지 않은 보살들의 정신적 위계와 경지

그러나 금강경은 대승불교의 보살도(菩薩道)를 가르치는 경전입니다.

그래서 금강경 경전작가는 부파불교계 성자들의 경지를 악평하고 비난하는 것보다는, 육바라밀(六波羅蜜)을 행하는 대승불교 보살들의 위계(位階)와 경지에 대해 적극적으로 소개하고 설명하는 것이 더 좋다고 생각합니다.

예를들면 팔천송반야경에서 언급되는 것처럼

1)초발의보살(初發意菩薩),

2)육바라밀(六波羅蜜)을 행하는 보살,

3)반야바라밀(般若波羅蜜)에서 결코 후퇴하지 않는 보살,

4)일생보처보살(一生補處菩薩)에 대한 이야기를 하는 것이
더 좋았을 것이라는 겁니다.

금강경 제9장의 가르침의 의도

생각하건대, 금강경 제9장의 본문을 쓴 경전작가의 의도는,
모든 사람들로 하여금 수다원(入流)이나 사다함(一來)이나 아나
함(不還)이나 아라한(應供)의 경지와 깨달음을 찬양하기보다는,
하루, 반나절, 아니 일초, 일순간의 짧은 사이라도 이 금강경을
수지독송(受持讀誦)하며 사람들에게 해설하는 편이 훨씬 좋다
는 메시지를 사람들에게 전하기 위한 것이라고 여겨집니다.

초기불교의 성자들과 대승불교의 비구보살들의 경지를 넘어서

그런데 나는 다음과 같이 말합니다. 초기불교의 성자들인 성
문(聲聞)과 독각(獨覺)의 마지막 경지는 아라한과(阿羅漢果:
Arahathood, 더 이상 배울 것이 없는 경지, 또는 그 깨달음의 차원)에서 완
성됩니다.

그러나 대승불교의 비구보살인 보살대사의 마지막 경지는
불과(佛果; Buddhahood, 부처의 깨달음의 경지, 또는 그 깨달음의 차원)에
서 완성됩니다.

하지만 나의 마지막 경지는 불과(佛果; 부처의 깨달음의 레

벨)도 넘어서 '아무것도 아닌 것'이라는 무(無의 세계)에서 완성되고 있습니다.

이러한 무(無)는 언어문자로 쉽게 설명할 수 있는 용어는 아니지만, 여기서 제가 말하는 무(無의 경지)는 허무의 무(無)와 항상 불변 지속하는 유(有; Something)를 넘어서, 그 어디에도 머무름이 없고, 걸림이 없는 무(無)입니다.

무(無)는 가능성이다

무(無; No-thing, Un-thing)는 완성이 아니라 미완성입니다.

무(無)는 결과가 아니라 원인의 원이요, 조건의 조건입니다.

무(無)는 현실이 아니라 비현실입니다.

무(無)는 쪼개고 나눌 수 없다

그러나 무(無; Nothingness)에 대하여 더 정확하게 말한다면,

무(無)는 완성이면서 동시에 미완성이며,

무(無)는 결과이면서 동시에 원인과 조건이며,

무(無)는 현실이면서 동시에 비현실입니다.

무(無)는 가장 높은 것이면서 동시에 가장 낮은 것입니다.

무(無)는 모든 것을 아는 지혜이면서 동시에 아무것도 모르는 무지입니다.42)

---

42) 이것 저것 생각하면, 이렇게 말하고 글 쓸 것도 없다. 왜냐하면 그 어떤 말을 아무리 진정성을 담아 말하고 글 쓴다 할지라도 개념적인 것이요, 불완전한 것이요, 결핍된 것이거나 부족한 것이기 때문이다. 그런데도 우리가 이런 저런 말을 하고 글을 쓴다는 것은 동물인간의 탈을 쓰고 있기 때문이다. 생각하건대, 二 어떤 말

과 글일지라도(팔만대장경일지라도) 시비분쟁을 일으키는 것이라는 사실을 인지하
면 말은(말을 하게 하는 사상이나 관념은) 고(苦)의 소멸이 아니라 고(苦)의 생성
이다.

　　그리고 언어도단과 불립문자를 좋아하는 선승들을 의식해서 해두는 말인데, 오
늘날의 인류의식은 언어문자로 인해 엄청나게 진화한 것이다. 특히 인류가 인도
의 우파니샤드와 바가바드 기타, 부처의 깨달음과 용수의 중론, 노자의 도덕경과
장자, 희랍철학자들의 사상, 요한복음, 수피들의 사상 등 종교적이고 철학적인 언
어문자를 의도적으로 사용하기 시작하면서부터 인류의식은 완전히 새로운 차원을
경험하게 되었다. 이 모든 것이 언어문자로 인한 것이기도 하다.

석가모니는 연등불로부터 받은 법이 없다

스승이 또 수보리에게 물었다.

"그대는 어떻게 생각하는가?

여래가 과거의 부처님이신 연등불에게 무엇인가 집착해서 얻은 것이 있는가?"

수보리가 대답했다.

"아닙니다. 여래가 과거의 부처님이신 연등불에게 무엇인가 집착해서 얻은 것은 없습니다."

스승은 말했다.

"수보리여, 만약 보살이 '나는 부처님의 나라를 세우겠다'고 말한다면, 그는 잘못 말한 것이 된다. 왜냐하면 세워야 할 '부처님의 나라'라고 하는 것은 덧없는 것이며, 탐욕의 대상기 아니기 때문이다.

그러므로 '부처님의 나라'는 다음과 같이 세워야 한다. 즉, 보살은 집착하는 바가 없는 마음으로 '부처님의 나라를 세워야 한다'는 것이다.

그 어떤 형태와 소리와 냄새와 맛과 접촉과 관념에 집착된 마음으로는 '부처님의 나라'를 세울 수가 없다.

수보리여, 만약 어떤 사람의 몸이 수미산처럼 크다면, 그대는 어떻게 생각하는가? 그 몸은 큰 것인가?”

수보리가 대답했다.

“스승이시여, 그것은 물론 큽니다. 그러나 어떠한 몸이라도 집착의 대상이 되는 몸이란 없는 것입니다. 왜냐하면 모든 몸은 덧없는 것이기 때문입니다. 그러므로 몸이라고 말해지는 것입니다.”[43]

새로운 생각의 길

금강경 본문

부처가 수보리에게 말했다.

“자네는 어떻게 생각하는가? 여래가 옛날 연등부처 계신 곳에 있을 때에 그에게 법을 얻은 바가 있는가?”

“아닙니다. 세존이시여. 여래께서 옛말 연등부처 계신 곳에 있을 때에 법을 얻은 바는 없습니다.”

---

[43] 지금 필자가 참고대본으로 사용하고 있는 금강경은 범어본(梵語本)입니다. 하지만 구마라집이 번역한 중국 고대 한자로 된 금강경 제10장의 원문도 새롭게 한글현토를 붙여서 여기 각주로 소개해둡니다.

莊嚴淨土分 第十: 佛께서 告須菩提하시기를 於意云何인가? 如來가 昔在然燈佛所에서 於法有所得不인가? 不也입니다 世尊이시여 如來께서 在然燈佛所에서 於法實無所得입니다. 須菩提여 於意云何인가? 菩薩은 莊嚴佛土不인가? 不也입니다 世尊이시여 何以故냐하면 莊嚴佛土者는 卽非莊嚴이므로 是名莊嚴이기때문입니다. 是故로 須菩提여 諸菩薩 摩訶薩은 應如是生淸淨心이다. 不應住色하여 生心하고 不應住聲香味觸法하여 生心해야 하니 應無所住하여 而生其心해야 한다. 須菩提여 譬如有人이 身如須彌山王이라면 於意云何인가? 是身이 爲大不인가? 須菩提言하기를 甚大입니다 世尊이시여 何以故냐하면 佛說非身이요 是名大身이기 때문입니다.

옛시대의 스승으로부터 받은 법이 없다고 하는 아라한과 여래의 경지

도행반야경(제5권)의 불가계품에 보면, 부처는 "아라한이 받은 법은 없다"고 설파하고 있습니다. 아라한의 깨달음의 레벨이 이 정도라면 여래(이렇게 온 깨달은 자)의 경지는 더욱 아무것도 받은 바가 없을 것입니다. 나 또한 마찬가집니다. 이렇게 깨달은 자들의 세계는 독보적인 것입니다.

인류사에서 독보적인 천재의 출현은 항상 경이로운 것

"연등부처로부터 받은 법이 없다."고 하는 석가모니 부처에 대해 생각해봅니다. 이렇게 인간사회의 모든 분야에서 천재는 타고나는 것입니다. 그래서 천재는 경이로운 것입니다. 이러한 천재에게 후천적(後天的) 교육이란 그저 그의 천재성이 얼마나 드넓게 확장해나가는가 하는 것에 관련된 것일 뿐입니다.

내가 석가모니에게 전율을 느끼는 이유(1)

석가모니는 거의 기적같은 인물입니다. 어떻게 미개한 고대사회에서 이러한 사상가가 출현했는지 생각할 때마다 지성적인 인류에 대해 전율이 느껴집니다.

두서없이 말한다면, 첫째 석가모니는 왕족입니다. 그런데 그는 스스로 이 모든 권력을 버리고 떠돌이 탁발승으로서 거지생활을 했습니다.

이 뿐만 아니라 석가모니는 생존시 자기나라 조국이 강대국(코살라와 마가다)의 침략에 의해 식민지로 전락되는 과정에서도 (우리나라 조선시대의 서산대사와 사명대사의 애국적인 전쟁참여같은 행동과는 달리) 아무런 반대나 저항을 하지 않았습니다.

이러한 점은 나 같은 하천한 사주팔자를 타고난 자로서는 도저히 이해할 수 없고 흉내 낼 수 없는 경지입니다.

그리고 또, 현대의 성현들은 거의 모두 부유한 경제적 독립 위에서 활동하고 있는 것에 비교해보면 석가모니의 위대성은 더욱더 감동적인 이미지(心象; Image)로 나에게 다가옵니다.

특별 비행기와 특별 기차와 최고급 자가용으로, 여행중에서도 최고급 호텔에 숙식하면서, 모든 첨단 영상기기와 녹음기 시설을 갖춘 멋진 강당에서, 영웅적인 전사처럼 사자의 포효처럼 마음껏 자기가 하고 싶은 말을 다하고, 많은 돈도 받고, 각종 대접을 융숭하게 받으면서, 또 수많은 출판을 통해 세계적인 명성을 누리고 있는 현대의 부유한 성자들(오쇼 라즈니쉬, 마하리시 마헤시 요기, J.크리슈나무르티 등)을 비교해보면, 석가모니는 거의 기적같은 인물이라는 확신이 듭니다.

예를들면, 본래 빈민계층의 구도자라면 몰라도, 당시 한 나라의 왕자로서 최고의 위생적인 음식만 먹다가 어떻게 최하층 빈민자들이 먹다 남은 음식을 주는 그대로 받아먹을 수 있다는 말입니까! 나로서는(나만 아니라 그 어떤 현대의 성자라도) 도저히 흉내를 낼 수 없는 대단한 경지입니다.

혹시 제가 석가모니의 식생활에 대해 오해하고 있는지도 모르겠지만, 나의 음식생활은 영 볼품은 없지만 위생관념은 가능한한 철저한 편입니다. 그래서 나는 아무리 배가 고파도 굶어 죽으면 죽었지, 길거리에서 인도나 중국거지들이 먹다 남은 음식을 주는 그대로 받아먹지는 않습니다.

내가 석가모니에게 전율을 느끼는 이유(2)

두 번째, 석가모니는 인도 고대사회에서 막강한 권력자들이 숭앙하는 절대신(絶對神)이 판을 치는 미개한 땅에서 어떻게 신을 배제하고 인간 그 자신의 사상을 용감하게 펼칠 수 있었는가 하는 점입니다.

아인슈타인44)의 상대성 이론이 나오고, 수많은 양자물리학자들이 진리를 밝힌 현대사회에서조차 신(神)들은 여전히 북미와 유럽과 중동지역에서 무수한 신자(信者)들을 거느리며 막강한 권력과 영향력을 행사하고 있습니다.

그런데 무지하고 어리석은 자들이 판을 치는 고대사회에서 어떻게 그 절대권력적인 신(神)을 부정하고 인연소생의 무아법(無我法)을 설파할 수 있었는가, 하는 점을 생각해볼 때마다 석가모니는 정말 거의 기적같은 인물이라고 나는 여겨집니다.

현대사회에서 가장 잘난 체 하는 최고 수준의 인도현인들

---

44) A.아인슈타인(1879-1955)은 신(神)에 대해 "나는 인격신이라는 아이디어는 어린아이의 유치한 사고와 같은 것이라고 반복해서 말한다. 나를 불가지론자라고 불러도 좋다." 라고 말한 바 있다.. 그러나 A.아인슈타인은 신(神)자체를 부정하지는 않았다. 그래서 그는 "종교가 없는 과학은 절름발이이며, 과학이 없는 종교는 맹인이다."라고 말하기도 했다. 결론만 말한다면, A.아인슈타인의 신은 B.스피노자(1632-1677)의 신관(神觀)처럼 범신론적인 우주자연의 실체 또는 자연법칙으로서의 신(神)이다. A.아인슈타인은 R.파인만(1918-1988)과 S.와인버거(1933-)와 《신이라는 망상(2006)》 책을 출판한 리처드 도킨스(1941-)처럼 철저한 무신론자는 아닌 것 같다.

(J.D.크리슈나무르티와 U.G.크리슈나무르티)일지라도 그들의 사상을 가만히 들여다보면, 불교(佛敎)의 어느 한 면을 흉내내는 사실을 발견할 뿐입니다.

예를들면 J.크리슈나무르티(1895-1986)는 비파사나 사티(satti) 즉 깨어있는 마음으로 알아차리고 지켜보는 것, 깨어있는 마음으로 주의를 기울여 관찰하는 것, 깨어있는 마음을 잘 챙기라는 초기불교의 경지를 흉내 내고 있는 사상가입니다. 제 말이 믿어지지 않거나, 더 알고 싶은 독자는 사념처경(四念處經; Satipatthana Sutta; 네 가지 주의깊게 관찰하는 것에 대한 가르침)을 참조해 보시기 바랍니다.

여기서 사념처(四念處; The Four Foundation Of Mindfulness)란 사념처관(四念處觀; 네 가지 주의깊게 알아야 할 것에 대한 통찰)의 준말로, 우리들의 몸과 감각과 마음과 무아무득(無我無得)의 진리(法)에 관한 성찰 및 통찰입니다.

그리고 U.G.크리슈나무르티(1918,7,9-2007,3,22)는 대승불교 초기 반야경전들에서 습관적으로 사용하고 있는 '즉비(卽非; Is Not)' 논리를 흉내 내고 있는 나와 똑같은 종류의 사상가라고 여겨집니다.

석가모니는 이 지구의 생명체가 이루어낸 최상의 진화적인 성취이다
나의 지적인 편력 경험에 의하면, 세계 그 어느 곳에서 제아무리 세련되고 정교하고 치밀한 성자일지라도 아직 석가모니 같은 성자는 찾아보지 못하고 있습니다.

그리고 이러한 석가모니는 인위적인 교육의 산물이 결코 아닙니다. 대체 석가모니같은 인물이 미개한 옛날에 어떻게 가능했을까요?

단순히 부모의 유전자의 내림도 아니고, 당시 사회교육의 결과도 아니었다면, 그는 대체 어떻게 고대사회에서 가능했을까요?

바로 이러한 경이로운 감정으로 나는 "석가모니같은 인물은 타고나는 것이다." "석가모니는 이 지구의 생명체(변형된 태양의 빛, 우주적인 상호작용의 결과)가 이루어낸 최상의 진화적인 성취이다!"라고 감탄할 뿐입니다.

물론 석가모니에게도 스승이 있었고, 도반들도 있었고, 제자들도 있었습니다.45) 하지만 석가모니가 존재하고 말하고 행동하는 방식은 그 누구도 흉내 낼 수 없는 그 자신만의 타고난 특수성(特殊性, 個人性)이 있었던 것 같습니다.

바로 이러한 점에서 "과거 연등부처로부터 받은 법이 없다."는 구절을 음미해볼 수도 있다고 상상해봅니다. 석가모니는 정말 유례가 없는 독보적인 분이었기 때문입니다.

금강경에서 연등부처의 이름은 금강경 제10장과 제16장과 제17장에서 여러 번 언급되고 있습니다.

연등부처(Dipankara)는 석가모니 이전에 있었던 과거 24명의 부처중에서 한 명입니다.

하지만 석가모니 부처는 연등부처의 법손(法孫)이 아니며,

---

45) 고타마 싯달타의 요가스승은 알라라 칼라마(Alara Kalama)와 웃다카 라마풋타(Uddhaka Ramaputta)이며, 도반은 5명, 제자는 1,250명이었다.

법손이 될 수도 없다는 그 이유를 반복적으로 설명하고 있습니다.

금강경 본문

"수보리여 어떻게 생각하는가? 보살은 부처의 땅을 장엄하는가?"

"아닙니다, 세존이시여. 왜냐하면 부처의 땅을 장엄한다는 것은 곧 장엄이 아니므로 이 이름이 장엄이기 때문입니다."

"그러므로 수보리여, 모든 보살대사는 마땅히 이와같이 청정한 마음을 내어야 한다. 색성향미촉법에 집착하지 말고 마음을 내어야 하니, 마땅히 집착하는 바가 없이 그 마음을 내어야 한다."

불국토를 꾸민다는 의미에 대하여

금강경 제10장에 나오는 "불국토를 장엄(莊嚴: 꾸미는 것, 장식)한다"는 의미는 "청정한 마음을 머무르는 바가 없이 내라"는 가르침입니다.

그런데 문제는, 마음은 청정함이나 더러움에 고정되어 있는 실체가 아니라는 점에 있습니다. 그러므로 이 청정한 마음에 대해서조차도 집착하지 말아야 할 것입니다.

이 청정한 마음은 불성(佛性; 석가모니 부처의 아트만)과 여래장(如來藏; 이렇게 온 깨달은 자의 아트만)과 동의어라고 생각합니다.

그렇다면, 우리는 불성(Buddhata)과 여래장(Tathagata-garbha)이란

것도 인연소생(因緣所生)의 무아(無我)라고 관찰하며 집착하지 말아야 할 것입니다. 그러나 금강경 경전작가는 불국토를 꾸민 다는 주제에 대한 즉비시명(卽非是名)의 담론을 제17장에서 다시 또 반복해서 쓰고 있습니다.46)

불국토를 요즘 말로 하면, 자연의 생태적인 환경이 좋은 국토라고 자유롭게 이해하고 싶네요.

금강경 본문

"수보리여, 비유해서 말하는데 만약 어떤 사람의 몸이 수미산처럼 크다면, 자네는 어떻게 생각하는가? 이 몸은 큰 것인가?"

수보리가 말했다.

"스승이시여, 그것은 물론 큽니다. 왜냐하면 스승께서 설하신 몸은 몸이 아니므로 이 이름이 큰 몸이라고 하기 때문입니다."

커다란 몸에 관한 이야기의 핵심은 무아론이다

사람의 몸만 몸이 아니라 이 지구의 몸도 몸이요, 우주의 몸도 몸입니다. 그러니 어찌 이 몸을 사람의 몸이라고 할 수 있겠습니까?

그리고 마음은 몸에서 나온 것입니다. 그래서 몸이 없는 마

---

46) 금강경 하권의 시작인 제17장(구마라집의 중국어 번역)에 보면 "須菩提여 若菩薩이 作是言하기를 我當莊嚴佛土라고 한다면 是不名菩薩이니, 何以故냐하면 如來께서 說하신 莊嚴佛土者는 卽非莊嚴이니 是名莊嚴이기 때문이다."라는 교훈이 또 나오고 있다.

음이란 도깨비 일뿐입니다.

그렇다면 우리는 이 지구의 몸과 우주의 몸에 대해서 얼마나 알고 있을까?

어쨌거나 본문에서 말하는 '커다란 몸'에 관한 이야기의 핵심은 제법무아(諸法無我; 모든 존재에는 -아트만이든, 푸루샤든, 브라만이든- 영원불멸의 실체성이 없다는 것)입니다.

자이나교(Jainism)에서는, 이 '수미산처럼 큰 몸'을 '업신(業身; 카르마 나샤리라)'이라고 부릅니다.

본문을 제'멋'대로 한 번 더 읽어보기로 합니다.

부처가 수보리에게 물었다.

"만약 어떤 사람의 몸이 수미산처럼 크다면, 그대는 어떻게 생각하는가? 그 몸은 큰 것인가?"

수보리가 대답했다.

"그것은 물론 큽니다. 그러나 어떠한 몸이라도 집착의 대상이 되는 몸이란 없는 것입니다.

왜냐하면 모든 몸은 덧없는 것이기 때문입니다. 그러므로 몸이라고 말해지는 것입니다."

사찰건립하는 보시 공덕보다 금강경을 선전보급하는 공덕이 더 크다

스승이 물었다.

"수보리여, 그대는 어떻게 생각하는가? 갠지즈 강의 모래 수 만큼의 갠지즈 강이 있다고 하면, 그 강들의 모래 수는 얼마나 많은가?"

수보리가 대답했다.

"그렇게 많은 갠지즈 강의 수만도 헤아릴 수 없을 것인데, 하물며 그 많은 갠지즈 강의 모래 수에 이르러서는 더욱 그렇습니다."

스승이 말했다.

"나는 중생을 위하여 다음과 같이 말하고자 한다. 만약 어떤 사람이 이 세상으로부터 온갖 보물을 모아 가지고 그것을 여래에게 보시했다고 하자. 수보리여, 그대는 어떻게 생각하는가? 그는 그 인연으로 많은 공덕을 쌓은 것이 되는가?"

수보리가 대답했다.

"스승이시여, 그는 그 인연으로 많은 공덕을 쌓은 것이 됩니다."

스승이 말했다.

"수보리여, 만약 그렇게 어떤 사람이 이 세상으로부터 온갖 보물을 모아 가지고 그것을 여래에게 보시했다고 할지라도, 누가 이 법문에 있는 한 구절만이라도 발췌하여 다른 사람을 위해 상세하게 설명해준다면, 그는 이 인연으로 더 많은 공덕을 쌓는 것이 될 것이다."[47]

새로운 생각의 길

오늘은 금강경 제 11장에 나오는 첫 구절에 대해 비점담론 (批點談論)을 해보기로 합니다.

금강경 본문

스승이 물었다.

"수보리여, 그대는 어떻게 생각하는가?

---

[47] 지금 필자가 참고대본으로 사용하고 있는 금강경은 범어본(梵語本)입니다. 하지만 구마라집이 번역한 중국 고대 한자로 된 금강경 제 11장의 원문도 새롭게 한글현 토를 붙여서 여기 각주로 소개해둡니다.

　　無爲福勝分 第 十一: 須菩提여 如恒河中 所有沙數의 如是沙等恒河이라면 於意 云何인가? 是諸恒河沙 寧爲多不인가? 須菩提言하기를 甚多입니다 世尊이시여 但 諸恒河도 尙多無數인데 何恒其沙이겠습니까. 須菩提여 我今 實言으로 告汝하니 若有善男子 善女人이 以七寶로 滿爾所恒河沙數의 三千大千世界에 以用布施한다면 得福이 多不인가? 須菩提言하기를 甚多입니다 世尊이시여. 佛께서 告須菩提하시기 를 若善男子 善女人이 於此經中에 乃至受持四句偈等하며 爲他人說한다면 而此福 德이 勝前福德이다

부처의 질문에 그저 아부적인 '반응'만 해서는 안된다

지금 수보리 존자는 석가모니의 이러한 질문에 대해 그저 '반응'만 하고 있을 뿐입니다.

그러나 이렇게 무의식적으로 '아부하는 반응'보다는 창조적 자유에서 우러나오는 생기있고, 발랄하고, 구김살 없는 답을 했었더라면, 우리 현대인들은 반야바라밀(근원적인 통찰력)이 무엇인지 정말 쉽게 배울 수 있었을 것입니다.

그러나 수보리 존자는 부처님의 입안에 있는 혀처럼 그저 반응만 하고 있습니다.

그래서 이번에는 내가 수보리 존자에게 한번 물어보기로 합니다.

우리는 무슨 생각을 어떻게 생각한다 하더라도 생각하는 자기자신을 넘어설 수 없습니다. 고로 우리들의 생각과 견해는 이미 우리가 모두 잘 알고 기억하고 있는 것들입니다.

그런데 수보리 존자는 자기가 모르는 지식(無知), 자기가 모르는 경험(無驗), 자기가 모르는 기억(無憶)으로 자기가 모르는 것(眞空)에 대해서는 어떻게 생각합니까? 당연히 생각할 수 없을 것입니다. 왜냐하면 수보리 존자가 모르는 것(無憶)이기 때문입니다.

다시 한 번 더 부처의 질문에 대해 생각해보기로 합니다.

금강경 본문

스승이 물었다. "수보리여, 그대는 어떻게 생각하는가?

부처의 질문을 받는 사람의 의식수준에 대하여

수보리의 생각과 견해란 수보리의 부모와 성장배경과 그가 접한 지식과 경험과 기억에 토대를 두고 있는 것입니다.

따라서 수보리의 생각과 견해는 중요한 것이 아니라고 생각합니다. 왜냐하면 수보리의 생각과 견해는 아상과 편견일 수도 있기 때문입니다.

만약 석가모니 부처님이 나에게 "진오야, 너는 어떻게 생각하느냐?" 하고 묻는다면, 나는 "왜 그렇게 묻습니까? 왜 내가 어떻게 생각하는 것을 확인하고 허가하고 조정하려고 하십니까? 왜 제 생각을 통제하고 교육하려고 하십니까?" 하고 되물었을 것입니다.

진리는 이런 문답에 의해서 드러나는 것이 아닙니다. 진리는 이런 대화가 아닙니다. 진리는 타협과 조정이 아니기 때문입니다.

내가 생각하는 진리는, 내가 좋아하는 성현(聖賢)과 함께 살면서 그저 그가 시키는 대로 밥하고 청소하고 심부름하고 노동하는 일만 하며, 더 이상 그에게 아무것도 바라지 않고, 어떤 탐욕심도 없이 그냥 이렇게 살다가 죽는 것입니다.

금강경 본문

스승이 물었다.

"수보리여, 그대는 어떻게 생각하는가? 갠지즈 강의 모래 수만큼의 갠지즈 강이 있다고 하면, 그 강들의 모래 수는 얼마나 많은가?"

수보리가 대답했다.

"그렇게 많은 갠지즈 강의 수만도 헤아릴 수 없을 것인데, 하물며 그 많은 갠지즈 강의 모래 수에 이르러서는 더욱 그렇습니다."

K.지브란의 아름다운 문장

K.지브란은 말하기를, "사람들은 잠에서 깨어나 나에게 이렇게 말하네. '당신과 당신이 살고 있는 세상은 넓고 넓은 바다에 끝없이 펼쳐진 바닷가에 있는 한 알의 모래에 지나지 않는다.'라고. 그러면 나는 꿈속에서 그들에게 이렇게 말한다네. '나는 끝없는 바다라서 모든 세상은 내 바닷가에 있는 모래알들이지.'"

역시 칼릴 지브란(1883-1931)은 대단한 시인입니다. 그러나 지금 저는 금강경 경전작가의 마음을 꿰뚫어 보는 '지혜의 전쟁'을 수행하는 긴장상태에 있기 때문에 지브란과의 감성적 대화는 언제 다음에 하기로 합니다. (모두 웃음)

금강경 본문

"수보리여, 나는 그대에게 진실하게 말한다. 만약 선남선녀가 일곱 가지 보물로써 저 항하의 모래알 수만큼의 삼천대천세계를 가득 채워 보시한다면, 그 보시로 인해 얻는 복이 많겠는가, 아닌가?"

수보리가 말했다. "매우 많습니다. 세존이시여."

그러자 부처가 수보리에게 말했다.

"만약 선남선녀가 이 경 가운데에서 네 구절의 게송 등을 수지하여 이웃을 위해서 설한다면, 그 복덕은 앞의 것보다 더욱 더 뛰어난 것이다."

보다 많은 복덕이라는 '낚시(유혹하는 것)'를 바라보며

지금 금강경 부처는 (또는 석가모니와 수보리 존자를 내세워 금강경을 만들어낸 경전작가가) 이 '금강반야바라밀경'을 가지고 무지한 중생을 희롱하고 있는 것 같습니다.

왜 금강경 부처는 '반응비용(Responce Cost)의 심리'를 조장합니까? 왜 금강경 부처는 보통사람들의 '부분강화효과(Partial Reinforcement Effect)'를 이용합니까?

금강경은 거북이의 가장 부드러운 털이다

도행반야경(제9권)의 살타파륜보살품에 보면, 부처는 상제보살에게 다음과 같이 말하고 있습니다. "모든 경전의 가르침은 마치 물속에 비친 그림자와 같고, 꿈속에서 환상과 같은 것이니, 부처님의 말씀 또한 이와 같은 것이다."라고.

그런데 금강경 경전작가는 지금 무슨 말을 하고 있습니까? 왜 금강경 경전작가는 석가모니와 그의 최측근 제자를 내세워, 그 권위로 금강경 책 선전보급에 이토록 강박적인 욕심을 드러내고 있습니까?

금강경의 아상에 대하여

금강경 선전보급도 욕심이요, 바램입니다. 그렇다면, 이러한 욕심과 바램을 가지고 있는 사람이 어떻게 네 가지 상(아상과 인상과 중생상과 수자상)을 초월했다고 할 수 있겠습니까?

금강경 제3장에서 무상(無相)을 가르치고,

제4장에서는 부주(不住)를 가르치고,

제5장에서는 제상비상(諸相非相)을 가르치고,

제6장에서는 지아설법(知我說法) 여벌유자(如筏喩者)라고 말하며,

제7장에서는 무유정법(無有定法)이라고 말하며,

제8장에서는 불법즉비불법(佛法卽非佛法)이라고 하면서,

어째서 금강경 제11장에서는 물질보시와 금강경 선전복덕을 차별하여 물질보시의 복덕보다 금강경을 매일 독서하며 선전하는 복덕이 더 뛰어난 것이라고 유혹하며 사람들을 미혹하게 합니까?

금강경 본문

"금강경을 매일 수지독송하며 타인을 위해 해설하는 행동을 한다면 한량없는 보상이 있다."

한량없는 보상을 원하는 마음도 일종의 탐욕이다

그러나 이 보상이 행동의 동기가 되어서는 안됩니다. 왜냐하면 한량없는 보상을 원하는 마음도 일종의 탐욕이기 때문입니

다. 그러므로 한량없는 공덕(복덕, 보상)을 보장하는 말은 분명히 '유혹(낚시바늘)'일 뿐입니다.

금강경을 매일 수지독송하며 타인을 위해 해설하는 목적은 무엇입니까?

그것은 득아뇩다라삼막삼보리(得阿耨多羅三藐三菩提, 가장 완벽한 깨달음의 통찰력이 살아있는 상태에 있는 것)입니다.

그렇다면 이 목적지에 가는 과정도 '아뇩다라삼막삼보리(최고 수준의 깨달음)'적이어야 합니다.

그런데 금강경 부처는, 금강경을 매일 수지독송하며 타인을 위해 해설해서 얻을 보상에 대해 지나치게 과장된 표현법(허풍)을 사용하고 있습니다.

이것은 선량한 구도자로 하여금 목적과 방법을, 결과와 과정을 분리하는 것이 되며, 또 근원적이고 전체적인 깨달음과 지엽적인 마음의 탐욕(즉, 無上正等正覺과 我相)을 같이 권하는 모순점을 드러내는 셈이 되는 것입니다.

따라서 나는 금강경의 이 대목을 독자가 더 새롭고 심오한 이해와 해설을 하든지, 아니면 삭제해버려야 한다고 말하고 싶습니다.

이 금강경이 있는 곳에는
항상 최고의 지혜를 갖춘 스승이 있다

금강경 제 12장의 의미번역

"수보리여, 어떤 곳에서든지 이 법문에 있는 한 구절만이라도 발췌하여 타인에게 이야기하거나 설명해준다면, 그 곳은 신과 인간과 아수라들이 받드는 세계의 탑묘가 될 것이다.

하물며 이 법문을 진지하게 읽고, 연구하며, 타인을 위해 상세히 설명해주는 자가 있다면, 그는 가장 뛰어난 희귀한 자가 될 것이다.

그리고 이 법문이 있는 곳에는 항상 고귀한 스승이 머물거나, 또는 최고의 지혜를 갖춘 스승이 있기 마련이다."48)

---

48) 지금 필자가 참고대본으로 사용하고 있는 금강경은 범어본(梵語本)입니다. 하지만 구마라집이 번역한 중국 고대 한자로 된 금강경 제12장의 원문도 새롭게 한글현토를 붙여서 여기 각주로 소개해둡니다.

尊重正教分 第 十二: 復此 須菩提여 隨說是經하며 乃至四句偈等하면 當知하라. 此處는 一切世間 天人阿修羅가 皆應供養하기를 如佛塔廟하니 何況有人이 盡能受持讀誦함에 있어서랴 須菩提여 當知하라. 是人은 成就最上第一希有之法하니 若是 經典이 所在之處에는 卽爲有佛과 若尊重弟子일 것이다.

첫번째 단상; 불탑과 현자와 부처에 대하여

금강경 제12장은 주로 부처의 탑묘[49]라든지, 가장 희귀한 자라든지, 최고의 지혜를 갖추고 있는 스승에 대해 '묘사(描寫)'만 하고 있군요.

즉 구체적으로 탑묘란 무엇인가? 가장 희귀한 자란 누구이며, 최고의 지혜를 갖고 있는 스승이란 누구인가에 대한 언급은 아닙니다.

금강경이 있는 곳에 부처가 있는 것이 아니라 부처가 있는 곳에서만 금강경(말씀)이 있다

여기서 나는 석가모니의 생애와 그의 깨달음을 생각해봅니다. 사실 탑묘나 반야경은 석가모니 부처가 출현하고 난 이후에 생겨난 것들입니다. 고로 중요한 것은 석가모니 부처 바로 그 사람입니다. 그러므로 금강경 경전작가는 말을 잘못했습니다.

왜냐하면 이 금강경이 있는 곳에 부처(깨달은 자)가 있는 것이 아니라 부처(깨달은 자)가 있는 곳에서만 금강경(말씀)이 있는 것이기 때문입니다.

---

49) 내가 요즘도 미얀마 바간에 가보고 싶어하는 이유는 '감동적인 불탑(Pagoda)들'이 그 곳에 있기 때문이다. 그러나 이 책에서는 서로 반야사상을 치열하게 겨루고 있기 때문에 아름다운 감성적인 이야기는 언제 다음에 하기로 한다.

석가불교는 인연기멸의 진리와 네 가지 진리와 팔정도이다

그렇다면 석가모니 부처의 말씀은 무엇인가? 핵심을 말하면, 원인과 조건에 의해 생멸하는 모든 존재와 현상에 대한 가르침입니다.

이러한 인연소생(paticcasamuppada)의 무아법(無我法)에 관한 가르침은 상응부경전(12,21,19)에 나오는데, 그 의미는 "이것이 있기 때문에 저것이 있다. 이렇게 생기는 것에 따라 저것도 생겨난다. 이것이 소멸하면 저것도 소멸한다."50)는 것입니다.

그리고 이러한 조건(緣)에 의해 생멸(生滅)한다는 진리관(眞理觀)에서 말한다면, 탑묘도 탑묘가 아니요, 희귀한 것도 희귀한 것이 아니요, 최고의 지혜도 최고의 지혜가 아닙니다.

그리고 석가모니 부처의 가르침은 4가지 진리라는 명제에 관련된 것입니다.

이 4가지 불교명제(四眞諦; 苦集滅道)는 다음과 같은 의미를 내포하고 있습니다.

첫째, 괴로움은 주관적인 것이고, 주관은 인간이 자연으로부터 받은 선물이라는 것입니다.

둘째, 인간이란, 괴로움을 겪고 싶지 않다는 생각 때문에 자

---

50) 이 인연법(因緣法)의 '연(Paccayas, 마음의 조건, 상호작용)'에 대해서 더 알고 싶으신 독자는 바수반두(세친) 존자가 쓴 아비달마구사론(Abhidharma) 제 7권의 연기론(緣起論; Patthana)을 참조하시기 바란다. 바수반두(280-360 또는 320-400 또는 420-500)도 금강경 주석을 쓴 바 있다. 즉, 옛중국 북위시대(386-534)의 보리유지가 중국어로 번역한 천친의 금강경론이 바로 그 책이다. 이 책에서 바수반두는 "응신(應身)부처와 화신(化身)부처는 진짜 부처가 아니며, 또한 법을 설하는 것도 아니다." 라고 잘라 말한 바 있다.

신의 괴로움을 없애주는 사상과 사물에 집착한다는 것입니다.

셋째, 통찰명상(通察冥想, 전체적인 관찰명상)을 하면 아집이 없어지거나 변형된다는 것입니다.

넷째, 집착이 없으면 평온한 인간으로서의 삶을 영위한다는 것이 가능하다는 것입니다.

나의 두 번째 단상; 팔만대장경과 깨달은 자에 대하여

한 구절이든, 네 구절이든, 삼백송이든, 이 금강경(Vajracchedika Prajnaparamita Sutra)은 글자일 뿐입니다. 그러므로 중요한 것은 금강경 구절이 아니라 근본적으로 실제로 자기자신이 직접 깨달아 아는 것입니다.

그런데 조금만 생각해보아도 금강경이나 나 자신의 고정적인 본체는 없는 '무아(無我)'이니, 무슨 금강경과 나를 집착하겠습니까?

불교와 성현들이 모두 이 금강경으로부터 나왔다면, 이 금강경은 어디로부터 나온 것인가

금강경 제12장에서 "불교와 성현들이 모두 이 금강경으로부터 나왔다"고 말했습니다. 그렇다면 이 금강경은 어디로부터 나온 것입니까?

금강경 제12장에서 "경전이 있는 곳에 존중받는 부처와 제자가 있다."고 말했습니다.

하지만 저의 승속세계(僧俗世界) 경험에 의하면 이 경전이 있는 곳에 시비담론과 대립분파와 시기질투 모함이 있습니다.

금강경은 선불장(選佛場)이거나 아니면 시비대립 분파의 원인이라고 말하는 이유

왜냐하면 어떤 사람은 금강경을 이용하여 자기지식과 어떤 관념을 과시하기도 하기 때문입니다. 그러나 그의 지식은 모두 학교와 책에서 배운 기억(지식)일 뿐입니다.

또 어떤 사람은 금강경을 가지고 무지하고 어리석은 중생들에게 무조건 복종과 충성과 헌신을 강조합니다.

하지만 금강경 또는 반야경전들 또는 이밖에 수많은 불경에 대해 일심으로 충성하라는 말을 강조하는 자는 대부분 종교사업적인 돈벌이에 재능이 있는 영악한 사기꾼들입니다.51)

또 어떤 사람은 이 금강경을 가지고 외롭게 방황하는 구도자의 정신을 치료하는 용도로 사용합니다. 하지만 이것은 어설픈 무당이 사람잡는 격입니다. 금강경에 중독되면 약도 없습니다.

또 어떤 사람은 (이 금강경 경전작가의 허풍적인 말처럼) 금강경 수지독송을 무슨 '로또복권'처럼 선전하며, 보통사람의 마음을 들뜨게 하고 공상과 망상에 빠지게 합니다. 하지만 이것은 실제의 사실과 진리가 아닙니다.

이렇게 삼백송 금강경이든, 한 구절이든, 네 구절이든 금강

---

51) 나는 '부처가 모든 것을 다 안다'고 생각하고 믿을 만큼의 어린아이가 아니다. 그런데 왜 대승불교는 부처를 절대적인 신앙의 대상으로 전지전능(全知全能)한 신으로 선전하고 있을까? 대승불교 경전작가들은 우리를 어린아이로 보는가? 아니면 그들이야말로 어린아이들인가?

경(Vajracchedika Prajnaparamita Sutra)은 종교사기꾼들에게 악용될 수 있는 것입니다. 그러나 그 어떤 종교사기꾼일지라도 '말 못하는 금강경'은 속일 수 있지만 '살아있는 부처(깨어 있는 자)'를 속일 수 없을 것입니다.52)

저의 이해력으로는, 석가모니는 어떤 진리를 '로또복권'처럼 선전하며 판매하는 종교사업을 한 적이 없습니다.

그런데 금강경 경전작가는 대체 석가모니를 무엇으로 알고, 어떻게 알기에 금강경 제12장 같은 말을 떳떳하게 말하는 겁니까?

---

52) "모든 사람을 잠시 속이거나 일부 어리석은 사람들을 영원히 속일 수는 있지만, 모든 사람을 영원히 속일 수는 없다."

이 경전의 제목은 무엇으로 정해야 하는가

금강경 제 13장의 의미번역

수보리 장로가 스승에게 물었다.

"스승이시여, 이 법문의 제목은 무엇이며, 또 이 법문은 어떻게 지녀야 좋겠습니까?"

그러자, 스승은 수보리 장로에게 다음과 같이 말했다.

"수보리여, 이 법문은 반야바라밀이라고 한다. 하지만 여래가 반야바라밀이라고 말하는 것은 곧 집착의 대상이 아닌 반야바라밀이다. 그러므로 반야바라밀이라고 말하는 것이다. 반야바라밀은 마땅히 이와 같이 지니는 것이 좋다.

수보리여, 그대는 어떻게 생각하는가? 여래가 독점적으로 지적인 소유권을 주장할만한 절대적인 설법이 있는가?"

수보리가 대답했다.

"스승이시여, 없습니다. 왜냐하면 모든 여래의 설법은 진리로부터 나오기 때문입니다. 진리는 누구의 소유도 아니며, 독점할 수도 없고, 집착의 대상이 되는 것도 아닙니다."

먼지와 세계에 관한 문제에 대하여
스승이 물었다.

"수보리여, 그대는 어떻게 생각하는가? 이 우주의 먼지는 많은 것인가?"

수보리가 대답했다.

"스승이시여, 물론 많습니다. 그러나 여래에 의해서 설해진 우주의 먼지란 덧없는 것입니다. 그러므로 우주의 먼지라고 말하는 것입니다.

그리고 또 여래가 말씀하신 이 세계도 곧 종말이 있는 세계이며, 집착의 대상이 아닙니다. 그러므로 이 세계라고 말하는 것입니다."

부처의 32상에 관한 문제에 대하여

스승이 물었다.

"수보리여, 그대는 어떻게 생각하는가? 여래는 어떤 특징적인 외모에 의해서 분간될 수 있는가?"

수보리가 대답했다.

"스승이시여, 그렇지 않습니다. 여래는 어떤 특징적인 외모에 의해서 분간되어서는 안됩니다. 왜냐하면 여래가 설하는 여래의 외모란 곧 덧없는 것이며, 시간이 지나면, 변하는 외모이기때문입니다. 그러므로 여래의 외모라고 말하는 것입니다."

물질적인 보시가 더 가치 있는 행위인가? 아니면 금강경을 타인에게 설명하는 정신적인 보시 행위가 더 가치 있는 것인가에 대하여

스승이 말했다.

"또 수보리여, 어떤 사람이 매일 갠지즈 강의 모래 수와 같은 몸을 계속 바치기를, 갠지즈 강의 모래 수만큼의 긴 시간 동안 계속 바쳤다고 할지라도, 이 법문에 있는 한 구절만이라도 발췌하여 타인을 위해 상세히 설명하며 가르치는 자가 있다면, 그는 이 인연으로 더 많은 복을 쌓는 것이 될 것이다."53)

새로운 생각의 길

금강경 본문

수보리 장로가 스승에게 물었다.

"스승이시여, 이 법문의 제목은 무엇이며, 또 이 법문은 어떻게 지녀야 좋겠습니까?"

그러자 스승은 수보리 장로에게 다음과 같이 말했다.

"수보리여, 이 법문은 '반야바라밀(지혜의 완성)'이라고 한다.

---

53) 지금 필자가 참고대본으로 사용하고 있는 금강경은 범어본(梵語本)입니다. 하지만 구마라집이 번역한 중국 고대 한자로 된 금강경 제13장의 원문도 새롭게 한글현토를 붙여서 여기 각주로 소개해둡니다.

　　如法受持分 第 十三: 爾時에 須菩提가 白佛言하기를 世尊이시여. 當何名此經하며 我等은 云何奉持해야 합니까? 佛께서 告須菩提하시기를 是經은 名爲金剛般若波羅蜜이니 以是名字로 汝當奉持하라. 所爲者何인가 하면 須菩提여 佛說般若波羅蜜은 卽非般若波羅蜜이므로 是名般若波羅蜜이다. 須菩提여 於意云何인가? 如來 有所說法不인가? 須菩提 白佛言하기를 世尊이시여 如來는 無所說입니다. 須菩提여 於意云何인가? 三千大千世界의 所有微塵은 是爲多不인가? 須菩提言하기를 甚多입니다 世尊이시여. 須菩提여 諸微塵은 如來說하기를 非微塵이므로 是名微塵이다. 如來說世界도 非世界이니 是名世界이다. 須菩提여 於意云何인가? 可以三十二相으로 見如來不인가? 不也입니다 世尊이시여 不可以三十二相으로 得見如來입니다 何以故냐하면 如來說하신 三十二相은 卽是非相이므로 是名三十二相이기 때문입니다. 須菩提여 若有善男子 善女人이 以恒河沙等身命으로 布施한다고 할지라도 若復有人이 於此經中에 乃至受持四句偈等하여 爲他人說한다면 其福이 甚多이다.

그리고 여래가 반야바라밀이라고 말하는 것은 곧 집착의 대상이 아닌 반야바라밀이다. 그러므로 반야바라밀이라고 말하는 것이다. 반야바라밀(지혜의 완성)은 마땅히 이와 같이 지니는 것이 좋다."

반야바라밀(완전한 지혜)의 중요성

대품반야경(제10권 법칭품 제37)에 다음과 같은 기록이 있습니다;

"반야바라밀(우주적이고 인간적인 통찰력의 완성)이 곧 부처다. 반야바라밀(거대한 통찰력)은 부처와 다르지 않고, 부처는 반야바라밀(우주적이고 인간적인 통찰력의 완성)과 다르지 않다. 과거와 미래와 현재의 모든 부처는 모두 반야바라밀(거대하고 심원한 통찰력)을 배워서 가장 높은 레벨의 깨달음(無上正等正覺)을 얻었다. 그래서 만약 보살대사도 반야바라밀(부처의 완벽한 통찰력)을 배운다면, 반드시 가장 높은 레벨의 깨달음(無上正等正覺)을 얻게 될 것이다."

완전한 지혜라는 말과 글자가 곧 완전한 지혜는 아니다

그러나 반야바라밀(지혜의 완성)이라는 글자 책이 곧 반야바라밀(지혜의 완성)이 아니요, 최고의 깨달음이라는 글자 책이 곧 최고의 깨달음이 아닙니다.

그래서 금강경 제13장 본문에서도 "부처가 설한 반야바라밀(지혜의 완성)은 반야바라밀(지혜의 완성)이 아니니, 이 명칭

(개념)이 반야바라밀(지혜의 완성)일 뿐이다." 라고 설파하그 있는 것입니다.

이것은 명칭(개념)과 명칭(개념)의 대상과 명칭(개념인식)하는 자의 본체는 없다는 공성(空性)의 가르침입니다.

그래서 어쩌면 이 반야바라밀(깨달은 자의 완벽한 지성)만큼 (세속적인 관점에서는) 위험하기 짝이 없는 것도 없을 것입니다.

대승불교 최초기 경전인 팔천송반야경에서의 반야바라밀의 의미

대승불교 반야부에서 가장 먼저 성립된 팔천송반야경에서 이취반야경에 이르기까지 모든 반야경전들의 책이름은 "반야바라밀(般若波羅蜜; Prajnaparamita)"입니다.

그렇다면 대승불교 최초기 반야경전인 팔천송반야경의 중국어 번역인 도행반야경에서는 반야바라밀(지혜의 완성)에 대하여 어떻게 설명하고 가르치고 이해시키고 있을까?

불교 완성은 지혜의 완성이다

도행반야경(제9권)의 불가진품에서, 부처는 수보리에게 "만약 누가 불교를 체득하려고 한다면 반드시 이 반야바라밀('공성의 진리')을 알아야 한다."라고 말했습니다.

그리고 "이것은 실체다, 또는 이것은 실체가 아니다 라고 말하며 양극단에 빠져있는 사람들이 많다. 그러므로 보살은 반드시 이 반야바라밀(깨달은 자의 완벽한 지성)에 따라 가르쳐야 한다."라고 말했습니다.

반야바라밀은 역동적이면서도 머무름이 없는 경지다

그러나 모든 경전의 가르침은 오직 글자만 있을 뿐이요, 실제의 반야바라밀(깨달은 자의 완벽한 지성)은 '없는 것(無我)'입니다. 그래서 부처(깨달은 자)는 실제로는 어떤 경전도 설하지 않고, 가르친 바도 없습니다. 그것은 마치 하늘에 새들이 날아가도 아무런 흔적이 없는 것처럼 그렇게 무주(無住)의 경지로 '글자로 된 금강경 밖에 나와서' 이 반야바라밀(모든 것을 통찰하는 부처의 완벽한 지성)을 가르쳐야 합니다.

반야바라밀은 만물이 공성이라는 깨달음이다

그렇다면 반야바라밀('거대하고 심오한 통찰력의 완성')이란 무엇인가? 그것은 마치 도깨비처럼 실체가 없는 것입니다. 이에 대해 도행반야경(제10권)은 비유해 말하기를 "마치 꿈속에서 여성과 섹스를 하고나서 이 여성을 찾아봐도 그 여성은 본래 없는 것과 같다. 이렇게 반야바라밀이라는 명칭(名稱)안에도 실체가 없는 것이다." 라고 하였습니다.54)

생각건대, 도행반야경 부처가 이렇게 말할 수 있는 이유는, 석가모니가 보리수 아래에서 깨달은 "12가지 인연법은 다함이 없는 것"이기 때문일 것입니다.

그래서 "부처가 설한 반야바라밀(지혜의 완성)은 곧 반야바

---

54) 도행반야경(제3권)의 니리품에 나오는 사리불 존자의 반야바라밀(지혜의 완성)의 효능에 관한 설법과, 도행반야경(제4권)의 탄품에 나오는 수보리 존자의 반야바라밀 설법과, 도행반야경(제10권)의 담무갈보살품에 나오는 반야바라밀(지혜의 완성)에 관한 담무갈보살의 설법을 참조해보시기 바란다.

라밀(지혜의 완성)이 아니다. 고로 이 명칭(개념)이 반야바라밀(지혜의 완성)일 뿐이다." 라는 금강경 제13장의 명제(命題)는 다음과 같은 말과 동일한 것입니다.

즉, 수보리 존자는 팔천송반야경(제8장)에서 다음과 같이 말했습니다.

"세존이시여, 반야바라밀(지혜의 완성)이라고 하지만 이것은 명칭(개념)에 지나지 않는 것입니다. 그러므로 반야바라밀(지혜의 완성)이라고 하는 것은 실재하지도 않고, 인식되지도 않는 것입니다."라고.

이러한 반야바라밀(거대하고 심원한 통찰력)은 다반사(茶飯事)로 수지하고 독송할 수 있는 성질의 것이 아닙니다.

이러한 반야바라밀(통찰력)은 공유할 수 있는 성질의 것이 아닙니다. 이렇게 반야바라밀(지혜의 완성)은 '깨달은 자의 독보적인 앎', '깨달은 자의 완벽한 통찰력'을 의미합니다.

반야바라밀은 공성의 지혜다

생각건대, 인간은 반야바라밀(가장 완벽한 깨달음의 지성)을 항상 언어문자의 개념으로 인식하거나 포착하려고 합니다.

그리고 또 이 언어문자의 의미를 실체화하며 거기에 집착하고 몰두하는 것도 우리들의 두뇌의 작용입니다.

그러나 반야바라밀(깨달은 자의 완벽한 지성)은 언어문자적 인식에 의해(개념이 실체화하는 것에 의해) 파악되지 않는 것입니다. 왜냐하면 반야바라밀(거대한 통찰력)은 공성(空性: 모든 에너지와 물질이 태어나고 소멸하는 장(場))의 지혜이기때문입니다.

그러므로 반야바라밀('공성(空性)')은 생멸이 없는 것이며, 따라서 취득할 수 없는 것이며, 집착도 할 수 없는 것입니다.

그래서 금강경 제7장에서 무유정법(無有定法)이라고 했고,

제8장에서는 불법자 즉비불법자(佛法者 卽非佛法者)라고 했고,

제10장에서는 실무소득(實無所得)이라고 했고,

제21장에서는 설법자 무법가설 시명설법(說法者 無法可說 是名說法)이라고 했고,

제22장에서는 무소득(無所得)이라고 한 것입니다.

필자는 바로 이것이 "부처가 설한 반야바라밀(지혜의 완성)은 곧 반야바라밀(지혜의 완성)이 아니다. 이 이름(명칭과 개념)이 반야바라밀(지혜의 완성)이다." 라는 뜻이라고 생각합니다.

그리고 덧붙여 설명한다면, 금강경에 나오는 '무(無)'와 '즉비(卽非; Is Not. Identity and Difference)'는 모두 '인연기멸(因緣起滅)의 공성(空性)'이라는 용어와 같은 것이라고 이해해야 할 것입니다.

금강경 본문

스승이 물었다.

"수보리여, 그대는 어떻게 생각하는가? 이 우주의 먼지는 많은 것인가?"

수보리가 대답했다.

"스승이시여, 물론 많습니다. 그러나 여래에 의해서 설해진 우주의 먼지란 덧없는 것입니다. 그러므로 우주의 먼지라고 말

하는 것입니다.

그리고 또 여래가 말씀하신 이 세계도 곧 종말이 있는 세계이며, 집착의 대상이 아닙니다. 그러므로 이 세계라고 말하는 것입니다."

나의 게송(1)

인간관계에서 발생하는 먼지같은 아집과 갈등대립과 투쟁의 번뇌여, 이 세계만큼 크고 복잡하구나!

이 지구도 온갖 중생도 우주의 먼지가 모여서 된 것인데, 우리는 왜 이토록 영원한 생명(眞我性,아트만)를 구하며 이기성(利己性; selfhood)에만 집착하는가?

사람마다 동물마다 식물마다 각각 자기만의 세계가 있지만 그 세계는 토끼의 뿔이요, 거북이의 털이로다!

반야바라밀설이니, 대승이니, 최상승설이니, 소법설이니 차별하는 마음도 사실은 티끌같은 것이요, 내가 옳다, 네가 옳다 시비하는 마음도 사실은 티끌같은 것이요, 공덕이 많다 적다 하는 마음도 사실은 티끌과 같은 것이다.

이렇게 부정과 긍정하는 마음도 사실은 티끌같은 것이니, 일체가 미진(微塵) 아닌 것이 없도다!

이 미진(微塵)이 미진(微塵)들과 형충파해(刑沖破害)하니 여기서 온갖 운동 변화가 덧없이 일어나고 꺼진다. 이 작용의 무한함은 곧 우주의 무한함이로다!

나의 게송(2)

미진(微塵)은 먼지보다 더 작은 먼지(素粒子)다. 하지만 이 먼지(素粒子)속에도 에너지(氣)가 있다. 그래서 이 에너지가 우주에 퍼지고 뭉치면 별이 되고, 태양이 되고, 지구같은 땅덩이가 된다. 사실이 이렇다면, 어떻게 미진(微塵)을 한낱 미진(微塵)이라고 가볍게 무시할 수 있겠는가?

금강경 본문

"여래가 설한 세계도 세계가 아니니 이 명칭이 세계이다."

우주세계도 무아다

이 말은 '세계'조차도 고정불변의 자체성(自體性)과 실체성(實體性)과 본체성(本體性)과 정체성(定體性)은 없다는 것입니다.

고대인도의 유물론자(唯物論者)들인 로카야타파에서는 "이 세계는 유한한 것이다."라고 했고, 불이일원론자(不二一元論者)들인 쌍카파에서는 "세계는 무한한 것이다."라고 했고, 자이나교에서는 "세계는 유한하기도 하고, 무한하기도 하다."고 말했고, 영속적인 자아의 문제를 다루는 푸드갈라학파(Pudgala vadin 또는 Vatsiputriyas)에서는 "세계는 유한한 것도 아니고, 무한한 것도 아니다." 라고 설했습니다.

하지만 석가모니는 이 문제에 대해 침묵('無說')을 지켰습니다. 왜냐하면 이 세계는 실재(Reality)하는 것도 아니며, 또 허무(虛無)한 것도 아니기 때문입니다.

이와 관련하여 석가모니 부처는 증지부경전에서 다음과 같이 말했습니다. "말로 표현할 수 없는 문제는 말로 표현할 수 없는 것으로 그대로 받아들여라. 그리고 이러한 쟁점들에 대해 두려워하지 말고, 근심하지 말고, 흔들리지 말고, 절망하지도 마라. 왜냐하면 이런 쟁점들은 단지 견해에 지나지 않은 것으로, 갈망의 한 표현이며, 인지의 한 표현이며, 단지 상상일 뿐이며, 관념적인 확산일 뿐이며, 움켜쥠의 경향이며, 그저 후회의 원천일 뿐이기 때문이다." 라고.

그래도 나는 동료들에게 다음과 같이 묻고 싶습니다.

"이 지구(세계)는 오로지 인류의 이익을 위해 존재하는 것인가? 아니면, 생명 그 자체의 이익을 위해 존재하는 것인가? 아니면, 그 어떤 존재의 이익과 손해와 상관없이 그냥 존재하는 것인가? 만약 그렇다면 이 지구(세계)는 무엇인가?"

금강경 본문

"수보리여 어떻게 생각하는가? 32상으로써 여래를 볼 수 있는가?"

"아닙니다, 세존이시여. 32상으로써 여래를 볼 수 없습니다. 왜냐하면 여래께서 설하신 32상은 32상이 아니므로 이 명칭이 32상이기 때문입니다."

여태까지 필자는 부처의 32상에 관련하여 "부처는 어떤 특별한 신체적 특징을 갖고 있는가, 아닌가? 또는 외형의 어떤 특징으로 깨달은 사람을 분간할 수 있는가, 아닌가?"하는 문제로 설정해서 비점담론(批點談論)을 해왔습니다.

그런데 이번에는 여래의 32상에 관한 문제를 긍정적으로 이해해('施設')해보기로 합니다.

금강경을 매일 수지 독송하며 타인을 위해 해설해주면, 부처가 갖고 있는 32상과 80종류의 좋은 것을 얻게 된다는 것의 의미

즉, 부처님만 아니라 이 금강경의 가르침을 듣고 그대로 수행한다면 부처와 같은 공덕을 얻을 것인데, 이 중에서 부처가 갖고 있는 32상과 80종류의 좋은 신체적 특징도 얻을 것이라는 이야기에 관한 것입니다.

이에 관련해서는 도행반야경(제9권)의 살타파륜보살품을 참조해보시기 바랍니다.

그리고 뒤이어 도행반야경(제10권)의 담무갈보살품에도 "만약 어떤 보살이 불교를 탐구하여 부처의 지혜를 체득하게 되면, 부처의 32상 80종호의 신체적 특징도 함께 갖추게 될 것이다." 라고 말하고 있습니다.

그러나 부처가 갖고 있는 32상 80종류의 좋은 것은 본래 없는 것이며, 다만 인연법으로 시설(施設)되어진 것으로 통찰해야 할 것입니다.

하지만 이제 '부처의 완벽한 몸'에 대해 긍정적으로 담론해보기로 합니다.

불교관상학(佛敎的觀相學)이나 불교신상학(佛敎的身相學)에서 주장하는 32상 80종류의 상호(相好)란 아무리 거창해도 결국에는 '부처의 신체'를 가리키는 말입니다.

그런데 부처의 신체란 어리석은 중생의 신체와 달리 가장 완벽한 지혜의 깨달음을 내장하고 있다는 의미에서 32상(枏) 80종호(種好)의 신체적 특징을 주장하는 것도 일리(一理)가 있다고 여겨집니다.

사실 제 아무리 천상천하유아독존(天上天下唯我獨尊)의 지혜(智慧)를 갖고 있다 하더라도 그 지혜를 일상에서 유지하고 보호하는 신체가 없다면, 어떻게 그 지혜가 제대로 작동을 할 수 있겠습니까? 그러므로 완전한 지혜만큼 완전한 신체도 중요한 것이라고 할 수 있습니다.55)

금강경 본문

"수보리여 만약 어떤 선남선녀들이 항하의 모래같은 신명(身命)으로 보시한다 하더라도, 누가 이 경전에 나오는 네 구절의 게송 등만이라도 남을 위해 설명한다면 그 복이 더 많은 것이다."

---

55) 그래서 선학도가(仙學道家)에서는 성명쌍수(性命雙修)를 주장하고 있다. 어제 2008년 4월 5일 필자는 '매일 2시간 수면만 취한다'는 한국과학기공과학협회 임종훈회장의 초대로 수명장수(壽命長壽)에 남다른 관심과 방법을 터득한 올해 무자년 86세인 우재석님을 우연히 만나 반나절 함께 있어보았다. 우재석님은 박도사와 가장 절친한 동료였던 분이다. 그런데 이 만남의 목적은 세칭 부산의 박도사 제산 박제현(1935-2000. 사주팔자; 을해년, 무자월, 정묘일, 기유시)의 스승 청허도인에 관한 정보 때문이었다. 청허도인은 현재 지리산에서 살고 있는 선인(仙人)으로 120세라고 한다.

상제보살의 간절하고 진지하고 열정적인 구도 이야기와 금강경 공덕론

"누가 내 몸을 살 사람이 없습니까?" 이 말은 도행반야경(제9권)에 나오는 상제보살의 유명한 이야기중에 나오는 말입니다.

상제보살같은 구도자는 현실적으로 불가능하다고 보는데, 일반의 보통사람들은 상제보살같은 사람을 미친 놈이라고 생각할 수 있습니다. 나도 그렇게 생각합니다.

그런데 미친 놈이든 정상적인 놈이든 상제보살이라는 인물은 대승불교 경전작가가 만들어낸 환상의 인물입니다. 고로 신경 쓸 필요 없습니다.

다만 반야바라밀(지혜의 완성)에 대한 구도심이 이 정도로 간절하고 진지하고 열정적이어야 한다는 교훈은 참고할 수 있을 것입니다.

그런데 자기 몸을 마치 쇠고기처럼 부위별로 잘라 팔아서 그 돈으로 부처님을 공양하며 반야바라밀(Prajnaparamita)을 구한다는 상제보살의 보시행보다도, 이 금강경(Vajracchedika Prajnaparamita Sutra) 한 구절을 남을 위해 설명하며 선전 보급하는 일이 더욱 더 공덕이 있고 가치가 있는 것이라고 금강경 부처는 말하고 있습니다.

이 금강경 제13장에도 나오는 금강경 선전보급의 공덕론과 도행반야경(제2권)의 공덕품과 누교품(제9권)을 함께 대조하며 읽어보시기 바랍니다.

그러면 대체 금강경 부처가 사람들에게 원하는 것이 무엇인지 분명하게 이해가 될 것입니다.

수보리 존자의 눈물과 여래의 완전한 인욕

금강경 제 14장의 의미번역

부처의 설법에 감동하여 눈물을 흘리는 수보리 존자

그때 수보리는 부처님의 법문에 감동하여 눈물을 흘렸다. 그는 눈물을 닦으며, 스승께 다음과 같이 말했다.

"스승이시여, 감사합니다. 정말로 감사합니다. 이 법문은 저에게 깊은 지혜를 일깨워 주었습니다. 스승이시여, 저는 아직까지 이와 같은 법문을 들어 본 적이 없었습니다.

스승이시여, 이 법문이 설해지는 것을 듣고 진실이라고 믿고 이해하고 실천하는 보살들은 가장 뛰어나고 훌륭한 성품을 갖춘 사람들일 것입니다. 여래의 진실이란 탐욕의 대상이 아닙니다. 그러므로 '여래의 진실'이라고 말하는 것입니다.

스승이시여, 이 법문이 설해지고 있는 지금, 제가 이것을 믿고 이해하는 것은 그렇게 어려운 일이 아닙니다.

그러나 미래의 어느 날 불교의 세력이 사라질 즈음에 어떤 사람이 이 법문을 기억하고, 항상 가슴에 품고 다니며, 읽고, 쓰고, 연구하며, 또 다른 사람을 위하여 상세히 설명해준다면, 바로 그 사람이야말로 참으로 가장 훌륭한 성품을 갖춘 사람일 것입니다.

그리고 이러한 사람은 영원한 자아에 대한 집착과, 영원한 존재에 대한 집착과, 영원한 영혼에 대한 집착과, 영원한 인간에 대한 집착에 사로잡혀 있지 않습니다.

그리고 또, 이러한 사람은 어떤 관념에도 사로잡혀 있지 않습니다. 왜냐하면 모든 부처와 성자들은 모든 집착하는 관념으로부터 멀리 떠나있기 때문입니다.”

결코 후퇴함이 없는 보살의 마음가짐에 대하여

그러자 스승은 수보리에게 다음과 같이 말했다.

“그렇다. 수보리여, 그대가 말한 바와 같다. 만약 깨달은 사람이 이 법문을 설할 때에, 놀라지 않고, 두려워하지 않고, 불안에 떨지 않는 사람들이 있다면, 그들 또한 가장 뛰어나고, 훌륭한 성품을 갖춘 사람들일 것이다.

왜냐하면 여래가 말한 이 제일바라밀(완전한 보시의 완성)은 탐욕의 대상이 아닌 제일바라밀(완전한 보시의 완성)이기 때문이다. 그러므로 제일바라밀(완전한 보시의 완성)이라고 말하는 것이다.

인욕의 완성에 대하여

그리고 또, 여래의 인욕바라밀(완전한 인욕의 완성)도 곧 탐욕의 대상이 아닌 인욕바라밀(완전한 인욕의 완성)이다. 그러므로 인욕바라밀(완전한 인욕의 완성)이라고 말하는 것이다.

수보리여, 전생에 내가 어떤 악한 왕에게 토막살해를 당했을 때에도, 나에게는 영원한 아트만이라는 관념이 없고, 영원한 존재라는 관념도 없고, 영원불멸의 영혼이라는 관념도 없고, 영원불멸의 개인이라는 관념도 없었다.

만약 그때 나에게 불멸의 자아와 불멸의 영혼에 대한 집착과, 영원히 살고 싶다는 집착과, 개인으로서 영속하고 싶다 라는 집착이 있었다면, 나는 원한이 맺힌 마음을 일으켰을 것이다.

완전한 인욕에 대하여

수보리여, 나는 또 기억한다. 과거전생의 어느 날에, 나는 '인욕을 설하는 자'라는 이름의 선인이었다. 그때에도 나는 불멸의 자아와 불멸의 영혼에 대한 집착과, 영원히 살고 싶다는 집착과, 인간으로써 영속하고 싶다 라는 관념에 대한 집착이 없었다.

머무르지 않는 마음의 중요성

그러므로 위대한 보살은 일체의 알음알이를 버리고, 가장 심오한 깨달음에 대해서만 마음을 내어야 한다. 어떤 형태에 집착하는 마음을 내어서는 안된다. 어떤 소리와 냄새와 맛과 접촉과 마음의 대상에 집착하는 마음을 내어서는 안된다. 어떤 법에 집착하는 마음을 내어서는 안된다.

자유로운 정신의 중요성

그리고 법이 아닌 것에 집착하는 마음도 내어서는 안된다.

그 어떠한 것에도 집착하는 마음을 내어서는 안된다. 왜냐하면
마음에 집착이 있다면 그것은 가장 큰 깨달음이 아니기 때문
이다.

순수하게 준다는 의미

그러므로 여래는 말했다. '보살은 집착하는 바가 없이 보시
해야 하며, 어떤 형태와 냄새와 맛과 접촉과 관념에 집착해서
보시해서는 안된다' 라고.

그러므로 보살의 수레를 타고 나아가는 사람은 모든 중생을
위하여 항상 순수하게 보시하지 않으면 안된다.

중생도 인연법으로 존재하기에 무아다

그러나 '중생'이라고 하는 것은, 실체가 없는 것이며, 집착의
대상이 아니다. 그러므로 중생이라고 말하는 것이다.

깨달은 자의 언론

수보리여, 여래는 진실을 말하는 자이며, 있는 그대로 말하
는 자이며, 잘못 없이 말하는 자로서, 결코 거짓을 말하는 자
가 아니다. 그리고 또, 여래가 현재 깨닫고, 가르쳐 주고, 깊이
생각하는 법에는 진실도 없고, 허망도 없다.

진정으로 준다는 의미

비유한다면, 마치 어둠 속에 들어간 사람은 아무 것도 보지

못하는 것과 같이, 대개 사물에 집착하는 보살들은 그렇게 보시를 행한다.

그러나 사물에 집착하지 않는 보살은, 마치 어느덧 어둠이 사라지고 밝은 태양이 떠올랐을 때, 눈이 있는 사람이 갖가지 색채를 볼 수 있는 것과 같이 그렇게 보시를 행한다.

금강경을 수지독송하며 타인을 위해 설명해주는 공덕에 대하여

그리고 또, 뛰어난 젊은 남녀들이 이 법문을 항상 가슴에 품고 다니면서, 읽고, 연구하며, 또 다른 사람을 위해서 상세히 설명해준다면, 그들은 부처(깨달은 자)의 지혜와 부처(깨달은 자)의 원력에 의해 모두 영원히 보호되고 발전되고 이끌어진다. 수보리여, 이들은 측량할 수 없는 복을 얻게 될 것이다.56)

---

56) 지금 필자가 참고대본으로 사용하고 있는 금강경은 범어본(梵語本)입니다. 하지만 구마라집이 번역한 중국 고대 한자로 된 금강경 제14장의 원문도 새롭게 한글현토를 붙여서 여기 각주로 소개해둡니다.

離相寂滅分 第 十四: 爾時에 須菩提가 聞說是經하고 深解義趣하여 涕淚悲泣하면서 而白佛言하기를, 希有입니다, 世尊이시여 佛說如是甚深經典은 我從昔來所得 慧眼으로는 未曾得聞如是之經입니다 世尊이시여 若復有人이 得聞是經하고 信心淸淨하여 卽生實相한다면 當知是人은 成就第一希有功德일것입니다. 世尊이시여 是 實相者는 卽是非相이니 是故로 如來께서 說하시기를 名實相입니다. 世尊이시여 我今得聞如是經典하고 信解受持하기는 不足爲難이지만, 若 當來世의 後五百歲에 其有衆生이 得聞是經하고 信解受持한다면, 是人은 卽爲第一希有이니, 何以故냐하면 此人은 無我相이며, 無人相이며, 無衆生相이며, 無壽者相이기 때문입니다. 所以 者何인가하면, 我相은 卽是非相이며 人相衆生相壽者相도 卽是非相이기때문입니다. 何以故냐하면 離 一切相이 卽名諸佛이기때문입니다. 佛께서 告須菩提하시기를 如是如是이다. 若復有人이 得聞是經하고 不經不怖不畏하면 當知하라. 是人은 甚爲希 有이니 何以故냐하면 須菩提여 如來說하신 第一波羅蜜은 卽非第一波羅蜜이니 是 名第一波羅蜜이다. 須菩提여 忍辱波羅蜜도 如來說非忍辱波羅蜜이니 是名忍辱波羅 蜜이다. 何以故냐하면 須菩提여 如我昔爲歌利王에게 割截身體당할 때에 我於爾時에 無我相이며 無人相이며 無衆生相이며 無壽者相이었다. 何以故냐하면 我於往昔 節節支解時에 若有我相人相衆生相壽者相이었다면 應生瞋恨하였을 것이다. 須菩提

금강경 본문

그때 수보리가 이 불경의 말씀을 듣고 깊이 그 의취(義趣)를 깨달아 눈물을 흘리고 슬피 울며 석가모니 부처에게 말했다.

"희귀합니다. 세존이시여, 부처님이 이와 같이 매우 깊은 경전을 말씀하신 것은 제가 종전에 얻은 혜안(慧眼)으로는, 일찍이 이런 경(經)을 듣지 못했습니다.

세존이시여, 만약 어떤 사람이 있어서 이 경전을 듣고 신심이 청정하면 곧 실상이 생길 것이니, 마땅히 이 사람은 제일 희귀한 공덕을 성취한 것으로 알아야 할 것입니다.

수보리 존자의 눈물의 의미에 대하여

수보리 존자가 석가모니의 설법을 듣다가 감동해서 눈물을 흘렸다는 이야기는 금강경 경전작가가 어느 경전으로부터 발

여 又念하니 過去於五百世에 作忍辱仙人이었을 때에 於爾所世에도 無我相이며 無人相이며 無衆生相이며 無壽者相이었다. 是故로 須菩提여 菩薩은 應離一切相하여 發阿耨多羅三藐三菩提心하니 不應住色하여 生心하고 不應住聲香味觸法하여 生心하니 應生無所住心이어야 한다. 若心有住이면 卽爲非住이니, 是故로 佛說 菩薩心은 不應住色布施인 것이다. 須菩提여 菩薩은 爲利益一切衆生하여 應如是布施하니 如來說하시기를 一切諸相은 卽是非相이며 又說一切衆生도 卽是衆生인 것이다. 須菩提여 如來는 是眞語者이며 實語者이며 如語者이며 不狂語者이며 不異語者이다. 須菩提여 如來所得法은 此法이 無實無虛인 것이다. 須菩提여 若菩薩이 心住於法하여 而行布施한다면 如人은 入暗에 卽無所見이다. 若菩薩이 心不住法하여 而行布施하면 如人은 有目하여 日光明照에 見種種色이다. 須菩提여 當來之世에 若有善男子 善女人이 能於此經에 受持讀誦한다면 卽爲如來以佛智慧로서 悉知是人하며 悉見是人하므로 皆得成就 無量無邊功德할 것이다.

췌한 것일까? 팔만대장경 어디에도 없는 이야기라면, 유일하게 금강경 경전작가만의 독창적인 발상에서 쓰여진 것이라면, 이 것은 인상적인 이야기입니다.

그러나 이러한 눈물도 금강경 선전보급에 관련된 것이라면 그 순수성이 떨어지는 것이라고 생각됩니다.

감격적인 눈물이란 일종의 자기해소입니다.

감격적인 눈물이란 여러 감정들이 한 곳에 벅차올라 정점에서 터지는 것입니다.

내 경험에 의하면 그때에는 아무 생각이 없고, 아무런 바램도 없습니다.

그런데 수보리 존자가 감격해서 울면서도 계속 금강경 선전보급이라는 신념을 더욱 강화하고 강조하는 모습은 "저 눈물도 사람을 속이는 눈물이었구나."하는 생각이 들게 합니다. 마치 여자의 눈물처럼, 수보리 존자의 눈물도 일종의 고도한 전술처럼 느껴집니다.57)

수보리 존자가 만약 그냥 감동의 눈물만 하염없이 흘리며 아무런 바램도 없이 아무런 생각도 없이 그냥 침묵만 지켰다면, 수보리 존자의 그 감동의 깊이를 담은 눈물에 나도 '전율' 했을 것입니다. 물론 내 나이가 어렸을 때에는 수보리 존자의 눈물에 속아서 나도 가슴이 찡한 적이 있었습니다. 따라 운적

---

57) 물론, 이 말은 금강경에 수보리 존자를 배우로 내세워서 그로 하여금 극적인 눈물을 흘리게 만든 금강경 경전작가의 허물을 향한 것이다. 수보리 존자에게 무슨 잘못이 있겠는가?

도 있었지요.

그러나 지금은 안 속습니다. 왜냐하면 나도 이제 무엇이 사실이고 무엇이 허구인지 알만큼 알고 있기 때문입니다.[58]

분석하는 것보다는 그냥 느낌으로 받아들이는 것의 중요성

(자기반성을 잠깐 한다면) 나는 수보리의 눈물에 대해 (지적인 남성인간답게) 이성적인 논리로 분석하고 비판하는 담론만 해나가고 있다는 것을 잘 알고 있습니다.

그래서 어쩌면 이 수보리 존자의 눈물에 대해서는 감성적인 여성인간의 시적인 직관과 풍요한 연상력(聯想力)으로 설명하고 이해하고 공감을 불러일으키는 것이 차라리 더 적합한 것이 아닌가 하는 생각도 듭니다.

그러나 "직관(直觀)은 지성(知性)을 지닌 사람만이 그 깊이를 체득할 수 있는 것"입니다.

수보리 존자의 눈물에 대한 나의 복합적인 감정

일기(日記)처럼 말한다면, 나는 어제 C개인병원 원장실에서 밤12시가 넘도록 (부산에서 유일한 락 부르스 라이브 카페를 개업하려는

---

58) 부처(Butcher)가 지은 《희랍정신의 여러 양상》에 "청중들은 마치 음악에 홀린 듯이 그 아름다운 말에 도취하였다. 그러나 또 한편으로는 그 매력 때문에 속는 일이 없기 위하여 신중히 경계함을 잊지 않았다."라는 글이 보인다. 그래도 이런 글은 점잖은 편이다. 우리 현대인이 일상적으로 접하는 T.V 광고 영상에서, 실컷 아름답고 감동적인 말을 해놓고 끝에는 돈벌이용 광고로 마무리하는 바람에, 그 아름답고 감동적인 말에 순간 배신감을 느끼는 경우가 많다. 이럴 때 나는 광고쟁이들에게 정말 짜증을 느낀다.

의욕에 가득 차 있는) 박원장과, 락 부르스 가수겸 작곡가들의 시험연주를 들으며 '음악철학'에 관한 이야기를 시간이 가는 줄 모르게 서로 이야기 나누고 돌아왔습니다.

내가 만약 70대에도 생존해있다면 그때 내 인생과 사상을 괴테의 '파우스트'처럼 극적으로 총결산하는 오페라 대본을 한 번 써보는 게 제 희망사항입니다.

일반적인 대인관계에서는, 나는 락 부르스 마니아(mania; 어떤 취향(趣向)에 강하게 쏠려 매료되어 있는 자)입니다. 어느 정도인가 하면, 락 부르스 가수가 전자기타의 첫 타치 소리를 낼 때, 나는 그만 감전(感電)된 것처럼 반응하는 감정이 있는 락 부르스 마니아입니다. (예를들면, 나는 부산시 서면에 있는 어느 블루스 빠에서 부산의 대표적인 블루스 기타 연주자인 차선생님이 나를 위해 특별히 연주하는 락 부루스 음악을 듣고 너무 기분이 좋아져서 그 자리에서 연주자 모두에게 술을 산적도 있습니다. 그런데 그 빠에서 나올 때 술값을 모두 치루고 난 후에는 내 호주머니에 돈이 한 푼도 남은 것이 없어서 속으로 당황했던 기억이 납니다.)

말이 나온 김에 독자들에게 실험적으로《굿 타임 블루스 (Good time Blues)》를 소개해 둡니다.59)

이 씨디 한 장에 수록되어있는 블루스 곡들은 내가 내축묘

---

59) 굿 타임 블루스(Good time Blues)에 수록되어 있는 곡들은 다음과 같은 곡들이다. ① Tin pan alley ② The messiah will com again ③ Double Trouble ④ Blue jean Blues ⑤ Clody day ⑥ The ballad of casey deiss ⑦ Sensitive ⑧ I'll play the blues for you ⑨ Europa ⑩ Got to see her tonight.

약(內觸妙藥)처럼 좋아하는 것들로서, 언제나 내 갇혀 있는 정기신(精氣神)을 구원하고 있지요.

그리고 나는 내 서재에서 종종 '에니그마(ENIGMA)' 음악에 빠지기도 합니다.

이러한 내가 '감정(感情)'이 없을 리 없습니다.

그런데 나는 지금 수보리 존자의 눈물에 대해 함께 부합하는 멘트대신 냉정한 관찰을 표현하고 있습니다. 왜 그럴까요?

나는 음악적인 표현이든 문학적인 표현이든 고통과 괴로움의 감정을 그대로 모두 발산하는 것보다는 잘 억제하면서 해소하는 연주나 글쓰기가 사실은 성공적이라고 생각하는 사람입니다. 그래서 나는 이렇게 쓰는 것입니다.

"수보리 존자가 운다.
나는 그를 조용히 바라본다.
인자한 눈길과 날카로운 눈길로."

금강경 본문
"제가 종전에 얻은 혜안(慧眼)으로는, 일찍이 이런 경(經)을 듣지 못했습니다."

수보리 존자가 예전에 들어서 얻은 혜안은 무엇이었을까?

잡아함경에 "내가 전에 들어보지 못한 법에 관한 진리의 눈이 생겨나고, 지식과 지혜가 빛나는 새로운 눈이 생겨났다."라는 구절이 있는데, 여기서 '내가 종전에 들어보지 못한 법'은 사제(四諦) 즉 고집멸도(苦集滅道)의 사실에 관한 것입니다.

그런데 금강경에서 수보리 존자가 "예전에 전혀 들어보지 못한 혜안(慧眼; 새로운 지혜가 빛나는 눈)이란 과연 무엇일까?

금강경 본문

"수보리여, 미래에 선남선녀들이 능히 이 경을 수지하고 독송한다면, 여래는 부처의 지혜로 이 사람들을 모두 알고 모두 보기 때문에 그들은 모두 무량 무변의 공덕을 성취할 것이다."

공덕에도 집착하지마라. 공덕에 집착하는 마음이 생기게 하지도 마라
공덕이 정말 공덕이라면, 공덕이 없다 해도 있는 것이요,
공덕이 정말 없는 것이라면 공덕이 있다 해도 없는 것입니다.
이렇게 공덕은 언어문자로 정해지는 것이 아닙니다.

그러니까, 대승불교 반야부 경전작가들이 반야경에서 두량무변의 공덕을 주장한다고 해서 그런 공덕이 생겨나는 것은 아니라는 것입니다.

"믿거나 말거나" 또는 "아니면 말고"식의 공덕 보증은 공덕 보증이 아닙니다.

석가모니와 수보리 존자를 내세워 그 권위로 가르침을 펴고 있는 금강경 경전작가가 무책임하게 자기도 알지 못하는 무한량 무변의 공덕을 운운하는 것은 혹세무민(惑世誣民)하는 것입니다.

금강경 한 구절만이라도 읽으면서 그것을 남에게 설명해주어도 이런 엄청난 무량무변의 공덕을 받는다면, 그렇다면 이 금강경을 지어내고 만들어낸 경전작가가 받는 공덕은 대체 어느 정도일까, 상상이 안되네요.[60]

바라건대 앞으로 2050년도 7월에 올 내 사주팔자(四柱八字; 탄생년월일시)와 똑같은 사람은 이러한 얄팍한 유혹 (거대한 허풍, 거대한 충격)에 넘어가서는 안될 것입니다.

그리고 금강경 부처는 더 이상 '무상(無相)'을 빙자하며 자기 상(相)을 내는 이런 말들은 하지 않는 것이 좋다고 생각합니다.

그러나 금강경 글자는 이미 죽은 글자이므로 내가 여기서 아무리 그 틀린 글자를 지적해도 금강경 자체가 자기 스스로 글자를 교정하거나 새로 쓴다는 것은 불가능합니다.

이런 일은 현재 살아있는 사람이 해야 하겠지요?

금강경 본문

"세존이시여, 이 실상이라는 것은 곧 상이 아닙니다.
그러므로 여래는 실상이라고 말하는 것입니다."

석가모니 세존도 무아인데 무슨 실상이 있겠는가

도행반야경(제9권)의 살타파륜보살품에서 법상보살대사는 말하기를 "부처는 오는 것도 아니고 가는 것도 아니다. 왜냐하면

---

60) 그리고 또, 금강경 수지독송위타인해설(受持讀誦爲他人解說)만 아니라 사찰건립도 엄청나게 많이 한 옛중국 남북조시대(439-581) 남조(南朝)의 양나라(502-557)의 황제 양무제(502-549)와 그의 아들 소명태자는 대체 얼마나 많은 복을 받은 것일까?

부처는 모양도 없고, 허깨비이고, 아지랑이이고, 꿈속의 사람이고, 머릿속에 맴도는 생각이기 때문이다." 라고 설파하고 있습니다. 그런데 무슨 실상(實相)에 대해 운운할 수 있겠습니까?

물론, 깨달은 사람이 내는 상(相; 집착적인 생각)은 (방편과 시설에 의한 생각(想)이므로) 묘(妙)한 상(相; 생각)입니다. 그러나 금강경 선전보급에 강박적으로 치열한 집착을 보이고 있는 금강경 경전작가의 '무사상(無四相; 네 가지 관념이 없다는 것)'은 분명히 '상(相; 집착적인 관념)'입니다.

금강경 본문

"수보리여, 미래세상에서 만약 선남선녀들이 능히 이 경을 수지하고 독송한다면, 여래는 부처의 지혜로써 이 사람들을 모두 알고 보기 때문에 그들은 모두 무량 무변의 공덕을 성취할 것이다.

"세존이시여, 이 실상이라는 것은 곧 상이 아닙니다. 그러므로 여래는 실상이라고 설하는 것입니다.

세존이시여, 제가 지금 이와 같은 경전을 얻어듣고, 신해·수지하는 일은 어렵지 않습니다.

하지만 만약 앞으로 5백년후에 어떤 사람들이 이 경전을 얻어 듣고, 신해(信解)·수지(受持) 한다면 이 사람은 곧 제일 희유한 사람이 될 것입니다. 왜냐하면 이 사람에게는 아상도, 인상도, 중생상도, 수자상도 없기 때문입니다. 무슨 까닭인가 하면 아상은 곧 상이 아니고 인상과 중생상과 수자상도 곧 상이 아니기 때문입니다. 왜냐하면 일체의 모든 상을 떠나는 것을 곧 모든 부처라고 부르기 때문입니다."

그러자 부처님이 수보리 존자에게 말했다.

"그렇다. 만약 또 어떤 사람이 이 경을 얻어듣고 놀라지 않고, 겁내지 않고, 두려워하지 않는다면, 마땅히 알아야 한다. 이 사람은 매우 희유한 사람이라고."

정말 희귀한 사람에 대하여

희유(希有)란 '드물게 있는 것'으로 '매우 귀한 현상, 유례가 없는 현상, 전례가 없는 현상, 독보적인 현상, 대단히 고귀한 현상'이라는 뜻입니다.

그런데 금강경 경전작가는 정말 희유한 사람입니까? 나는 아니라고 생각합니다. 왜냐하면 금강경 선전보급에 집착하는 경전작가는 진정한 자유인이 아니기 때문입니다.

물론 불교인물사에서 본다면, 석가모니와 용수존자 같은 분은 정말 희유한 사람입니다. 그러나 중국의 노혜능이나 신라의 원효대사같은 분은 정말 희유한 분은 아닙니다. 왜냐하면 불교교리에 충실한 교과서적인 불교지식은 누구나 일반적으로 (알려고 하면) 알 수 있는 것이기 때문입니다.

예를들면, 대학교에서 논문쓰기 훈련을 잘 받으신 분들은, 그 어떤 주제가 주어져도 관련참고자료를 이용하며 대가인 것처럼 써 낼 수도 있습니다. 그러나 이것도 정말 희유한 것은 아닙니다.

생각건대, 희유한 인물이란 사부대중(四部大衆)가운데 그 누구도 흉내 낼 수 없을 정도로 자신만의 독보적인 지적근성과 진지하고 정직한 심덕(心德)과 화통한 언행을 해야 비로소 드러나는 것입니다.

그런데 팔만대장경속에 이미 알려져 있는 지식만 습득하고, 그 지식만 강의 연설하고, 선전하는 일은 (지적훈련만 받으면) 누구나 할 수 있습니다.

그리고 팔만대장경의 지식을 분류학적으로 잘 설명하고 이해시키는 사람도 정말 희유한 사람은 아닙니다. 분류학적인 불교지식에 정통해 있는 분들은 전세계 불교학계에 지천으로 널려 있습니다.61)

내가 생각하는 희귀한 사람이란 이런 사람이다

그래서 나는 다음과 같이 말합니다.

전통적인 불가에서 원하고, 팔만대장경이 원하는 이상적이고 모범적인 인물이 아닐지라도, 홍수처럼, 폭풍처럼, 지진처럼, 천둥번개처럼 진실한 말(眞實語), 사실 그대로의 말(如語), 광신적이지 않은 말(不狂語), 위선적이지 않은 말(不異語)을 쏟아내는 사람이 정말 희유한 사람이라고 생각합니다.

그리고 이러한 희유한 사람이 칼날처럼, 총구처럼, 쇠몽둥이처럼, 도끼처럼 설법을 한다하더라도, 듣는 이의 마음에 경악과 공포와 불안과 두려움이 없다면 이 사람 또한 매우 희유(希

---

61) 기억이나 하고 묻는 말에 대답하는 불교학자는 약국에서 약을 파는 약사와 똑같은 점이 있어서 사람들의 진정한 스승이 되기에는 부족하다.

有)한 사람이라고 생각합니다.

이렇게 금강경 경전작가가 생각하는 희유(希有)와 내가 생각하는 희유(希有)는 글자는 똑같아도 그 의미는 서로 완전히 다른 것입니다.

금강경 본문

"수보리여, 여래께서 제일바라밀(보시의 완성)은 제일바라밀(보시의 완성)이 아니다 라고 말했다. 그러므로 이것을 제일바라밀(보시의 완성)이라 부르는 것이다.

수보리여, 인욕바라밀(인욕의 완성)도 여래는 인욕바라밀(인욕의 완성)이 아니라고 말했다.

수보리여, 내가 옛날에 가리왕에게 신체가 베이고 잘렸을 때에 나는 아상도 없었고, 인상도 없었고, 중생상도 없었고, 수자상도 없었기 때문이다. 왜냐하면 내가 옛날에 마디마디 사지를 찢길 때 만일 아상·인상·중생상·수자상이 있었다면, 마땅히 노여움과 원망하는 마음을 내었을 것이다.

수보리여, 또 생각하니 과거 오백년전에 나는 인욕선인으로 있을 때에도 아상·인상·중생상·수자상이 없었다.

그러므로 수보리여, 보살은 마땅히 일체상을 떠나서 아뇩다라삼막삼보리심을 내어야 하니, 마땅히 모양(色)에 집착해서 마음을 내지 말며 마땅히 소리·냄새·맛·접촉·이치에 집착해서 마음을 내지 말아야 한다. 마땅히 집착하는 바가 없는 마음을 내야 한다. 만약 마음에 집착함이 있으면, 곧 머무름(住;

안심입명)이 아니기 때문이다.

그러므로 부처는 "보살은 마음이 마땅히 물질에 집착해서 보시해서는 안 된다"고 말한 것이다.

수보리여, 보살은 일체 중생을 이익되게 하기 위해서, 마땅히 이와 같이 보시해야 한다.

여래가 말하기를, 일체의 모든 상(相)은 곧 상이 아니라고 말했고 또 일체중생은 곧 중생이 아니라고 말했다.

수보리여, 여래는 참된 것을 말하는 자이며, 실질적인 것을 말하는 자이며, 사실그대로를 말하는 자이며, 광신적인 말을 하지 않는 자이며, 위선적인 말을 하지 않는 사람이다.

수보리여, 여래가 얻은 이 법에는 실체성도 없고 허망함도 없다. 그런데 수보리여, 만약 보살이 마음을 법에 집착해서 보시를 행한다면 그것은 마치 사람이 어둠 속에 들어가 아무것도 보지 못하는 것과 같다.

그러나 만약 보살로서 마음을 법에 집착하지 않고 보시를 행한다면, 그것은 마치 사람이 눈이 있어서 해가 밝게 비치어 여러 가지 모습을 보는 것과 같다."

완전한 보시는 완전한 지혜가 있어야 한다
본문의 요점은 보시와 인욕에 관한 것입니다.

그런데 보시는, 보시자의 동기와, 보시물과, 보시받는 자의 마음의 공성(空性)을 주장하며, 바램이 없는 보시바라밀(완전한 보시의 완성)을 권하고 있습니다.

완전한 인욕은 완전한 지혜가 있어야 한다

그리고 인욕문제도 인욕하는 자와, 인욕의 공성을 밝히면서 구체적인 실례를 들고 있는데, 하나는 석가모니가 전생에 칼리왕에게 토막살해를 당할 때에 '석가모니는 분노와 한(恨)을 품고 죽지 않았다'는 이야기입니다.

그리고 두 번째 이야기는 석가모니가 전생에 인욕선인 이었던 시절에, 사냥 나온 못된 왕을 만나 상해(傷害)를 당할 때 석가모니의 무아상(無我相)에 관한 이야기입니다.

육바라밀에서 반야바라밀과 다섯 바라밀의 관계

그런데 일반독자와 전문학자들은 이 이야기 자체를 중요시해서 많은 해설을 할 필요는 없습니다. 왜냐하면 금강경 경전작가가 정말 독자들에게 강조하고 싶은 주장은, 이러한 인욕바라밀(인욕의 완성)과 보시바라밀(보시의 완성)도 반야바라밀(완전한 지혜, 지혜의 완성)에 비하면 그 가치가 떨어진다는 것입니다.

이 문제(반야바라밀과 다섯 바라밀의 관계)에 대해서는 도행반야경을 참조해보시기 바랍니다.

이러한 근원적인 반야바라밀(지혜의 완성)의 선양이 금강경 경전작가의 본심(本心)이라고 나는 생각합니다.

그러면 "반야바라밀(지혜의 완성)이란 무엇인가? 그것은 어떻게 성취할 수 있는 것인가?" 라는 질문이 자연스럽게 나오게 되는데, 이에 대한 답은 반야경전들 곳곳에 보물처럼 박혀 있습니다.

금강경 본문

"수보리여, 여래는 진실을 말하는 자이며, 있는 그대로 말하는 자이며, 잘못 없이 말하는 자로서, 결코 거짓을 말하는 자가 아니다.

나는 신앙 의존중독자가 아니라 통찰력 중독자이다

필자는 다른 것은 몰라도, 석가모니의 지혜의 가르침에 대해서는 지적인 신뢰감을 분명히 가지고 있습니다.

그러나 나는 석가모니의 박타(Bhakta: 신앙적으로 헌신하는 신자)는 아닙니다.

금강경 본문

"수보리여, 여래가 얻은 이 법에는 실체성도 없고 허망함도 없다."

여기서 실체성(實體性)과 허망함이란 토끼머리에 나있는 두 개의 뿔입니다. 왜냐하면 실체성과 허망함의 본체는 '없는 것(無我)'이기 때문입니다.

다시 말하면, 단멸(斷滅)하는 허무도 무아(無我)이고, 지속되는 불멸(不滅)의 본체(푸루샤)도 무아(無我)라는 것이지요.

그렇다면 여래가 체득한 법은 무엇인가?

금강경 본문

"수보리여, 내가 전생에 가리왕에게 신체가 베이고 잘렸을 때에 나는 아상도 없었고, 인상도 없었고, 중생상도 없었고, 수자상도 없었다.

만약 내가 전생에 가리왕에게 마디마디 사지를 찢길 때 만일 아상·인상·중생상·수자상이 있었다면, 마땅히 노여움과 원망하는 마음을 내었을 것이다.

수보리여, 또 생각하니, 과거 오백년전에 내가 인욕선인이었을 때에도 아상·인상·중생상·수자상이 없었다."

인욕은 모든 인간이 겪는 문제다

이 대목은 석가모니의 인욕바라밀(완전한 인욕의 완성)입니다.

생각건대, 모든 분야에서 전통과 권위를 벗어나 독창적이고 진보적인 일을 하는 사람이라면 항상 직면하게 되는 문제가 바로 이 인욕의 문제입니다.

불교의 대표적인 인물인 석가모니에 대해 말한다면, 당시 브라만적이고 우파니샤드적인 인도교의 입장에서 본다면 석가모니는 분명히 이단자요, 전통과 권위를 무시하는 자요, 기존의 사상을 파괴하는 자요, 불안과 두려움을 야기하는 자요, 기존의 관념적인 질서를 무너뜨리는 위험한 자였습니다. 그러므로 석가모니는 당시 경쟁자들의 공격적인 모함과 비방과 몰이해를 피할 수가 없었습니다.

이와같이 석가모니와 그의 십대 측근들, 대승불교적인 논사

들 외에 불교를 평생동안 업그레이드해 온 분들도 모두 경쟁
자들의 모함과 핍박과 질타를 받았습니다. 예를들면 용수논사
도 그렇고, 달마조사도 그렇고, 승조스님과, 원효62)스님도 그렇
게 당했습니다.

석가모니와 부루나 존자의 문답

중부경전(145)과 잡아함경(13,8)에 보면 이런 이야기가 나옵
니다.

인도 서쪽 수나국으로 불교를 전하러 가겠다는 부루나63) 존
자는 석가모니에게 마지막 가르침을 받으러 왔습니다.

석가모니는 그에게 물었습니다.

"부루나여, 서쪽 수나국의 사람들은 매우 난폭하다고 한다.
만약 그들이 자네를 욕하고 모욕을 준다면 그때 자네는 어떻
게 하겠는가?"

---

62) 원효대사에 대하여; 당시 기존의 불교종단으로부터 그렇게 천대받던 신라시대
(B.C.E.57-C.E.935) 원효대사(617-686)도 400여년이 지난 후 고려시대(918-1392) 고
려11대 문종왕(1046-1083)의 넷째아들로 태어나 스님이 된 의천국사(1055-1101)에
의해 그 '대승불교경전해석학'의 수준이 발견되고 인지되었다. 이후 의천국사는
원효대사의 모든 저서들을 수집하며 출판 간행하고, 옛중국 요나라(916-1125)와
송나라(960-1279)의 왕족들과 지적 상류층에 유포했다. 이로인해 원효대사는 일본
에서도 명성을 얻는 등 당시 '대승불교 경전해석학' 관련으로 국제적인 권위와 명
성을 갖게 되었고, 이후 국내에서도 유명한 인물이 되어, 조선시대(1392-1910)와
오늘날의 남북한 시대에 이르기까지 한국의 대표적인 불교사상가로 손꼽히는 인
물로서 숭앙받고 있다. 이제 이 땅에서 불멸의 신화적인 인물이 된 것이다.
63) 부루나(富樓那, Purna) 존자는 석가모니의 십대제자로서 설법제일(說法第一)이라는
별칭이 있을 정도로 뛰어난 인물이다. 그리고 전설에 의하면, 부루나 존자는 또
석가모니(41세때)의 초상화를 그린 장본인이기도 하다. 이 그림은 영국(英國)제실
(帝室) 박물관에 소장되어 국보(國寶)로 취급받고 있다.

부루나 존자가 대답했습니다.

"세존이시여, 그럴 때에는 저는 이렇게 생각하겠습니다. 정말 어진 수나의 사람들은 나를 주먹으로 때리지 않았다.고 저는 이렇게 생각하겠습니다."

그러자 석가모니가 물었습니다.

"부루나여, 만약 그들도 주먹으로 자네를 때린다고 한다면 자네는 어떻게 하겠는가?"

부루나 존가 대답했습니다.

"세존이시여, 그럴 때에는 이렇게 생각하겠습니다. 실로 착한 수나의 사람들은 나를 때려도 채찍이나 몽둥이로 때리지는 않았다고 저는 이렇게 생각하겠습니다."

그러자 다시 또 석가모니가 물었습니다.

"부루나여, 그러나 만약 그들이 채찍이나 몽둥이로 자네를 때린다면 자네는 어떻게 하겠는가?"

부루나 존자가 대답했습니다.

"세존이시여, 그럴 때에는 이렇게 생각하겠습니다. 참으로 어질고 착한 수나의 사람들은 나를 칼로 찌르지는 않았다고 이렇게 생각하겠습니다."

그러자 다시 또 석가모니가 물었습니다.

"부루나여, 그러나 만약 그들이 칼을 가지고 자네를 찔러 생명을 빼앗아 갈려고 한다면 어떻게 하겠는가?"

부루나 존자가 대답했습니다.

"세존이시여, 세존의 제자들 중에는 이 육신의 괴로움을 느껴 스스로 자살하려고 한 사람도 있었습니다. 그렇지만 이제 나는 스스로 원하지도 않고 목숨을 끊을 수 있게 되었다고 이렇게 생각하겠습니다."64)

그러자 석가모니가 말했습니다.

"부루나여, 정말 대단한 결심이구나. 자네가 그와같은 인욕심(忍辱心)을 품고 있다면, 서쪽 수나국에 가서도 잘 머므를 수 있을 것이다. 부루나여, 이제 자네는 자네가 하고싶은 대로 행동하도록 하라."

그러자 부루나는 의발을 가지고 그 수나국을 향하여 떠나갔습니다.

생각건대 아마 그래서 불가에서는 인욕(모든 것을 잘 참아서 성내는 감정이 없는 것)의 가르침이 매우 발달되어 온 것이라고 여겨집니다. 즉 인욕바라밀은 위험한 대인관계에서 안전한 생존을 보장해주는 덕목이기도 하기 때문입니다.

그러나 금강경 부처는 지나치게 수용적이고 내면적인 것 같습니다.

적극적이고 역동적인 무아의 작용을 선양하며
나는 다음과 같이 말하고 싶습니다.

상대방의 탐욕심에서 저지르는 모함이나 모욕이나 폭박에 대해서는 꾹 참지 말고 적극적으로 대처하시기를, 불자들에게

---

64) 장로게송집(191)에도 보면 다음과 같은 구절이 있다. "살아있는 자는 언제든지 죽을 수 있다. 손과 발이 잘리고, 살육, 포박될 우려도 있다. 살아있는 자는 이렇게 괴로움을 만난다."

바랍니다.

즉, 상대방에게 당하기만 하고 무아(無我)로 죽는 것보다는, 상대방에게 적극적으로 대처하며 승자(勝者)로서 강한 지혜와 자비의 무아(無我)를 실천하는 것이 더욱 현대인들에게는 적합한 것이 아닐까 생각합니다.

참는 것도 한계가 있어야 한다

내 인생경험에 의하면, 참는 것도 한계가 있어야 합니다.

참는 것을 영원히 강요하는 자의 각성을 위해서라도 참는 것에는 한계가 있어야 합니다. 그래서 부득이 공격할 때에는 공격을 해야 합니다.

그런데 문제는 자기자신의 인욕과 공격 속에서 진정한 삶을 이해하는 깨달음이 있는가, 없는가 이겠지요.

이를 위해서 일반사회에서 활동하는 상담전문가들은 앞으로 《사기꾼에게 사기치는 방법》《약자가 강자를 박살내는 방법》《어진 자가 악한 자를 이기는 방법》《약소국이 강대국을 정복하는 방법》《온순한 자가 난폭한 자를 박살내는 방법》등의 제목을 붙일 수 있는 책(구체적으로 실행할 수 있는 정보가 수록되어 있는 책)을 연구개발해서 써 보시기 바랍니다.

물론 나는 지금 교만하고 무례한 아집(我執)을 찬양하고 있는 것은 결코 아닙니다. 내 주장은 천성적으로 어진 성품(Sattva Guna)을 가지고 있는 점잖은 사람들을 전제로 한 이야기들입니다.

인욕바라밀과 반야바라밀의 관계

이제 다시 금강경 이야기로 돌아와서 설법해보기로 합니다.

금강경 제14장에 나오는 석가모니의 전생담 이야기는 극단적인 자기희생을 의미하는 인욕바라밀(완전한 인내심)의 극치라고 여겨집니다.

그러나 금강경 경전작가의 본의(本意)는 인욕바라밀(완전한 인내심)의 찬양이 아니라 반야바라밀(완전한 지혜)의 선양에 있다는 점을 이해해야 합니다.

왜냐하면 반야바라밀(완전한 지혜, 지혜의 완성)은 부처(깨어나는 자)를 낳는 모체로서 다섯 바라밀(보시, 지계, 인욕, 정진, 선정)의 근원자요, 올바른 방향으로 이끄는 인도자이기 때문입니다.

금강경 본문

"일체의 모든 상을 떠나는 것을 곧 모든 부처라고 한다."

"이것이 진아(眞我)다." "이것은 나의 것이다." 하면서 집착하는 사람은 해탈할 수 없습니다. 이런 관념에도 집착하지 않고, 머무르지 않아야 비로소 해탈한 사람이라고 할 수 있습니다. 그런데 저는 이 해탈에서도 또 해탈하는 사람입니다.

금강경 본문

"수보리여, 보살은 마땅히 일체의 상을 떠나서 아뇩다라삼막삼보리심을 내어야 한다.

그리고 또 마땅히 형상에 집착해서 마음을 내지 말아야 한다. 그리고 또 마땅히 소리와 향과 맛과 접촉과 이치에 집착해서 마음을 내지 말아야 한다."

일체란 색수상행식(色受想行識)을 의미한다

여기서 일체(一切)란 존재하는 것(Form), 감각하는 것(Feeling), 표상하는 것(Represntation, 또는 Perception), 의욕하는 것(Will 또는 Formation 또는 Inherited Karmic Formation), 사유하는 것(Thnking 또는 Consciousness)을 의미합니다.[65]

그리고 형태와 소리와 향과 맛과 접촉과 이치(色聲香味觸法)와 마음에 관한 여러 문제는《도행반야경》에서 매우 많이 반복적으로 다루고 있으니 독자께서 직접 참조해보시기 바랍니다.

금강경 본문

"마땅히 집착하는 바가 없는 마음을 내야 한다.

만약 마음에 집착함이 있으면, 곧바로 자신의 평형상태를 유지할 수 없게 된다."

---

65) 색(色)은 Rupa. 수(受)는 Vedana. 상(想)은 Samjna. 행(行)은 Samskara). 식(識)은 Vijnana이다. 이중에서 상(想; Perception)에 해당하는 표상이란 표시나 표상으로 인식하는 것을 의미한다. 그래서 표상은 학습된 표상이다. 즉, 표상이란 학습된 표시(表示; mark)나 표상(表象; sign)들을 보고 기억하고 인지해서 판단하는 행위의 모든 것을 의미한다. 다시말하면, 표상(表想)은 기억(記憶)과 인지(認知)의 표상작용(表象作用)이다. 그런데 금강경에서는 깨달은 자의 신체적 또는 정신적 표시(mark, characteristics), 표상(sign, nimitta, laksana)에 집착하지 말라고 가르치고 있다.

머무름이 없는 자유정신이야말로 진정한 평형상태를 유지할 수 있는 것이다

위의 구절은 필자가 제멋대로 의역한 것입니다.

구마라집(343-413)의 번역문은 "마땅히 머무는 데가 없는 마음을 내어야 한다. 만약 마음에 머무는 데가 있으면 그것은 곧 머무는 것이 아니다."입니다.

생각건대, 머무는 것은 사실은 머물러 있지 않는 것입니다. 왜냐하면 모든 것은 공성(空性)에 머무르고 있는 것이기 때문입니다.

이것은, 마치 내가 여기에 있지 않는 것처럼 이 세상에서 행동하고 생활한다는 것인가? 아닙니다. 왜냐하면 무집착에 대한 집착도 집착이기 때문입니다.

금강경 본문

"수보리여, 미래 세상에서 만약 어떤 선남자 선여인이 능히 이 경을 수지하고 독송한다면, 여래는 부처의 지혜로써 이 사람들을 모두 알고, 모두 보기 때문에 그들은 모두 무량 무변의 공덕을 성취할 것이다."

금강경 수지독송에도 의존중독적으로 집착하지 말고, 모든 게 꿈과 같은 것이라고 허망하게 생각하지도 말라

도행반야경(제4권)의 지품에서, 부처는 사리불에게 다음과 같이 말하고 있습니다.

“여래는 부처의 눈으로 반야바라밀(지혜의 완성)을 배우거나 암송하는 자들을 모두 살핀다. 이렇게 말세에 반야바라밀(지혜의 완성)을 베껴 쓰는 것도 빠짐없이 살피고 있다는 것을 반드시 명심해야 한다.”라고.

그러나 도행반야경(제9권)의 살타파륜보살품에서는 다음과 같은 통찰이 설파되고 있습니다.

“모든 경전의 가르침은 마치 물속의 그림자와 같고, 꿈속에서 본 것과 같은 것이니, 부처의 말조차 이와같은 것이다.”라고.

생각하건대, 앞의 말은 거짓말이고, 뒤의 말은 거짓말이 아닌 것 같습니다.

자기생명을 보시하는 것 보다
금강경을 설명해주는 보시의 공덕이 더 크다

금강경 제 15장의 의미번역

만약 어떤 사람이 아침에 갠지즈 강의 모래 수만큼의 몸을
바치고, 낮에도 갠지즈 강의 모래 수만큼의 몸을 바치고, 저녁
에도 또 갠지즈 강의 모래 수만큼의 몸을 바치기를 수십억년
동안 몸을 바쳤다 할지라도, 이 법문을 듣고 비방하지 않는 사
람이 있다면, 그는 이 인연으로 더욱 많은 복을 쌓게 될 것이다.

하물며 이 법문을 항상 가슴에 품고 다니면서, 읽고, 쓰고,
연구하며 또 남을 위해서 상세히 설명해주는 자가 있다면, 더
욱 말할 나위가 없는 것이다.

금강경 부처의 보증

참으로 말한다. 이 법문은 정말 불가사의한 것이며 그 무엇
과도 비교할 수가 없는 것이다.

그리고 여래는 이 법문을 보살승에 나아간 사람들을 위해서,
대승에 나아간 사람들을 위해서 말한 것이다.

그리고 이 법문을 항상 기억하고, 가슴에 품고 다니면서 읽
고, 쓰고, 연구하고, 또, 다른 사람을 위해 상세히 설명해주는

사람이 있다면, 여래는 경이로운 눈으로 그를 보고 있다. 여래는 그를 정확하게 잘 알고 있다. 그러므로 그는 한량없는 복과 덕을 얻게 될 것이다.

그가 얻는 복덕은 불가사의하며, 비교할 수 없고, 가히 헤아릴 수 없고, 가히 측량할 수도 없는 것이다.

수보리여, 그는 스스로 큰 깨달음에 들어 서 있는 사람이다.

이 법문은 소소한 이치에 사로잡혀 있는 자로서는 도저히 이해할 수도 없고, 설명할 수도 없는 것이다.

또 영원한 자아와 영원한 중생이라는 관념에 사로잡혀 있는 사람도 마찬가지다.

또, 보살의 원력이 없는 사람은 이 법문을 감당하지 못해서 읽지도 못하고, 이해할 수도 없고, 설명할 수도 없다.

그러나 이 법문이 설해지는 곳은 그 어떠한 곳일지라도 모든 신과 간과 아수라들이 모여서 공양하는 곳이 될 것이다.

그리고 그 곳은 오른쪽으로 세 번 돌면서 예배되어지는 곳이 될 것이며, 탑묘와도 같은 곳이 될 것이다.66)

---

66) 지금 필자가 참고대본으로 사용하고 있는 금강경은 범어본(梵語本)입니다. 하지만 구마라집이 번역한 중국 고대 한자로 된 금강경 제15장의 원문도 새롭게 한글현토를 붙여서 여기 각주로 소개해둡니다.
　　持經功德分 第 十五: 須菩提여 若有善男子 善女人이 初日分에 以恒河沙等身으로 布施하고 中日分에 復以恒河沙等身으로 布施하고, 後日分에 亦以恒河沙等身으로 布施하고, 如是無量百千萬億劫동안 以身布施할지라도 若復有人이 聞此經典하고 信心不逆한다면 其福이 勝彼이니 何況書寫受持讀誦하며 爲人解說함에 있어서랴. 須菩提여 以要言之한다면 是經은 有不可思議이며 不可稱量이며 無邊功德이니 如來는 爲發大乘者說이며 爲發最上乘者說이다. 若有人이 能受持讀誦하고 廣爲人說한다면 如來는 悉知是人하며 悉見是人하니 皆得成就 不可量 不可稱 無有邊 不可思議 功德이다. 如是人等은 卽爲荷擔 如來 阿耨多羅三藐三菩提이니 何以故냐하

 금강경과 함께 깨어나기
Wake-up sleeper, and be free from chains of illusion

마치 전쟁에서 무수하게 목숨을 바치는 것보다 금강경을 이웃에게 설명해주는 보시가 더 공덕의 가치가 있다는 것

수보리여, 만약 어떤 선남선녀가 아침에 항하의 모래알 수만큼의 몸으로써 보시하고, 점심에도 또 항하의 모래알 수만큼의 몸으로써 보시하고, 저녁에도 또 항하의 모래알 수만큼의 몸으로써 보시하기를, 무량 백천만 억겁 동안 몸으로써 보시한다고 하자.

그리고 또 한 편에서는, 만약 어떤 사람이 이 경전을 듣고 믿는 마음으로 거스리지 않는다면, 이 복이 저 복보다도 뛰어나다. 하물며 이 경전을 베끼고, 수지하고, 독송하고, 남을 위해 해설함에 있어서랴.

대승불교 최초기 반야경의 공덕 보증서

도행반야경(제9권)의 누교품에서, 부처는 아난다에게 다음과 같이 말하고 있습니다.

"아난다여, 반야바라밀(완전한 지혜, 지혜의 완성)을 지니고 하루만이라도 보살대사들을 위하여 이 경전을 설한다면 그 복덕이 더욱 많은 것이다.

면 須菩提여 若樂小法者는 着 我見 人見 衆生見 壽者見이므로 卽於此經에 不能聽受讀誦이며 爲人解說이다. 須菩提여 在在處處에 若有此經이면 一切世間 天과 人과 阿修羅들이 所應功養하니 當知하라. 此處는 卽爲是塔이니 皆應恭敬하고 作禮圍繞하며 以諸華香으로 而散其處할 것이다.

아니 하루가 아니라 밥먹는 시간에라도 아니 단 몇 분동안
이라도 이 경전(Vajracchedika Prajnaparamita Sutra)을 설한다면, 그것
은 모든 사람들로 하여금 아라한의 도를 얻도록 하는 것보다
더욱 복덕이 많은 것이다.

그러므로 보살대사는 반야바라밀(지혜의 완성)을 구해 그 핵
심적인 가르침을 사유(思惟)하니, 보살은 이 사유(思惟)로 인해
모든 아라한과 벽지불의 도를 완전히 초월하며 결코 뒤로 후
퇴함이 없는 보살의 경지에 있게 되는 것이다.”라고.

그러나 우리는 성문(聲聞)과 독각(獨覺)과 아라한(阿羅漢)의
도(道)만 아니라, 대승불교 반야부 경전작가와 보살과 보살대
사와 반야바라밀(Prajnaparamita)도 정말 본체적(本體的)으로 존재
하는 것은 아니라고 깨달아야 할 것입니다.

금강경 부처가 금강경 독서를 이토록 권하는 이유

금강경 부처는 금강경(상편) 제8장, 11장, 12장, 13장, 14장,
15장, 16장까지 끊임없이 금강경 수지독송의 공덕(功德)에 대
하여 반복적으로 엄청난 보증을 하고 있습니다.

그런데, 이것은 금강경 제15장에서 언급되는 보시바라밀만
아니라 다른 네 가지 바라밀(지계, 인욕, 정진, 선정) 보다도
‘반야바라밀(지혜의 완성)’이 가장 중요하다는 것을 강조하고
싶은 마음에서 하는 말씀일 것입니다.

그러나 우리는 “금강경이라고 하는 글자만 금강경은 아니
다.”라는 점을 이해해야 합니다. 진리와 진실은 책(금강경) 밖

에 있기 때문입니다.

금강경 본문

"수보리여, 요약해서 이것을 말한다면 이 경에는 불가사의하고, 가히 측량할 수 없는 공덕이 있다.

여래는 대승에 나아가는 자를 위해서 말하고, 최상승을 일으키는 자를 위해서 말하는 것이다.

만일 어떤 사람이 능히 수지하고, 독송하고, 널리 사람들을 위하여 설명한다면 여래는 이 사람들을 모두 알고 이 사람들을 모두 보기 때문에 그들은 모두 측량할 수 없고, 비교할 수 없고, 헤아릴 수 없는 불가사의(不可思議)한 공덕을 성취하게 될 것이다.

이와 같은 사람들은 즉 여래의 아뇩다라삼막삼보리를 짊어지는 것이다. 왜냐하면 수보리여, 만일 작은 진리를 즐기는 자들은 아견·인견·중생견·수자견에 집착하여 이 경전을 경청하고 수지하거나, 독송하거나, 남을 위해 해설할 수 없기 때문이다."

금강경 이 대목은 도행반야경(제10권)의 촉루품과 함께 읽어보시기를 바랍니다.

금강경 경전작가가 부파불교 성자들을 저급하게 평가하고, 보살과 보살대사를 높게 찬양하는 이유

금강경 제15장에서, 대승자(大乘者)와 최상승자(最上乘者)는 보살과 보살대사입니다.

그리고 이에 비해 작은 진리(小法)를 즐기는 자는 성문(聲聞)과 독각(獨覺)의 성자들입니다.

그러면 금강경 경전작가는 왜 성문과 독각을 소법자(小法者)라고 저급하게 평가하고, 보살과 보살대사는 대승자이며 최상승자라고 찬양하는가?

그것은 성문과 독각의 성자들이 중생구제 문제에 대한 무관심하고, 수행의 목적을 아라한과(阿羅漢果)로 한정하고, 누구나 부처가 될 수 있다는 사실을 부정했기 때문입니다.

이에 비해 보살과 보살대사는 중생구제에 대한 적극적인 관심과 실천을 하는 자이며, 수행의 목적도 아뇩다라삼막삼붓다(가장 높은 레벨의 깨달음을 이룬 자)가 되는 것이며, 누구나 부처(깨달은 자)가 될 수 있다는 사실을 선포하고 가르치는 자입니다.67)

---

67) 그러나 이 문제에 관련해서는 아직도 결론이 안나왔다고 생각한다. 왜냐하면 대승불교 경전작가들의 결론은 그 사람들의 결론이지 나의 결론은 아니기 때문이다. 사실 애초에 석가모니도 보리수 아래에서 큰 깨달음으로 인해 진정한 평온(安心立命)은 체득했지만, 세상에 나가 세상을 향해 설법을 할 것인가 말 것인가 하는 문제에 대해서는 심각하게 고민했다고 한다. 석가모니의 결론은 침묵으로 기울지고 설법행위에 대해서는 회의적이었다고 한다. 왜냐하면 오로지 돈과 권세와 섹스와 각종 오락 취미생활을 위해 이해타산만 하는 탐욕과 증오와 시기질투와 어리석음과 자만심이 강한 사람들에게 석가자신의 진지한 가르침을 펴기란 매우 어려운 일이었기 때문이다. 내 경험에 의하면, 석가모니의 사상은 세상사람들의 상식을 뒤엎는 역설적인 모순어법(矛盾語法)으로 말해야 하는 것이기에, 사실 나도 사람들의 이해를 구하는 문제에 관련해서는 그들에게 억지로 요구해야 하는 것들이 많다. 그런데 이로인해 그들과 지인관계를 맺으며 밑도 끝도 없는 비생산적인 에너지를 소모하느니, 차라리 조용한 침묵의 생활을 하는 것이 더 평화적인 본성에 적합한 것이 아닌가 하고 여러 가지 회의적인 생각을 해본 적이 있다.

금강경 본문

"여래는 대승에 나아가는 자를 위해서 말하고, 최상승을 일으키는 자를 위해서 말하는 것이다.

만약 소소한 법을 즐기는 자들은 아상에 집착하여 이 경전을 듣거나 수지하거나, 독송하거나, 남을 위해 해설할 수 없다."

금강경의 성자 차별적인 관념에 대하여

금강경은 대승불교 경전입니다. 그러니 대승에 나아가는 자들을 위해 설교하는 것은 당연한 일입니다.

그런데 금강경이 자기를 대승(大乘)이요 최상승(最上乘)이라고 하고, 남은 소소한 법을 갖고 있는 자(小法者)라고 하는 것은 자타(自他)를 분별하고 차별하는 것입니다.68)

"나의 생각은 참된 것이고, 다른 것은 무의미하다."고 완고하

---

68) 《대품반야경(제11권)》에 보면 "반야경전들을 비방하며 이것은 부처의 직설이 아니다. 부처는 이런 말씀을 한 적이 없다는 말을 퍼트리는 자는 다섯 가지 번역죄보다 더 나쁜 파괴범이다." 라는 협박성 경고문이 적혀 있다. 하지만 이런 헛박성 경고문이나 날리는 대승불교 반야부 소속의 법사들이 가소롭다.

금강경은 석가모니 부처의 직설이 아니다; 구체적으로 말하면, 금강경 경전작가는 "나는 이렇게 들었다"고 주장하고 있지만, 도대체 있는 그대로의 복사물도 사실(事實)이 아닌데, 어찌 타인의 말을 '있는 그대로 들었다'고 주장하는가? 정직하게 말하면, 금강경의 아문(我聞) 즉 "나는 들었다."는 것은 "사실 그대로의 석가모니 부처의 말씀"이 아니라, 석가모니 사후 6백년후 시대의 대승불교경전작가들에 의해 의도적으로 수정되고 응용되고 개작된 가르침이다. 그러므로 나의 결론은 실제로 "금강경은 부처님의 직설(直說)이 아니라, 대승불교경전작가들이 이해하고 깨달은 진리의 위경(僞經)일 뿐이다." 그리고 나는 2천년전에 있었던 대승불교 창립자들에게 말한다; 나는 반야바라밀(깨달은 자의 완벽한 지성)을 비방한 적이 없다. 나는 반야바라밀(지혜의 완성)을 빙자하여 자신들의 교묘한 아상을 선전하는 '팽창하는 탐욕과 열정'이 담겨있는 언행에 대해 비판적 통찰(Critical Insight)을 보여주는 현대 한국인 불제자(佛弟子)일 뿐이다.

게 성질을 내는 자들은, 제 모습을 똑바로 쳐다볼 줄 알아야 할 것입니다.

원래 석가모니는 대승불교인들만을 위한 부처가 아닙니다. 모든 불교인들의 교주(教主)요, 사부(師父)입니다.

그런데 금강경 경전작가가 부처를 자기편으로 끌어들여 부파불교의 성자들(성문승와 독각승)을 작은 법으로 사는 자들이라고 힐난하며, 자신들은 최상승자요 대승자라고 하는 것은 속이 좁은 처세입니다.

대승불교 반야부 경전작가들이 반성해야 할 점

대승불교 교법사들이 정말 반야바라밀(완벽한 지혜)에 투철하고, 승속(僧俗)간에 걸림이 없는 대자유인이고, 모든 편견과 고정관념을 넘어서 생각하고 행동하는 자라면, 무엇이, 누가, 왜 두렵겠습니까?

소소한 관념(小法)을 즐기는 자는, 현명하지 못한 자, 지혜가 낮은 자, 복덕이 적은 자, 어진 마음이 없는 자, 신앙심만 성실하게 갖고 있는 자, 애정만 갖고 있는 자, 의욕만 갖고 있는 자, 무능력한 자, 초발심자들입니다.

그런데 이들을 넓은 마음으로 포섭하지 못하고 비난만 한다면 그를 어떻게 대승자이며, 최상승자라고 부를 수 있겠습니까?

팔천송반야경(제1장)에서 수보리는 세존에게 다음과 같이 묻고 있습니다. "대승이란 무엇인가? 보살대사는 어떻게 대승에 진입하는가? 대승은 어디로 나아가는가? 대승은 어디에 머무는가? 대체 이 대승을 타고 나아가는 자는 누구인가?” 라고.

부디 수보리 존자의 이 질문이 독자들을 심원한 성찰로 이 끄는 계기가 되었으면 합니다.

금강경 본문

“수보리여, 만약 곳곳마다 이 경전이 있다면, 일체세간의 신들과 인간들과 아수라들이 마땅히 공양하는 곳이 될 것이다.

그러므로 마땅히 알아야 한다. 이곳은 곧 탑이 되어 모두가 마땅히 공경하고 예배하고 주위를 돌며 여러 가지 향기가 나는 꽃을 그곳에 뿌리게 될 것이다.”[69]

감성적인 불교포교 방법과 이성적인 불교포교 방법의 차이

대승불교 반야부 경전작가들은 왜 이런 식으로 이야기할까요?

아무리 대승적인 반야경전이 있는 장소라고 하더라도 탑묘신앙이란 무덤숭배인데, 이런 무덤을 숭배해서 대체 무엇을 얻으려고 합니까?

2천년도 훨씬 지난 무덤인 만큼 그 속에서 무언가 썩은 신앙의 냄새가 납니다.

나는 죽은 시체나 죽은 글자를 정성스럽게 보존하려는 탑묘숭배자들을 존경하지 않습니다.

---

69) 모든 세계의 신들과 인간들과 아수라들이 공경하고 예배하고 주위를 돌며 여러 가지 향기가 나는 꽃들을 뿌렸던 이 탑묘에 관해서는 장부경전(16). 대반열반경. 장아함경(2,유행경) 등을 참조하시기 바람.

나는 감성적인 불교포교방법을 선호하는 탑묘 숭배자들에게 관심이 없습니다.

물론 동남아시아의 장엄한 불탑(Pagoda)들은 정말 감동적이고 아름답고 인상적입니다.

그러나 나는 살아있는 석가모니 부처의 가르침에 직접 접했던 사람들(우파시카)의 이야기가 더 흥미롭고 관심이 많습니다.

상응부경전(55)과 잡아함경(30,7)에 다음과 같은 기록이 있습니다.

"진리는 석가모니에 의해 잘 설해졌다. 석가모니의 이 가르침은 현실적으로 증험되는 성질의 것이며, 때를 격하지 않고 결과가 분명히 있는 성질의 것이다.

석가모니의 가르침은, 직접 와서 보라고 말할 수 있는 성질의 것이며, 마음의 궁극적인 평화로 잘 인도하는 성질의 것이며, 또 지혜가 있는 자가 제각기 스스로 알 수 있는 성질의 것이다."

이렇게 이성적으로 말하는 불교방법이야말로 우리 현대인들(Men in Now)에게 매우 설득력이 있는 것이라고 느껴집니다.

금강경을 매일 공부하고 선전하는데도
사람들의 경멸과 천대를 받는 까닭은

금강경 제 16장의 의미번역

　그러나 어떤 사람이 이 법문을 항상 가슴에 품고 다니면서 읽고, 쓰고, 연구하며, 또 많은 사람들을 위해 상세히 설명하는 일을 실천하고 있는 데도 세상사람들로부터 경멸을 당하고 천대를 받는 사람이 있을 수 있다.

　수보리여, 이러한 사람은 자기의 전생에서, 악한 경향으로 이끌릴 만한 부끄러운 행위를 한 사람이다.

　하지만 그는 이 생에서 경멸을 당하고 천대를 받으므로써, 전생의 부끄러운 행위를 보상한 것이 되어 마침내는 큰 깨달음을 성취하게 되는 것이다.

　수보리여, 나는 기억한다. 아주 먼 전생에 연등여래가 계셨고, 또 그보다 훨씬 이전에도 무수한 부처님이 계셨다.

　나는 그 모든 부처님에게 끊임없이 헌신하고 봉사하기를 그치는 일이 없었다. 그리고 이로인해 내가 얻은 복덕도 있을 것이다.

　그러나 미래의 어느 날에 불교의 세력이 사라질 즈음어 이 법문을 기억하고, 항상 가슴에 품고 다니면서 읽고, 쓰고, 연구하며, 또 다른 사람을 위해 상세히 설명해 주는 자가 있다면, 내가 얻은 복덕은 그가 쌓는 복덕에 백분의 일에도 미치지 못하고, 천 분의 일, 억 분의 일, 백억 분의 일, 백천억 분의 일에도 미치지 못하며, 어떤 수량으로도 구분으로도 계산으로도 비유와 비교로도 내지 비슷함으로도 미칠 수가 없다.

수보리여, 만약 그가 얻는 복덕에 관해서 내가 설명한다면, 보통 사람들은 마음이 산란해지거나 이상하게 생각될 것이다.70)

금강경을 수지 독송하는데도 천대를 받는 이유에 대하여

"수보리여 선남선녀들이 이 경전을 수지 독송하는데도 만약 사람들이 경멸하고 천대한다면, 이 사람은 전생의 죄업으로 마땅히 나쁜 곳에 떨어질 일 것이지만 지금 세상사람들의 경멸

---

70) 지금 필자가 참고대본으로 사용하고 있는 금강경은 범어본(梵語本)입니다. 하지만 구마라집이 번역한 중국 고대 한자로 된 금강경 제 16장의 원문도 새롭게 한글현토를 붙여서 여기 각주로 소개해둡니다.

能淨業障分 第 十六: 復次 須菩提여 善男子 善女人이 受持讀誦此經하는데에도 若爲人輕賤한다면, 是人은 先世]罪業으로 應墮惡道일것이지만 以今世人의 輕賤故로써 先世罪業이 卽爲消滅하여 當得阿耨多羅三藐三菩提할 것이다. 須菩提여 我念하니 過去無量 阿僧祇劫동안 於 燃燈佛前에서 得値 八百四千萬億 那由他 諸佛하여 悉皆供養承事하며 無空過者하였지만 若復有人이 於後末世에 能受持讀誦此經하면 所得功德은 於 我所供養 諸佛 功德의 百分에 不及一이며 千萬億分乃至算數譬喩로도 所不能及이다. 須菩提여 若善男子 善女人이 於後末世에 有受持讀誦此經하는 所得功德을 我若具說者한다면 或有人이 聞하고 心卽狂亂하여 孤疑不信할 것이다. 須菩提여 當知해야 한다. 是經義는 不可思議한 것이며 果報도 亦시 不可思議한 것이다.

과 천대를 받음으로써 전생71)의 죄업을 곧 소멸하여 마땅히 아뇩다라삼막삼보리(최고의 깨달음)를 얻을 것이다.”

석가모니의 제자가 된 어느 흉악범의 이야기

옛날에 석가모니 생존시에 앙굴리말라(Angulimala)라는 흉악범이 있었습니다. 앙굴리말라는 요즘말로 엽기적인 연쇄살인마였습니다.

그런데 어느 날 그는 석가모니도 살해하려고 하다가 도리어 교화당하는 사건이 벌어졌습니다. 그 결과 앙굴리말라는 석가모니의 제자가 되었습니다.

그런데 앙굴리말라가 길거리에서 다른 비구들과 함께 탁발을 하고 있을 때, 그를 알아본 많은 사람들이 그에게 흙을 뿌리고 돌을 던지며 그에게 상처를 입혔습니다. 이로인해 얼굴과 몸에 피를 흘리고 있는 앙굴리말라에게 석가모니는 이렇게 위로하였다고 합니다.

“성자는 참고 견디지 않으면 안된다. 앙굴리말라여, 참고 견디지 않으면 안된다. 그대는 지금 과거에 범했던 악한 업을 보상하고 있는 것이다.”라고.

---

71) 진화생물학자로 무신론자인 리처드 도킨스(1941-)는 “기독교가 이슬람교보다 더 낫고 더 부드러운 종교로 여겨지는 것처럼, 불교는 종교들 가운데 가장 나은 것이라고 여겨진다. 그러나 지난 생에 저지른 죄 때문에 환생의 사다리에서 좌천된다는 내용의 불교교리는 아주 불쾌하다.”고 쓴 바 있다. 그러나 어떻게 생각해보면, 불교의 윤회사상과 업사상은 생물과학과 유전학적인 언어로 설명이 가능한 이론적인 체계라고 생각한다. 왜냐하면 지구상의 모든 생명체는 우주적이고 지구적인 상호작용의 진화적인 결과물(結果物)이기 때문이다.

이렇게 해서 한때 세상을 공포의 도가니로 만들었던 최악의 흉악범이요, 살인전과자였던 앙굴리말라는 인욕(忍辱)과 열반을 아는 아라한(阿羅漢)이 되고 존자가 되었습니다.72)

좋은 일을 하는데도 사람들이 싫어하는 이유는

그런데 금강경 16장에서 소개하는 사람은 좋은 집안출신들인 선남선녀들입니다. 그런데 이러한 사람들도 세상사람들로부터 경멸받고 천대받는 경우가 있는데, 이것은 왜 그런가 하고 묻는 것입니다.

이에 대해 석가모니는 "금강경을 수지독송하며 남에게 금강경을 알리는 일을 하고 있는 사람인데도 만약 속인들에게 경천(輕賤)을 당한다면, 이 사람은 전생에 지은 죄업으로 마땅히 나쁜 곳에 타락할 것이지만, 지금 세상사람들의 경멸과 천대를 받음으로써 전생에 지은 죄업을 소멸하여 가장 높은 깨달음을 얻을 것이다."라고 말하고 있습니다.

이 말씀은 석가모니가 앙굴리말라에게 한 말과 똑같은 의미의 말입니다.

불교의 인욕바라밀은 반야바라밀로 이해해야 한다

그러나 이 인욕바라밀(인욕의 완성)은 대인관계상 실천덕목으로는 합리적인 설명이지만, 반야바라밀(지혜의 완성)이라는

---

72) 앙굴리말라에 대해 더 알고 싶은 독자는 《명상수행의 바다(맛지마니까야)》 전재성 역본 382-396쪽까지 참조하시기 바람.

관점에서는 문제가 있다고 생각합니다.

왜냐하면 위의 말은 "고행을 통해서 전생의 모든 악한 업장 (Karmic Obscurations)을 소멸시키고, 새로운 악을 짓지 않는다면, 내생에는 청정하게 될 것이다."라는 자이나교(Jainism)의 가르침과 같은 것이기 때문입니다.73)

석가모니는 윤회론자(輪廻論者, 再生論者)인가? 석가모니는 전생의 업(業)이 이생과 내생을 지배한다는 인과응보론자(因果應報論者)인가? 나는 아니라고 생각합니다.74)

이제 나는 석가모니 부처의 까마득한 후손으로서 〈금강경의 경멸천시론〉에 대해 제'멋'대로 말해보기로 합니다.

경멸천대도 누가 무엇을 경멸하고 천대하는가에 따라 이야기가 전연 다른 방향으로 나아갈 수도 있다

경멸하고 천대하는 것은 동등한 수준의 사람들 사이에서는 생기지 않습니다.

---

73) 자이나교(Jainism)에 대한 개론적인 지식 정보는 라다크리슈난의 인도철학사 제6장을 참고하시기 바람.

74) 옛중국 후한나라(25-220)의 왕충(27-97)은 《논형(命義)》에서 다음과 같이 묻고 있다. "조명(遭命)이란 자기는 선행(善行)을 하지만 외부로부터 재화(災禍)를 만나는 것이다. 그런데 안연과 백우같은 사람들은 어째서 재화(災禍)를 당했는가? 안연과 백우는 선행(善行)을 한 사람이다. 고로 이들은 마땅히 수명(隨命)을 얻었어야 하며, 그 선행(善行)의 보상으로 행복했어야 했다. 그런데 어째서 그들은 재화(災禍)를 당했는가? 안연은 자기의 천재성만 믿고 공부를 지나치게 열심히 하다가 그만 죽고 말았다. 그리고 백우는 아무 까닭없이 불치(不治)의 병을 얻었다. 굴월과 오원은 충심(忠心)을 다하여 왕을 보필했고, 신하의 도리를 다했다. 그러나 초나라 왕은 굴원을 귀양 보냈고, 오나라 왕은 오원의 시체를 끄집어내어 불에 태웠다. 이렇게 선행(善行)을 한 사람은 마땅히 수행(隨幸)의 행복을 얻어야 함에도 불구하고 왜 도리어 조명(遭命)의 재화(災禍)를 당했는가?" 이러한 왕충의 의문은 금강경 본문에서 제기되는 의문과 똑같은 것이라고 여겨진다.

그런데 남이나 자기 스승을 경쟁심으로 경멸하고 천대하는 사람은 아주 악질이거나 아주 뛰어나거나 둘 중에 하나인 인간들에게서 일어납니다.

즉, 어떤 경멸과 천대는 쇼펜하우어(1788-1860)가 말하는 〈정신적 귀족〉들로부터도 생길 수 있습니다.

왜냐하면 의식수준이 높은 지성인들은 일반보통인들에게서 경멸하고 천시할만한 사고방식과 가치관과 행위들을 발견해내기 때문입니다.

그러므로 경멸과 천대 그 자체의 현상보다는, 어떤 수준에 있는 누가 무엇을 경멸하고 천시하는가에 따라 이야기가 전혀 다른 방향으로 나아갈 수도 있다고 생각합니다.

중국의 선불교(禪佛教)도 인도의 전통불교 경전을 '악마의 책'이라고 경멸천시하면서 중국인들이 주체적으로 만들어낸 조사선 어록(경전)의 종교다

만약 누가 J.크리슈나무르티(1895-1986) 같은 분을 경멸하고 천시한다면, 그는 J.크리슈나무르티보다 더 뛰어난 지식과 지성과 교양을 갖추고 있어야만 가능할 것입니다. 예를들면, J.크리슈나무르티를 경멸천시(輕蔑賤視)하는 사람은 U.G.크리슈나무르티(1918.7.9-2007.3.22)입니다.

그리고 이런 수준의 경멸과 천시(賤視)는 반야바라밀(우주적이고 인간적인 통찰력의 완성)이 아니고서는 불가능한 일일 것입니다.75)

고타마 싯달타가 큰 깨달음을 체득한 직후에 고민한 이유

그리고 어쩌면 고타마 싯달타가 출가해버린 것도 세속만사(世俗萬事)와 지인관계에 대한 경멸천시(輕蔑賤視)때문인지도 모릅니다.

그리고 고타마 싯달타가 보리수 아래에서 큰 깨달음을 얻은 직후에 "설법을 할 것인가, 말 것인가?"하는 고민의 게송에서도, 오로지 대인관계에서 이해타산으로 똘똘 뭉쳐있는 속인들을 경멸천시하고 있는 석가모니의 생각을 읽을 수 있습니다.

물론, 석가모니의 이 경멸천시는 나중에 연민(憐愍)으로 바뀌게 됩니다.

통찰력은, 꿰뚫어보는 능력이니만큼 사람들에게 불안을 주고, 건방지다는 오해와 저항을 받을만한 요소나 분위기가 있다

이와같이 정신적 귀족들도 하천한 사고방식과 오락잡기에 빠져있는 것으로 시간을 보내는 속인들을 향해 경멸하고 천시할 수도 있는 것입니다.

이 뿐만 아니라, 금강경을 수지독송하며 사람들을 위해 해설하는 일도 좋은 것이기는 하지만, 이 금강경 수지독송위타인해설(受持讀誦爲他人解說)이 한량없는 복덕을 받고 공덕을 쌓는 일이 되기 때문에 행하는 것이라면, 이 또한 마땅히 경멸(輕蔑)받고 천시(賤視)받아야 할 것입니다.

---

75) "정직한 사람은 자신이 모욕받을 것이라고 예상되더라도 과감하게 진실을 말하며, 잘난 체 하는 사람은 타인에게 모욕을 주기 위해서 가차없이 진실을 말한다."

경멸과 천대받는 것을 통해 지혜를 완성(반야바라밀)한다

내 생각은 이렇습니다. 금강경 수지독송하는데도 대인관계에서 경멸과 천시를 받는 사람은 -자기중심적인 생각인 전생의 죄업장 소멸론으로 위로를 삼을 것이 아니라, "대체 경멸하고 천시하는 자는 누구냐? 경멸하고 천시하는 자는 경멸받고 천시받을 만한 점이 없는가?"를 생각하며, 금강경 공부하고 선전하는 사람을 경멸천시하는 사람들을 부끄럽게 해야 할 것입니다.

그리고 남에게 경멸천시를 받을 때에는 자신에게 무슨 반성점이 있는가? 또는 대인관계에 있어서 인간성(人間性)을 깨닫는 계기로 삼아야 할 것입니다.

생각건대, 금강경의 사상인 아뇩다라삼막삼보리(최고의 깨달음)나 반야바라밀(지혜의 완성)을 능동적으로 개진(開進)하거나 방어하는 과정에서 경멸과 천대(모욕)을 당하거나 오해를 받는 것은 차라리 고상한 일이라고 여겨집니다.

그런데 더 어려운 문제는 고난에 강한 예수교인들처럼, 세상으로부터 받는 경멸천시를 도리어 하나님의 은총처럼 생각한다면 그 사람은 구제가 불가능한 사람이라고 여겨집니다.

왜냐하면 대인관계라는 원인과 조건에 의해 생기는 경멸천시를 자기반성의 계기나, 어떤 인간성(Manhood)을 깨닫는 계기로 삼지 않고, 도리어 더 적극적으로 능동적으로 자기신앙이나 신념을 더욱 강화하는 것으로 이해하고 경험한다면, 이것은 어떻게 할 도리가 없는 것(운명적인 정업)이기 때문입니다.

그러나 금강경은 다행히 이러한 사고방식에 머무르지 않고 더 나아가 "사람들의 경멸천시를 신의 은총이 아니라, 어떤 인간성에 대한 큰 깨달음의 계기로 삼거나 부처(깨달은 자)의 본성을 드러내는 계기로 삼아야 한다."고 가르치고 있습니다.

천대하는 자와 천대받는 자와 천대과정의 무아성(無我性; Soullessness)

그러면 큰 깨달음의 계기란 무엇인가? 그것은 인생만사와 대인관계 모두가 수많은 원인과 조건에 의해 생겨나거나 없어지는 것이기 때문에 무아(無我)라는 것을 깨달아서, "경멸천시하는 자도 덧없는 것이요, 경멸천시를 받는 자도 덧없는 것이요, 경멸천시가 이루어지는 과정자체도 덧없는 것이다."라고 이해해야 한다는 것입니다.

모든 것이 무아라는 것을 깨닫고, 그저 여유있게 용납하고 참아라

그러니까, 인생만사와 대인관계라는 원인과 조건에서 발생하는 온갖 문제를 좀 더 근원적인 안목에서 통찰하면서 그냥 참고 넘어가는 것이 좋다는 게 금강경의 본의(本意)가 아닌가 생각합니다.

그래서 금강경 제28장에서 "모든 것이 무아(無我; Anatman)라는 것을 깨닫고, 그저 여유있게 용납하고 참아라(一切法無我 得成於忍)"고 했을까요?

내 생각으로, 대인관계에서 일어나는 경멸천시에 대한 인욕문제에 관해서는 연민(憐憫)이 가장 적절한 치료약이라고 판단됩니다.

이 대인관계에서 발생하는 인욕(忍辱)의 문제에 대해서 좀 더 깨닫고 싶은 분은 산티데바(687-763)의 《보살도(菩薩道; A Guide To The Bodhisattva Way of Life(1997)》이라는 책을 참고해보시기 바랍니다.

금강경 본문

"수보리여, 내가 과거 헤아릴 수 없는 아승지겁을 생각해보면 연등 부처 앞에서 팔백 사천 만 억 나유타의 모든 부처를 만나 모두 공양하고 받들어 모시어서, 헛되이 지나치는 일이 없었다.

하지만 어떤 사람이 훗날에 능히 이 불경을 수지하고 독송한다면, 그가 얻는 공덕은 내가 모든 부처를 공양한 공덕의 백분의 일에도 미치지 못하며, 천억 분의 일 내지 숫자 비유에도 미치지 못하는 것이다.

수보리여, 만약 선남자 선여인이 후세에 이 불경을 수지하고 독송하는 사람이 얻는 공덕에 대해 상세히 말한다면, 혹 어떤 사람은 내 말을 듣고, 마음이 산란하고 의심하여 망설이고 믿지 않을 것이다.

수보리여, 마땅히 알아야 한다. 이 불경의 뜻은 가히 생각할 수 없으며, 또 그 과보도 또한 가히 생각할 수 없는 것이니라."

도행반야경과 금강경의 공덕 보증서

이에 관련해서는 도행반야경(제6권)의 달걀우바이품을 참조해보시기 바랍니다. 여기서 부처는 다음과 같이 말하고 있습니다.

"수보리여, 만약 갠지즈강의 모래알처럼 수가 많은 수명을 가진 어떤 보살이 그동안 수다원과 사다함과 아나함과 아라한과 벽지불과 부처님께 보시한 것을 모두 합하더라도, 이 심오한 반야바라밀(지혜의 완성)을 따르면서 그 가르침과 말씀을 생각하며 하루라도 그대로 실천한다면, 이 공덕이 훨씬 더 큰 것이다."라고.

금강경 제16장은 금강경 매일 수지독송(受持讀誦)하는 사람의 공덕에 대하여 어마어마한 보증을 하고 있습니다.

이것은 금강경 11장에서 15장까지 계속 반복적으로 강조해온 금강경 수지독송과 선전보급의 과보에 관한 보증입니다.

그러나 내 이해력으로는, 대승보살도의 핵심은 무집착(無執着, 無住, 不住, 머무름이 없는 것, 머무르지 않는 것)이라고 생각하는데, 금강경 경전작가는 왜 이토록 자기자신을 선전합니까?

대승불교와 초기불교의 성향과 기질의 차이

나는 이런 식으로 금강경 선전하는 것을 선호하지 않습니다. 이보다는 상응부경전(4,5)과 잡아함경(39,16)에 나오는 다음과 같은 석가모니의 말이 내게 더 적합하게 들립니다.

"비구들이여, 가르침을 전하기 위하여, 수많은 사람들의 이익과 행복을 위하여, 세상을 불쌍하게 여기고, 모든 존재의 이익과 행복을 위하여 떠나라. 그리고 시작도 좋고, 중간도 좋고, 끝도 좋게, 조리와 표현을 갖춘 법(진리, 가르침)을 설하라. 비구들이여, 나 또한 진리를 설하기 위하여 장군촌으로 갈 것이다.”

이 말씀 속에는 “수많은 사람들과 모든 존재의 이익과 행복을 위하여”라는 말만 있지, 누구도 보증할 수 없는 엄청난 양의 무한한 공덕의 과보를 약속하는 허풍장이나 종교사기꾼 같은 말은 없습니다.

그리고 중아함경(옷감에 대한 비유의 경)에 보면 “우정과 연민의 마음과, 타인의 성공과 행복을 기뻐하는 마음과, 평정한 마음으로 동서남북 사방과 팔방과 시방을 가득 채운다.”라는 의미의 말이 있는데 이러한 가르침은, 금강경 한 구절이라도 수지독송하며 선전보급하는 것이 더 무한량의 보상을 받을 수 있다고 주장하는 금강경의 분파적이고 관념적이고 상상적이고 자기견해에 사로잡힌 문장보다 훨씬 더 인생적이고 내면적이고 불교(석가족의 성자가 가르치고 있는 것)다운 가르침이라고 여겨집니다.

이 점에서 우리는 대승불교 애종자(愛宗者)들이 만들어낸 금강경 부처보다는, 실제의 석가모니 가르침을 따르고 배워야 할 것입니다.

금강경과 함께 깨어나기

釋眞悟的金剛經批點談論　下篇

"문제는 아직 아무도 본 적이 없는 것을 보는 것이 아니라, 모든 사람들이 본 것에 대해 아무도 생각해 본 적이 없는 것을 생각하는 것이다."

A.쇼펜하우어(1788-1860)

"오래된 것과 낯익은 것을 새로운 것처럼 보이게 하는 것이 독창적인 두뇌의 특징이다."

F.니체(1844-1900)

"새로운 진리는 사람들을 불편하게 만드는 경향이 있다."

B.러셀(1872-1970)

"얽매이지 않은 정신의 요체는 무엇을 생각하는가에 있지 않고, 어떻게 생각하는가에 있다."

크리스토퍼 하친스(〈신은 위대하지 않다(2007)〉의 저자)

대승불교 보살의 이상과 경지

수보리 존자의 질문

그때 수보리 장로가 스승에게 말했다.

"스승이시여, 보살승(菩薩乘)에 나아간 자는

어떻게 주(住)해야 하며,

어떻게 수행(修行)해야 합니까?

어떻게 마음을 통제(統制)해야 합니까?"

대승불교 반야부 사상가들의 이상과 경지

스승이 대답했다.

"수보리여, 보살승에 나아간 자는 다음과 같이 그 마음을 일
으켜야 한다. 즉, 나는 살아 있는 모든 중생을 영원한 평안이
라는 열반의 세계로 인도하지 않으면 안된다. 라고.

그러나 이와 같이 모든 중생을 열반의 세계로 인도했다 하
더라도, 사실은 어떤 한 중생도 영원한 평안으로 인도된 것은
없다 라고.

대승불교 반야부 사상가들의 사고방식

그것은 왜냐하면 만약 보살에게 영원한 자아에 대한 집착과, 영원한 실존에 대한 집착과, 영원한 생명에 대한 집착과, 영원한 개체성에 대한 집착이 있다면, 그는 보살이라고 말할 수 없기 때문이다. 왜냐하면 보살승에 나아간다고 말할 수 있는 것은 아무것도 존재하지 않기 때문이다.

연등부처와 석가모니의 관계:
석가모니가 연등불로부터 받아들인 법은 아무것도 없다

수보리여, 어떻게 생각하는가? 내가 아뇩다라삼막삼보리(최고의 깨달음)을 연등여래로부터 받았다고 생각하는가?"

수보리 장로가 대답했다.

"스승이시여, 제가 스승의 말씀을 이해하는 바로는 여래가 아뇩다라삼막삼보리(최고의 깨달음)를 연등여래로부터 받은 것은 없다고 생각합니다."

연등부처의 예언과 석가모니의 경지

그러자 스승은 수보리 장로에게 다음과 같이 말했다.

"그렇다. 수보리여, 참으로 그렇다. 나는 아뇩다라삼막삼보리(최고의 깨달음)를 연등여래로부터 받은 것이 없다.

수보리여, 만약 내가 연등여래로부터 아뇩다라삼막삼보리(최고의 깨달음)를 받은 것이 있다면, 연등여래는 나에게 "너는 장차 사람들이 전혀 가지 않았던 길(유례가 없는 길)을 걷는 석가모니 여래가 될 것이다. 라는 예언을 하지 않았을 것이다.

그러나 수보리여, 나는 아눅다라삼막삼보리(최고의 깨달음)를 연등여래로부터 받은 것이 없기 때문에 "너는 사람들이 전혀 다니지 않는 길을 걷는 석가모니 여래가 될 것이다."라고 그는 예언을 한 것이다.

그것은 왜냐하면 여래는 존재의 본성을 표현하기 위해 만들어진 명칭이며, 아직 생겨나지 않은 것을 표현하기 위해 만들어진 명칭이며, 영원히 지속하는 실존은 없다는 것을 표현하기 위해 만들어진 명칭이며, 참된 진리(Real Truth)를 표현하기 위해 만들어진 명칭이기 때문이다.

석가모니는 선배 부처들에게 아무것도 받아들이지 않았다

그런데 수보리여, 만약 누가 "석가모니는 아눅다라삼막삼보리(최고의 깨달음)를 연등여래로부터 받은 것이다."라고 말한다면, 그는 잘못 말한 것이 된다.

수보리여, 그는 진실이 아닌 것에 집착하여 나를 비방한 것이 된다.

왜냐하면 내가 아눅다라삼막삼보리(최고의 깨달음)를 연등여래로부터 받은 것은 전혀 없기 때문이다.

그리고 수보리여, 부처의 설법에는 진실도 허망도 없다. 그렇기 때문에 부처의 설법이다 라고 나는 말하는 것이다.

그리고 일체의 법은 일체의 법이 아니다. 그래서 일체의 법이라고 말하는 것이다.

큰 몸을 비유하는 의미

비유한다면, 수보리여, 어떤 사람이 성장하면서 갖추어진 몸과 큰 몸을 갖고 있는 것과 같다.”

그러자 수보리 장로가 말했다.

“스승이시여, 성장하면서 갖추어진 몸과 큰 몸은 사실은 몸이 아니라고 여래께서 말했습니다. 그렇기 때문에 성장하면서 갖추어진 몸과 큰 몸이라고 말해지는 것입니다.”

대승불교 반야부 경전작가들의 특징적인 사고방식

스승이 말했다.

“수보리여, 그렇다. 만약 보살이 나는 중생을 영원한 평안으로 인도했다고 말한다면 그는 보살이 아니다. 왜냐하면 수보리여 보살이라고 부를만한 그 어떤 법이 있다고 생각하는가?

수보리가 대답했다.

“스승이시여, 보살이라고 부를만한 그 어떤 법은 없습니다.

스승이 말했다.

“수보리여, 중생은 중생이 아니다. 그렇기 때문에 중생이라고 나는 말하는 것이다.

그래서 모든 법은 영원히 자아와 영원한 존재와 영원한 생명과 영원한 개체가 아니다 라고 나는 설하는 것이다.

불국토를 실현한다는 의미

수보리여, 만약 보살이 ‘나는 국토를 장엄하겠다’라고 말했다면, 그는 진실이 아닌 것을 말했다고 할 수 있다.

왜냐하면 국토장엄은 국토장엄이 아니다. 그러므로 국토장엄이라고 나는 말하는 것이다.

보살대사의 의미

수보리여, 보살이 '모든 법은 무아다'라고 확고부동한 마음을 가지고 있을 때, 나는 그를 보살대사라고 부른다.76)

---

76) 지금 필자가 참고대본으로 사용하고 있는 금강경은 범어본(梵語本)입니다. 하지만 구마라집이 번역한 중국 고대 한자로 된 금강경 제17장의 원문도 새롭게 한글현토를 붙여서 여기 각주로 소개해둡니다.

究竟無我分 第 十七 爾時에 須菩提 白佛言하기를 世尊이시여 善男子 善女人이 發阿耨多羅三藐三菩提心일때에는 云何應住이며 云何降伏其心입니까? 佛께서 告須菩提하였다. 若善男子 善女人이 發 阿耨多羅三藐三菩提心者일때에는 當生如是心 해야한다. 我應滅度一切衆生이라고. 그러나 滅度一切衆生已이라고 하더라도 而無有 一衆生도 實滅度者이다. 何以故냐하면 須菩提여 若菩薩이 有 我相 人相 衆生相 壽者相이면 卽非菩薩이기때문이다. 所以者何인가하면 須菩提여 實無有法이므로 發 阿耨多羅三藐三菩提心者이기 때문이다. 須菩提여 於意云何인가? 如來께서 於 燃燈佛所에서 有法 得阿耨多羅三藐三菩提不인가? 不也입니다 世尊이시여. 如我 解佛所說義으로는 佛께서 於燃燈佛所에 無有法 得阿耨多羅三藐三菩提이셨습니다. 佛言하시기를 如是如是이다. 須菩提여 實無有法 如來得 阿耨多羅三藐三菩提이다. 須菩提여 若有法 如來得 阿耨多羅三藐三菩提者이었다면, 燃燈佛께서 卽不與我授 記하시기를 汝於來世에 當得作佛하여 號를 釋迦牟尼라고 하지 않으셨을 것이다 以實無有法으로서 得阿耨多羅三藐三菩提이니 是故로 燃燈佛께서 與我授記하면서 作是言하기를 汝於來世에 當得作佛하여 號를 釋迦牟尼라고 하신 것이다. 何以故 냐하면 如來者는 卽 諸法如義이기 때문이다. 若有人이 言하기를 如來得 阿耨多羅 三藐三菩提라고 한다면, 須菩提여 實無有法 佛得阿耨多羅三藐三菩提이다. 須菩提 여 如來所得阿耨多羅三藐三菩提는 於是中에 無實無虛이다. 是故로 如來께서 說하 시기를 一切法은 皆是佛法이라고하신 것이다. 須菩提여 所言一切法者는 卽非一切 法이니 是故로 名 一切法이다. 須菩提여 譬如人身이 長大함과 같다. 須菩提言하기 를 世尊이시여 如來께서 說하신人身長大는 卽爲非大身이니 是名大身입니다. 須菩 提여 菩薩도 亦如是하여 若作是言하기를 我當滅度無量衆生이라고 한다면 卽不名 菩薩이니 何以故냐하면 須菩提여 實無有法이 名爲菩薩이다. 是故로 佛說一切法은 無我 無人 無衆生 無壽者이다. 須菩提여 若菩薩이 作是言하기를 我當莊嚴佛土라 고 한다면 是不名菩薩이니, 何以故냐하면 如來께서 說하신 莊嚴佛土者는 卽非莊 嚴이니 是名莊嚴이기 때문입니다. 須菩提여 若菩薩이 通達無我法者이라면 如來께

금강경 본문

그때 수보리 장로가 스승에게 말했다.

"스승이시여, 보살승(菩薩乘)[77]에 나아간 자는 어떻게 주(住)해야 합니까? 어떻게 수행(修行)해야 합니까? 어떻게 마음을 통제(統制)해야 합니까?"

수보리 존자의 질문이 예민하지 않은 이유

수보리 존자의 이 질문이 예민하지 않고, 평범합니다.

팔천송반야경에서는[78], 정말 빈틈없고, 세련되고, 멋진 사상과 논리를 구사하던 수보리존자가 금강경에서는 질문이 둔감

서 說하시기를 名眞是菩薩이다.

77) 보살승(菩薩乘)이라는 명칭에 대하여;《소품반야경(제6권)》에서, 지혜제일(智慧第一)인 사리불이 해공제일(解空第一)인 수보리에게 물었다. "오직 보살승(菩薩乘)만이 있다는 말인가?" 그러자 수보리 존자는 "성문승도 있고, 벽지불승도 있고, 보살승도 있지만 이 세 가지가 서로 차별이 있는 것은 아니다. 고로 삼승(三乘)은 일승(一乘)이다." 라고 대답했다.

78) 《팔천송반야경》제1장에서는 석가모니가 수보리 존자에게 "수보리여, 저 보살대사들이 반야바라밀(거대한 통찰력)을 얻는 마음을 어떻게 일으키고, 또 저 보살대사들이 어떻게 반야바라밀(거대한 통찰)로 향하여 들어가는지 그것에 대해 대중들에게 설명해주기를 바란다." 라는 말로 시작되고 있다. 그리고 《팔천송반야경》제2장에서는, 모든 신들의 왕이라고 하는 제석천(Indra)이 수보리 존자에게 "성자 수보리여, 우리들이 이 집회에 나타난 것은 당신으로부터 반야바라밀(거대한 통찰력의 완성)에 관한 법문과 보살대사에 관한 가르침을 듣기 위해서입니다. 성자 수보리여, 보살대사는 어떻게 반야바라밀(거대한 통찰력)에 머물러야 합니까? 그리고 보살대사는 반야바라밀(거대한 통찰력)을 어떻게 배워야 합니까? 그리고 또, 보살대사는 반야바라밀(거대한 통찰력)과 어떻게 합일해야 합니까?" 라고 묻고 있다. 석해탈 편저 《팔천송반야경 제멋대로 읽기》출판시대(1998) 14쪽과 78쪽으로부터.

하고 의도적(意圖的)이고 애종적(愛宗的)이군요.

물론, 수보리 존자의 대승불교 입문적(入門的)이고, 애종적
(愛宗的)인 질문은 금강경 경전작가의 방편적인 설정일 뿐입니
다. 그래서 필자는 이 금강경이 시작되기도 전에 결론을 내어
버리고 싶습니다.

보살은 어떻게 주(住)해야 하는가? 무주(無住)다.

보살은 어떻게 수행(修行)해야 하는가? 무수(無修)다.

보살은 어떻게 마음을 통제(統制)해야 하는가? 무심(無心)이
다. 라고 말함으로서.

그리고 내가 수보리였다면, 나는 부처님께 다음과 같이 물었
을 것입니다.

"어떻게 해야 모든 굴레인 '집착(住), 습관(修行), 통제하는
마음의 지배력(心作用)'으로부터 자유로워질 수 있는가?" 라고.

그리고 내가 부처였다면, 나는 "인식(認識)이야말로 굴레다.
그러므로 이 인식(認識)의 주체자와 인식의 대상과 인식 과정
이라는 문제에 대해서 이야기 해보자"라고 말했을 것입니다.79)

---

79) 거해스님 번역본 법구경(19게송)에 "비록 수많은 경전을 수지 독송할지라도 수행
하지 않으면 마치 남의 목장의 소를 세는 목동과 같나니, 수행자로서의 아무런
이익이 없다." 는 가르침이 있다. 그러나 나는 수행(修行)이라는 말과 그 구체적인
기법들(Practicing Meditation)을 선호(選好)하지 않는다. 왜냐하면 수행은 어쨌거나
고치기 어려운(고정적으로 확립되는) 습관을 형성하는 것이기 때문이다. 그래서
나는 참선수행이든, 요가수행이든, 선도(仙道)수행이든 습관적이고 중독적인 수행
(修行)보다는 부주(不住; 머무르지 않는 것, 의존중독(依存中毒)이 되지 않는 것)를
선호한다. 왜냐하면 부주(不住)는 무집착과 자유로움 그 자체이기 때문이다. 그러
므로 우리는 수행(또는 실천)을 참선이나 요가명상수행에만 국한하는 것으로 이해

바로 이것이 왜 필자가 "수보리 존자의 질문이 예민하지 않고, 의도적(意圖的)이고, 애종적(愛宗的)이다."라고 말하는가에 대한 이유입니다. 그런데 이렇게 금강경 강의를 시작하자마자 끝내버리면 더 이상 할 말이 없게 됩니다.

그러나 나는 지금 금강경(Vajracchedika Prajnaparamita Sutra)을 다시 또 그 전후사정(前後事情)을 철두철미(徹頭徹尾)하게 분석하고 담론하는 자리에 나와 있습니다.

인류는 금강경의 손바닥 안에 있는 것입니까?

아닙니다. 금강경이야말로 우리 인류의 손바닥 안에 있습니다.

생각건대, 우리 인류의 사상은 앞서 가는데, 금강경은 2천년 전부터 제자리에 놓여 있습니다. 그런데 왜 나는 이런 금강경을 이야기하면서, 또다시 정열적으로 반응하면서 동시에 냉철한 지성으로 반응하고 있을까?

왜 나는 금강경의 사상에 나를 동일시(同一視)하면서 동시에 부정적인 논설을 펴고 있을까?

이것은 과연 나의 지적인 허영심 때문일까? 아니면 내가 너무 외로운 탓일까?[80] 아니면 강력한 병정화(丙丁火)가 지배하는 인성격(印性格)과 경금상관용신(庚金傷官用神)을 갖고 있는 내 사주팔자 운명적(Karmic)인 힘의 영향력 탓일까?

해서는 안된다. 나의 관점은 삶 자체가 수행이다. 즉, 자기인생에서 일종의 수행자가 아닌 사람은 단 한 명도 없다는 것이다.

80) 내게 있어서 외로움이란 섹스를 못해서 외로운 것이 아니고, 여러 지성인들의 이해와 동조가 없이 자기 혼자서 가야만 하는 인생이기에 외로운 것이다. 다시말하면 우정과 헌신으로 연대해주는 지인이 없기에 외로운 것이다.

금강경 본문; 수보리의 질문

그때 수보리 장로가 스승에게 말했다.

"스승이시여, 보살승(Bodhisattva-yana)에 나아간 자는

어떻게 주(住)해야 하며,

어떻게 수행(修行)해야 합니까?

어떻게 마음을 통제(統制)해야 합니까?"

머무름과 수행과 통제는 모두 마음의 장소에서 일어나는 것

수보리 존자가 묻는 주(住)와 수행(修行)과 통제(統制)에 관한 문제는, 마음의 머무름(住)과 마음의 수행(修行)과 마음의 통제(制伏)에 관한 질문입니다.

따라서 마음의 머무름과 마음수행(修行)과 마음의 통제 문제는 바로 자신의 주체성(主體性)에서 생기는 여러 문제라고 여겨집니다.

그런데 부처는 말하기를 '주체성은 수많은 원인과 조건에 의해 생겨진 것이므로 무아(無我)'라고 말했습니다.

금강경 본문

보살은 어떻게 마음을 통제(統制)해야 하는가?"

마음의 통제와 진정한 자유에 대하여

통제(統制)란 '통제해서 굴복시킨다'는 뜻입니다. 그래서 통제 대신 제복(制伏)이라고 글자를 사용해도 됩니다. 같은 의미

이니까요. 그러니까 "이 마음을 어떻게 항복해야 하는가?"라는 수보리 존자의 질문은 곧 "마음은 어떻게 통제(統制, 조정)해야 하는가?"라는 물음입니다.

그러나 이 질문을 이해하려면 먼저 "마음이란 무엇인가? 통제란 무엇인가? 그리고 이 마음을 통제해서 어떤 것을 성취하려고 하는가? 그것은 무엇인가?"라는 것에 대한 이해와 깨달음이 있어야 할 것입니다.

그리고 "이 마음을 어떻게 항복해야 하는가?"81)라는 수보리 존자의 질문을 "어떻게 하면 내 마음이 자유로워질 수 있는가?"라고 질문을 다시 바꾸어 본다 하더라도, 이 질문을 진지하게 이해하려면 "나는 무엇인가? 마음이란 무엇인가? 마음을 자유롭게 해서 어떤 것을 얻으려고 하는가?" 하는 것에 대한

---

81) 수행자는 어떻게 그 마음을 항복해야 하는가에 대한 도가의 가르침들
　　"보살은 어떻게 그 마음을 항복(降伏)해야 하는가?"라는 질문에 관련하여 도가(道家)의 《음부경》은 다음과 같이 가르치고 있다. "몸과 마음은 서로 연결되어 있고, 본성과 생명은 서로 따르게 되어 있다. 그러므로 우주의 법칙을 알고, 우주의 운행을 파악하여 몸과 마음을 항복(降伏)하고, 본성과 생명을 보존하여 후천오행(後天五行; 후천적인 부분으로 구성되는 것, 자신이 태어난 후의 정기신(精氣神), 후천적으로 확고하게 굳어진 정신상태, 후천적인 성향과 사고의 습관)에 구속되지 않는다면, 그가 바로 거룩한 사람이다."라고.
　　그리고 또 금강경의 항복기심(降伏其心)에 관련하여 선학도가(仙學道家)에서는 '항복기용호(降伏其龍虎)'를 가르치는데, 이 가르침의 뜻은 '양물(陽物)이 움직이는 것이 마치 용과 같고 호랑이와 같다'는 것이다. 그러니까 이런 강력한 용과 호랑이 같은 혈기(血氣)를 잘 항복(降伏)시키는 것이 수행인 셈이다.
　　내공(內功)의 달인인 류화양 선승(仙僧)은 《혜명경》에서 "신(神)을 단전(丹田)에 모아서 마음과 몸을 항복(통제)한다."고 말했다. 즉, 용(龍)은 하단전(下丹田)의 기(氣)를 의미하고, 호랑이는 상단전(上丹田)의 신(神)을 의미한다. 그리고 이러한 용과 호랑이를 굴복시킨 자는 귀신도 존경하며 추종한다고 한다.
　　그리고 금강경 본문에 나오는 이러한 항복기심(降伏其心)의 경지를 초기불교에서는 누진통(漏盡通; 번뇌를 완전히 소진시켜버리는 능력)이라고 한다.

이해와 깨달음이 있어야 할 것입니다.

가만히 생각해보면, 마음은 자기중심적인 생각과, 어떤 습관적인 사고방식대로 작동되고 나타나는 것입니다.

마음은 자기가 처해있는 환경조건에 대해 즉각적인 반응을 하는 두뇌의 판단에서 생기는 부산물입니다.

다시 말하면, 우리 두뇌의 생각은 곧 언어로 나타나고, 이 언어는 곧 행동으로 나타나고, 행동은 곧 습관이 되고, 습관은 성격을 낳고, 성격은 운명이 되고 만다는 것입니다.

바로 이러한 이유에서 우리는 생각의 통제(조절), 말의 통제(조절), 행동의 통제(조절), 습관의 통제(조절), 성격의 통제(조절)에 관한 필요성을 느낍니다. 그래서 수보리존자도 "마음을 어떻게 통제해야 하는가?" 하고 물었을 것입니다. 그러나 이 마음의 통제문제는 수보리 존자와 석가모니만이 결정권을 가지고 있는 것입니까?

보살에 대한 통제란 보살에 대한 법률과 같은 것입니다. 그렇다면, 수보리 존자와 석가모니는 (더 정확히 말하면, 금강경 경전작가는) 선남선녀들과 보살들의 마음에 어떤 법률을 강제적으로 고정하려고 하는 것입니까? 진정으로 깨달은 자(Buddha)는 그 어떤 법률에도 안주하지 않고, 고집하지 않고, 집착하지 않고 사는 것입니다. 물론 통제나 법률의 일반적인 효능은 질서정연한 안정에 있습니다. 그러나 질서정연한 안정이라는 문제도, 무식단순하게 깔끔한 사람들의 생각처럼 그렇게 단순명료한 문제가 아닙니다. 왜냐하면 깊이 생각해보면 질서정연함

이야말로 무질서요 혼란이요, 안정이야말로 불안정한 것이기 때문입니다.

금강경 본문

"보살은 어떻게 수행(修行)해야 하는가?"

모든 불교 수행방법은 인도 요가수행방법에서 나온 것이다

불교의 수행방법은 초기불교든, 부파불교든, 대승불교든, 선불교든, 탄트라불교든 모두 인도 요가수행 방법을 그대로 수용하거나 변형시킨 것입니다.

반야불교의 수행의 의미

그러나 제가 이해하는 반야불교(般若佛敎)의 수행론(修行論)은 육바라밀(六波羅蜜)을 뜻합니다. 즉, 인색한 사람은 베푸는 사람이 되기 위해 수행하고, 방탕한 사람은 절제하는 사람이 되기 위해 수행하고, 성질이 급한 사람은 인내심이 많은 사람이 되기 위해 수행하고, 게으른 사람은 부지런히 노력하는 사람이 되기 위해 수행하고, 불안한 사람은 안정적인 사람이 되기 위해 수행하고, 우둔한 사람은 슬기로운 사람이 되기 위해 수행해야 한다는 것입니다.

그러나 이러한 수행론(修行論)도 고정되어 있는 것은 아닙니다. 왜냐하면 베품이 심하면 낭비하는 사람이 되고, 절제가 지나치면 속이 좁아지고, 인욕이 지나치면 병신이 되고, 노력이 지나치면 탈진이 되고, 안정감이 지나치면 이기적이 되고, 지혜가 너무 날카로우면 고독하게 되기 때문입니다.

그러니까 언제나 올바른 가르침은 균형적인 중도(中道; The Middle Way)일 것입니다. 이렇게 볼 때, 수행문제는 자기 습관의 개선이나 어떤 부정적인 습관으로부터 자유를 의미하는 것이라고 생각할 수 있습니다.

그렇다면, 과연 우리는 어느 곳에서 어떻게 순간순간 끊임없이 제 모습을 똑바로 쳐다보며 사는 사람들입니까?

그리고 이 쳐다보는 자기와 쳐다 뵘을 당하는 자기를 어떻게 제 안에서 하나로 통합하는 사람들입니까?

물론, 이렇게 관찰자와 관찰대상이 하나로 통합되었다 하더라도 그것은 토끼의 뿔이요, 거북이의 털이요, 허공의 꽃일 뿐입니다.

금강경 본문

"보살은 어떻게 주(住)해야 하는가?"

머문다는 의미에 대하여

태양도 우주에 머무르고 있는 것(住)이요, 달도 우주에 머무르고 있는 것(住)이요, 지구도 우주에 머무르고 있는 것(住)입니다. 그리고 박테리아 같은 우리도 이 세상에 거주(住)하고 있습니다. 그런데 이렇게 거주(住)하는 우리들에게 수보리와 부처는 무슨 욕망의 조건을 제시하는 것입니까? 이 욕망이 설사 가장 고상하고 이상적인 것('慈悲喜捨')일지라도 그것은 우리를 제약하고 한정짓는 조건화(Conditioning)일 뿐입니다.

금강경 본문

"그때 수보리 장로는 스승에게 말했다."

금강경 한 구절에 대한 나의 성찰명상

"수보리 존자가 석가모니에게 말했다"면, 나는 누구에게 말할까? "수보리 존자에게는 석가모니가 있었다"면, 나에게는 누가 있는가?

쓸쓸하고 외롭습니다.[82] 그러나 정말 쓸쓸하고 외로운 것은 사람이 아니라 태양과 달과 지구입니다.

그러므로 이 태양과 달과 지구의 아들답게 나는 자문자답하며, 또 다른 나를 향해 스스로 후퇴함으로써 나아가고자 합니다.

---

[82] 상응부 경전(6,2) 잡아함경(44,21)에서, 석가모니 부처는 보리수 밑에서 큰 깨달음을 성취한 직후에 고요히 지내면서 다음과 같이 생각했다고 한다. "참으로, 존경할 것도 없고, 공경할 것도 없는 생활이란 괴롭다. 나는 어떤 사문이나 어떤 바라문을 공경하고 존중하며 살아야 되는 것일까?"

이에 대해 마스다니 후미오(1902-?)는《아함경 이야기》에서 다음과 같이 해설하고 있다. "사람은 이 세상에서 혼자 살아가지는 못한다. 물질적인 면에서도 그렇고, 정신적인 면에서도 마찬가지다. 사랑과 연민과 공명과 이해, 이런 것들이 없다면 이 세상은 사막처럼 쓸쓸하고 적막해지고 말 것이다. 문학이니 예술이니 사상이니 하는 것도 혼자라면 처음부터 존재할 필요가 없어진다. 비록 어떤 기막힌 사상이 어떤 사람의 머리속에 떠올랐다고 해도, 그것이 남에게 표현되고 전달되고 이해되지 않는다면, 필경 그것은 무(無)와 같은 것이 될 수밖에 없을 것이다. 아니, 그것이 표현에 의해 객관화됨으로써, 누군가에게 이해될 때, 비로소 사상이 생겨나는 것인지도 모른다. 왜냐하면 인간과 인간의 세계는 그렇게 되어있는 까닭이다."

금강경 본문; 수보리 존자의 질문

"스승이시여, 보살승에 나아간 자는 어떻게 살아야 합니까? 어떻게 실천해야 합니까? 어떻게 이 마음을 다루어야 합니까?"

금강경 경전작가에게 묻는다

"어떻게 살아야 하는가?"라고 묻기 이전에 나는 이미 살아가고 있습니다. 저주처럼 은총처럼, 순진하게 교활하게, 기쁘게 슬프게, 노동처럼 휴식처럼, 나는 이미 어떻게 어떻게 살아가고 있습니다.

그리고 나는 이 삶 하나로도 숨이 찬데 또 다시 어떤 삶을 나에게 부담하려고 합니까?

어떤 고상하고 이상적인 욕망으로 나의 삶을 한정짓고 왜곡하려고 합니까?

이 금강경 경전작가는 얼마나 많은 우정과 연민의 마음으로 중생구제를 실천한 분이었습니까?

그저 나처럼 고요한 절간에서 《팔천송반야경》 이외 여러 책들을 참조하며 이 금강반야경을 한 권 만들어 냄으로써 보살의 자비심과 중생구제는 실천되고 완성된 것이라고 할 수 있겠습니까?

이 냉정한 자본주의 상업사회에서 고독과 소외와 상처와 두려움과 불안과 우울한 무명(無明)속에서 허덕이는 사람에 대해 금강경 경전작가가 할 수 있는 일이란 무엇입니까?

과연 석가모니와 수보리의 뜻있는 대화를 만들어내기만 하면 만사 걱정 끝이며, 임무완료입니까?

　대체 그는 자기 삶에서 어떤 실천을 하는 사람이며, 대체 자기 삶에서 무슨 마음을 어떻게 훈련했던 사람이었습니까?

금강경 본문

"스승께서 말했다."

금강경은 부처의 직설이 아니라 대승불교 경전작가가 창작해낸 말이다

　하지만 "스승께서 말했다."라는 말은 "석가모니의 말"일 수도 있고, 아닐 수도 있습니다. 왜냐하면 금강경 경전작가는 지금 석가모니의 권위있는 이름을 내세워 자기의 신념을 주장하고 있기 때문입니다.

　여기서 신념이란 "나는 대승불교의 보살비구다."라는 대승불교 반야부 경전작가들의 자부심과 자기애(自己愛)를 뜻합니다.

　그러나 불교에 대한 나의 신념은 신념에도 집착하지 않고, 안주(安住)하지 않는 신념입니다. 왜냐하면 모든 것은 가정(假定)이며, 내 신념조차도 하나의 가정(假定)일 뿐이기 때문입니다.

대승불교 보살들의 이상

　"수보리여, 보살승에 나아간 자는 다음과 같이 그 마음을 일으켜야 한다. 즉, 나는 살아 있는 모든 중생을 영원한 평안이라는 열반의 세계로 인도하지 않으면 안된다. 라고."[83]

---

83) 《소품반야경 제6권, 대여품(大如品)》과 대조해보시기 바란다. 《소품반야경(제6

대승불교의 중생구제론에 대하여

하지만, 인간구제도 육체와 물질로 한정된 것입니다. 그래서 모든 생명체(즉, 태양의 병화(丙火)인 양기(陽氣)의 흐름을 분산시키는 전도체(傳導體)들)의 완전한 구제를 주장하는 것은 망상입니다.

석가모니는 그 대단한 깨달음을 얻고 난 직후 다음과 같은 고민을 했다고 합니다.

"내가 많은 고생을 하면서 어렵게 체득한 깨달음을 어떻게 말할 수가 있을까? 사람들은 탐욕과 시기질투와 신경질적인 분노에 찌들어 있는데, 어떻게 이 진리를 쉽게 알 수 있다는 말인가? 내가 체득한 진리는 이 세상의 흐름에 반대로 가는 것(逆行)이며, 지극히 미묘하고 심오하여 이해하기 어려운 것인데, 어떻게 욕심에 가득차서 집착에 빠져있는 자들이 알 수 있겠는가?"

바로 이것이 왜 필자가 "인간구제는 육체와 물질로 한정되어 있는 것이다. 그래서 산중에 사는 승려가 할 수 있는 국가와 국민구제는 없다." 라고 말하는가 하는 이유입니다.

그러므로 금강경 경전작가가 석가모니를 이용하여 '중생구제론'을 주장하는 것은 허위의식의 교활한 방법일 뿐입니다. 만약 석가모니가 실제로 '고통받는 백성, 민중, 국민, 민족에 대

권)》에서 석가모니는 다음과 같이 말했다: "수보리여, 결코 후퇴하지 않는 경지에 있는 보살은 경전을 독송하면서 마음속으로 다음과 같이 생각한다. '나는 모든 사람들이 안락함을 얻을 수 있도록 반드시 진리를 설할 것이다. 이와같이 설법을 보시함으로써 모든 사람들의 소원이 이루어지기를 바라며, 모든 사람들이 함께 나누기를 바란다.'라고."

한 정치경제적 구제와 해방'의 의무(dharma, 법)를 주장했다면, 석가모니 또한 티베트 달라이 라마처럼 분명히 정치적 성자일 뿐입니다.

만약 내가 석가모니였다면, 나는 금강경을 만들어낸 경전작가에게 어떤 말을 했을까?

나의 말은 간단합니다:

삶에서 〈어떻게〉에 집착하지 마라.

실천에서 〈어떻게〉에 집착하지 마라.

마음을 다룰 때에 〈어떻게〉에 집착하지 마라.

왜냐하면 그 〈어떻게〉 때문에 사람들은 상승하기도 하지만 동시에 하강하기도 하기 때문이다.

그러므로 나는 식물처럼 동물처럼, 자연계의 온갖 존재와 현상처럼 그렇게 살고 있습니다. 그런데 금강경 경전작가는 또 다시 무슨 짐을 만들어서 나를 이토록 괴롭게 합니까? 왜 내게 고귀한 이상적인 삶의 조건이나 규칙들을 만들어 거기에 내 삶을 제한하며 조정하려고 합니까?

금강경 본문; 대승불교 보살들의 이상과 경지

"수보리여, 보살승에 나아간 자는 다음과 같이 그 마음을 일으켜야 한다. 즉, 나는 살아 있는 모든 중생을 영원한 평안이라는 열반의 세계로 인도하지 않으면 안 된다. 그러나 이와 같이 모든 중생을 열반의 세계로 인도했다 하더라도, 사실은 한 중생도 영원한 평안으로 인도된 것은 없다84) 라고."

이렇게 "수많은 중생을 열반으로 인도하여 구제했다하더라도 한 중생도 열반으로 인도하여 구제한 중생은 없다."고 말하면서, 왜 그는 중생구제자와 구제방법과 구제된 자에 대해 언급을 합니까?

"경험과 경험하는 자는 모두 토끼의 강력한 뿔이다"

대품반야경(제13권 문지품 제45)에도 다음과 같은 가르침이 있습니다. "모든 보살대사는 최상의 깨달음을 구하는 마음으로 수많은 중생('백성, 민중, 국민')을 안온하게 하고, 행복하게 하며 그들의 생활에 이익이 있게 하라. 보살대사는 항상 베풀고, 사랑의 언어를 사용하며, 상대방이 이익이 되게 하고, 함께 일을 하며 그들을 포섭해야 한다."라고.

하지만, 내가 부모의 충동적인 교접으로 이 세상에 태어났다는 그 이유 하나만으로, 나는 왜 중생 구제자 또는 구제되어야만 하는 중생('백성, 민중, 국민')이 되어야만 합니까?

이 생에 살아있다는 이유 하나만으로, 나는 왜 이 생을 (이미 죽어 형체도 없는)석가모니의 사상의 실천방법으로 삼아야 합니까? 석가모니만 인생이고 나는 인생이 아닙니까?

오! 구제된 자여! 누가 구제된 자입니까?

---

84) 금강경 제25장과 본 구절을 대조해보시기 바란다; "수보리여 어떻게 생각하는가? '중생들은 나에 의해 해방되었다'고 하는 관념이 나에게 있다고 생각하는가? 그러나 수보리여, 참으로 이와 같이 생각해서는 안 된다. 왜냐하면 내가 해방시켰다고 하는 그러한 중생은 없기 때문이다. 수보리여, 만일 내가 해방시켰다 라고 하는 중생이 있다면 그것은 영원한 자아의 집착과, 영원한 생명에 대한 집착과, 영원한 개체성에 대한 집착, 영원한 인간에 대한 집착이 될 것이다."

그리고 우리는 타인이 어떻게 구제된 자임을 어떻게 알 수 있습니까?

그리고 만약 구제된 자가 나자신이라면 나에게 있어서 구제됨이란 정말 무엇입니까?

단순무식하게 깔끔한 자들은 구제하는 자와 구제된 과정과 구제된 자들에 대하여 분명하고 확실하게 말할 수 있을 것입니다.

그러나 나는 복잡한 사상가로서 이 문제를 간단명료한 문제로 보지 않습니다. 오! 가엾은 나의 분석적 비판적 창조적 정신이여! 너는 나의 슬픈 운명('假傷官格')이로구나...

나는 또 다음과 같이 분석하고 비판합니다;

인도하는 자와 인도당하는 자는 누구입니까? 이러한 관계는 과연 진리입니까? 우리는 왜 인도합니까? 그것은 연민과 우정의 가면을 쓴 욕망 때문입니다. 우리는 왜 인도당합니까? 그것은 삶이 불안하고 절망적으로 두렵기 때문입니다.

그러나 인도당하는 자는 더 큰 불안감과 절망감과 공포감에 직면하게 될 것입니다. 아니면 정말 바보가 되거나.

그런데 무엇이 구제란 말입니까? 내가 볼 때 구제는 정말 구제가 아닙니다. 그러면 나는 무엇을 진정한 구제라고 생각하는가? 그것은 우리들 마음의 자유라고 생각합니다.

금강경 본문; 대승불교 반야부 사상가들의 사고방식

"그것은 왜냐하면 만약 보살에게 영원한 자아에 대한 집착과, 영원한 실존에 대한 관념과, 영원한 생명에 대한 집착과,

영원한 개체성에 대한 집착이 있다면, 그는 보살이라고 말할 수 없기 때문이다. 왜냐하면 보살승에 나아간다고 말할 수 있는 것은 아무것도 존재하지 않기 때문이다."

보살의 마음이 무아(無我)로 텅 비어있다면 무슨 짓을 해도 괜찮다는 말인가

무슨 짓을 해도 집착하는 마음과 관념과 생각만 없다면 그게 바로 보살이라고? 만약 상류층 귀족이나 독재권력자의 지위에 있는 자가 이러한 가르침에 접했다면 그는 분명히 홀가분한 자유로움을 느낄 수 있을 것입니다. 왜냐하면 이들은 온갖 종류의 죄의식으로부터 걸림이 없는 면죄부를 받은 셈이 되기 때문입니다.

나는 전체적인 삶의 길을 가는 자이다

그래서 나는 역설적인 모순어법(矛盾語法)으로 말하고 싶습니다. 즉 "나는 보살대사라는 아상과 자부심과 선민의식(選民意識)이 있다." "나는 욕망이요, 집착이다."라는 사실을 있는 그대로 인정하고, 그리고 이러한 사실과 정직함으로 중생구제(백성, 민중, 국민의 정치경제적인 구원)의 문제를 다루어 나아가는 것이 차라리 떳떳할 수도 있다고 생각합니다.

이러한 경지를 불가에서는 '속제(俗諦)'라고 했고, 노자는 '화광동진(和光同塵)'이라고 했고, 신선도가(神仙道家)에서는 '혼속화광(混俗和光)'이라고 합니다.

나는 승속통합지도자(僧俗統合之道者; 전체적인 삶의 길을 가는 자)라고 말합니다. 그러나 나의 내면적인 경지는 '비승비속(非僧非俗)이요, 부승부속(不僧不俗)이요, 승속부주(僧俗不住)'입니다. 즉 나는 성직자이면서 성직자가 아니요, 승속(僧俗)이면서 승속(僧俗)이 아니라는 것입니다. 그리고 이러한 경지는 보통 시중산중(市中山中)에서 막행막식(莫行莫食)하는 혼탁한 승속(濁僧濁俗)들이나 잡배(雜輩)들과는 다른 이야기라는 것을 독자는 분별할 줄도 아셔야 할 것입니다.85) 왜냐하면 비승비속(非僧非俗)과 승속부주(僧俗不住)의 경지는 '자기부정(自己否定)'이며 '자기초월(自己超越)'이기 때문입니다.

금강경 본문

"수보리여, 어떻게 생각하는가?"

금강경 한 구절에 대한 나의 통찰명상

석가모니 부처는 "수보리여, 자네는 어떻게 생각하는가?"라고 말했지만, 생각은 〈어떻게〉 하는 것인가? 그 어떤 생각도 실제상황은 아닙니다. 관념의 부산물일 뿐이기 때문입니다.

예를들어 만약 어떤 사람이 맹수와 살인마 앞에서 생명을 빼앗길 실제상황에서는 〈어떻게〉라는 생각이 없습니다. 만약

---

85) 대승불교에서는 깨달음 이후의 지혜나 삶을 불교용어로 '후득지(後得智)'라고 한다. 후득지(後得智)란 깨달음의 회향(回向)과 시설(施設)에 관한 지혜이다. 예를 든다면, 세상의 대인관계를 연민과 우정의 마음으로 어질게 처신하는 것이다.

맹수와 살인마 앞에서도 정신을 잃지 않았다면, 평소에 〈어떻게〉생각하는 두뇌의 작용도 온 몸과 맘의 힘을 다해 즉각적으로 반응하게 됩니다.

"자네는 어떻게 생각하는가?"라고 석가모니는 수보리 존자에게 말했습니다.

그러나 나는 이렇게 말하고 싶습니다: "아무것도 생각하지 마라. 왜냐하면 생각하지 않는 것(無想)이야말로 진정한 생각이기때문이다."

그리고 우리 인간은 아무리 생각해본다 하더라도 생각하는 자기자신을 넘어설 수 없습니다. 왜냐하면 생각의 궁극적인 목적은 오로지 자기생존 유지와 확장일 뿐이기 때문입니다. 그런데 왜 석가모니는 수보리를 향해 "자네는 어떻게 생각하는가?"라고 묻습니까?

금강경 본문; 연등여래로부터 받아들인 법은 아무것도 없다

"수보리여, 어떻게 생각하는가? 내가 아뇩다라삼막삼토리(최고의 깨달음)를 연등여래로부터 받았다고 생각하는가?"

수보리 장로가 대답했다.

"스승이시여, 제가 스승의 말씀을 이해한 바에 의하던 여래가 아뇩다라삼막삼보리를 연등여래로부터 받은 것은 없다고 생각합니다."

"그렇다. 수보리여, 그렇다."

금강경 및 대승불교 반야경 경전작가들의 생각의 한계

깨달음의 역설적인 모순어법(矛盾語法)으로 말한다면, 석가모니는 연등여래의 제자가 아니라 도리어 연등여래가 석가모니의 제자였다고 보여집니다. 연등여래(Dipankara)는 석가모니 이전에 있었던 과거 24명의 부처중에서 한 명입니다. 그런데 왜 금강경 경전작가는 (금강경만 아니라 대승불교 반야부 경전작들은) 왜 연등여래와 석가모니의 관계를 설정했는가? 그 이유와 목적과 동기는 무엇인가? 그것은 한마디로 이 반야경전들을 전통과 권위가 있는 것으로 전파하기 위한 것입니다. 그리고 바로 이것이야말로 반야경 경전작가들의 인위적(人爲的)인 생각입니다.

하지만 왜 진리를 설교하고 선전하는 데에 있어서 전통과 권위가 필요합니까? 과연 전통적이며 권위적인 것만 올바르고 진정한 진리입니까? 바로 이것이야말로 금강경 (또는 대승불교의 모든 경전들을 지은) 경전작가의 생각의 한계입니다.

유례가 없는 독보적인 부처(깨달은 자)의 세계

《나선비구경》에서 메난드로스왕은 나가세나에게 "나가세나 존자여, 석가모니도 구족계(승려로서 갖추어야 할 계율)를 받았는가?"라고 물었습니다. 그러자 나가세나는 "석가모니도 구족계(승려로서 갖추어야 할 계율)를 받았다"고 대답했습니다.

그러자 메난드로스왕은 매우 놀라는 표정으로 다음과 같이 말했습니다. "석가모니도 구족계(승려로서 갖추어야 할 계율)를 받았다고요? 그렇다면, 석가모니(624-544.B.C.E)는 누구에게 구족계를 받았는가? 석가모니의 스승은 누구인가? 그 사실을 정말 증명할 수 있는가? 그 말이 사실이라면, 석가모니가 구족계를 받을 때에 그 자리에 있었던 화상 아사리 갈마 아사리 교수 아사리는 누구였는가?”

그러자 나가세나는 다음과 같이 말했습니다.

“메난드로스 대왕이시여, 석가모니는 스승이 없습니다. 석가모니는 보리수 아래에서 홀로 모든 지혜를 터득하고 스스로 구족계(승려로서 갖추어야 할 계율)를 받으신 것입니다.”

젊은 석가모니의 호연지기

그리고 석가모니는 한창 젊었을 때에는 다음과 같은 선언을 하기도 했습니다.

“나는 모든 것을 이긴 자요, 모든 것을 다 알고 있는 사람이다. 나는 모든 번뇌로부터 자유롭고, 모든 굴레에서 벗어났다. 내 스스로 욕망을 파괴하여 해탈을 얻었고, 가장 높은 지혜를 성취하였다.

그런데 이러한 내가 누구를 스승으로 삼을 수 있겠는가? 나에게는 스승이 없고, 하늘과 땅 아래에서도 나와 견줄 자가 없다. 나는 이 세상의 성자요, 가장 고귀한 스승이며, 진리를 깨달은 부처다.

나는 모든 감정으로부터 고요함을 얻었고, 나 홀로 열반을 증득하였다.

그래서 이제 나는 진리의 왕국을 세우기 위해 베나레스의 카시로 간다. 저 어둠의 세계 속에서 영원히 퍼져나갈 북소리를 울리겠다."86)

깨달은 자의 보편성과 특수성

이와같이 석가모니는 외부의 누구에게 완벽한 우주적인 깨달음을 얻은 것이 아닙니다.

석가모니의 지혜는 왕의 지혜이며, 천재적인 성자의 지혜로서, 이 지혜의 길은 생명진화사에서 인류가 탄생했을 때부터 진화해 온 지혜요, 인류가 멸망할 때까지 있을 지혜입니다.

그러나 나는 다음과 같이 말하고 싶습니다.

석가모니 탄생이전에도 '원인과 조건에 의해 생성하고 소멸하는 법칙과 현상'은 있었고, 석가모니 사망이후에도 이 법칙은 있는 것입니다. 이렇게 진리는 어느 누구의 특별한 소유물이 아닙니다.

그리고 깨달음은 깨닫는 자의 마음에서 생기는 것이요, 무지함은 무지한 자의 마음에서 유지되는 것입니다. 이 모든 것이 마음의 작용입니다.

그런데 왜 금강경 경전작가는 석가모니의 깨달음만을 특화(特化)하고 의미화(意味化)하고 자랑합니까?

---

86) 지두 크리슈나무르티(1895-1986)는 석가모니의 이 선언을 읽고 '큰 충격'을 받았다고 한다.

금강경 본문; 석가모니는 선배 부처들에게 아무것도 받아들이지 않았다

그러자 스승은 수보리 장로에게 다음과 같이 말했다.

"그렇다. 수보리여, 참으로 그렇다. 나는 아뇩다라삼막삼보리 (최고의 깨달음)를 연등여래로부터 받은 것이 없다."87)

아뇩다라삼막삼보리(가장 높은 지성의 완벽한 깨달음)도 가설일 뿐이다

더 이상 높은 것이 없는, 가장 높은, 가장 완벽한 깨달음기라고 하는 그런 것(정해진 법)이 어디에 있습니까?

금강경 또는 수많은 대승불교 반야경 경전작가들은 왜 최고의 특별한 깨달음을 만들어 내고 있는 것입니까?

이 깨달음의 특권화(特權化)와 깨달음의 소유권(독점의식) 때문에 오늘날 불교는 집단적인 조직단체가 되고, 특별한 전통이 되고 권위가 된 것입니다.

그래서 나는 다음과 같이 말합니다.

"아뇩다라삼막삼보리(阿耨多羅三藐三菩提) 즉 최고의 깨달음이라고 정해진 진리는 존재하지 않는다."라고.

즉, 궁극적인 정보로서의 보리(菩提; Full Enlightnment)는 지천에 널려 있고 (결코 고귀한 것이 아니며), 누구나 이용 가능

---

87) 왜냐하면 아뇩다라삼막삼보리(가장 완벽한 깨달음의 지성, 가장 보편적이고 특수한 깨달음 전체)는 물질적인 존재이거나 감각적인 인식이 아니기 때문이다. 아뇩다라삼막삼보리(최고의 깨달음)는 어떤 서류나 돈 같은 것이 아니다. 다뇩다라삼막삼보리(최고의 깨달음)는 의지 (통제하고 간섭하는 의지적인 작용)가 아니다. 아뇩다라삼막삼보리(최고의 깨달음)는 생각 (어떤 경험에 대한 기억의 반응)이 아니다. 아뇩다라삼막삼보리(최고의 깨달음)는 기억 (과거의 경험에 의해 제한적이고 조건화된 관념의 기계적인 앎)이 아니다.

한 것입니다. (진리는 소유가 아닙니다.)

이렇게 이해와 각성(覺醒)을 의미하는 보리(菩提; Bodhi)는 정말 아무것도 아닙니다. 왜냐하면 명칭이 보리(菩提)일 뿐이기때문입니다. 그리고 이 명칭(naming)조차도 가명(假名)이요, 가설(假設)일 뿐입니다.

그런데 왜 금강경 창작자는 아뇩다라삼막삼보리(가장 보편적이고 특수한 고귀한 깨달음, 또는 깨달은 자의 가장 완벽한 지혜) 라는 깨달음을 만들어 내고 있습니까?

가장 완벽한 것이 가장 결핍된 것이다

대승불교 추종자들은 입을 닫아야 합니다. 왜냐하면 당신들 때문에 석가모니의 단순명쾌한 사상은 혼란이 더 가중되고 있기때문입니다.

가장 높고 완벽한 것을 선택한 자는 가장 낮고 결핍된 것을 선택한 것입니다. 가장 평등한 것은 가장 차별하는 것입니다. 가장 올바른 것은 가장 틀린 것입니다. 왜냐하면 깨달음은 깨달음이 아니요, 그 명칭이 깨달음이기 때문입니다. 그리고 이 깨달음의 명칭(지칭(指稱))조차도 가명(假名)이요, 가설(假設)일 뿐입니다.

스승과 제자의 존재의 의미에 대하여

스승은 질문하고 제자는 대답합니다. 왜 스승은 질문하겠습니까? 그것은 가르치기 위해서입니다. 또는 점검하기 위해서.

그리고 왜 제자는 응답해야 합니까? 스승의 밈(meme)을 충실하게 복제하기 위해서. (시험과 점검을 받음으로써) 스승의 가르침에 더욱 충실해지기 위해서.

그러나 이러한 스승과 제자들 때문에 세상은 온갖 종류의 종교로 번성하고 차별되고 투쟁하고 반목하게 된 것입니다.

아는 자는 어떤 최고의 깨달음이나 진실을 듣는 순간 즉시 그로부터 도망간다

그러므로 아는 자(Knower)는 어떤 최고의 깨달음이나 진실을 듣는 순간 즉시 그로부터 도망가야 합니다. 그가 신이든 스승이든, 가장 고귀한 그 무엇이었든지 간에.

왜냐하면 아뇩다라삼막삼보리(최상의 깨달음)야말로 정말 커다란 굴레이기때문입니다. 참으로 자유로운 정신세계는 굴레 밖에 있습니다.

내 경험에 의하면, 아뇩다라삼막삼보리(최상의 깨달음)에 유혹되고 아뇩다라삼막삼보리(가장 고귀한 깨달음)에 걸려들면 약도 없는 병에 걸리게 됩니다.

그런데 왜 금강경 부처는 "아뇩다라삼막삼보리(無上菩提)라고 하는 법은 존재하지 않는다."라고 말하면서 동시에 아뇩다라삼막삼보리(최상의 깨달음)를 이토록 강조합니까?

이런 식의 논리란 세뇌의 방법 중에서 가장 집요하고 깊이 세뇌시키는 방법이라는 것을, 나는 잘 알고 있습니다.

금강경 본문; 연등부처와 예언과 석가모니의 경지

"수보리여, 만약 내가 연등여래로부터 아뇩다라삼막삼보리를 받은 것이 있다면, 연등여래는 나에게 "너는 장차 사람들이 전혀 가지 않았던 길을 걷는 석가모니 여래가 될 것이다."라는 예언을 하지 않았을 것이다.

그러나 수보리여, 나는 아뇩다라삼막삼보리를 연등여래로부터 받은 것이 없기 때문에 "너는 사람들이 전혀 다니지 않는 길을 걷는 석가모니 여래가 될 것이다."라고 그는 예언을 한 것이다.

그것은 왜냐하면 여래는 존재의 본성을 표현하기 위해 만들어진 명칭이며, 아직 생겨나지 않은 것을 표현하기 위해 만들어진 명칭이며, 영원히 지속하는 실존에 대한 무(無)를 표현하기 위해 만들어진 명칭이며, 참된 진리를 표현하기 위해 만들어진 명칭이기 때문이다."

깨달음의 전통과 권위 만들어내기

금강경 경전작가는 석가모니를 연등여래의 제자로 설정했습니다. 그리고 석가모니에 대한 연등여래의 예언과 인가(認可)를 만들어 냅니다.88) 그리고 나서 이 모든 것을 진공(眞空)으

---

88) 대승불교반야부 경전성립사에서 가장 최초로 만들어진 《팔천송반야경(제2장)》에 다음과 같은 기록이 있다: 『부처가 말했다. 천신들이여, 옛날 전생에 나는 디파바티의 큰 길에서 처음으로 연등여래를 보았다. 나는 그 분 곁에서 반야바라밀(지혜의 완성)을 배우며 한 순간도 방심하지 않았다. 그리고 아뇩다라삼막삼보리(최상의 지혜)를 터득해 있는 연등여래는 나에 대하여 다음과 같은 예언을 하였다. "브라민의 젊은이여, 너는 장차 무수한 시간이 지난 어느날 석가모니라고 불리어지

로 환원합니다. 바로 이것이 대승불교의 색즉시공(色卽是空)이
라는 사고방식입니다.

　그러나 이 색즉시공(色卽是空)은 또 공즉시색(空卽是色)이기
도 합니다. 그런데 금강경 경전작가는 "왜 최고의 진리는 부생
(不生)89)이다."라고 합니까? 인간에게 있어서 최고의 진리란 보
편적(공통적)이면서도 특수한 형태를 모두 깨달음으로 실현하
는 것입니다.

금강경 본문

　연등여래가 말했다. "너는 장차 사람들이 전혀 가지 않았던
길을 걷는 석가모니 여래가 될 것이다."

는 여래, 아라한, 가장 완벽한 우주적인 깨달음을 성취한 자, 지혜와 실천을 겸비
한 사람, 깨달음에 잘 도달한 사람, 세상을 잘 아는 사람, 비교할 수 없을 정도로
뛰어난 스승, 진정한 교육자, 인간과 천신들의 스승, 부처님, 세존이 될 것이다."
라고.』 석해탈 편저 《팔천송반야경 제멋대로 읽기》 출판시대(1998) 112-113쪽으로
부터. 지루가참이 중국어로 번역한 《도행반야경(제2권)》과 담마비와 축불념이 중
국어로 공역한 《마하반야초경(제2권)》과 구마라집이 중국어로 번역한 《소품반야
바라밀경(제2권)》 참조.
　그리고 또 석가모니 부처도 상제보살에게 똑같은 예언을 한 바 있다. "그대는
반드시 미래세상에서 가마가제타파라 여래라고 하는 부처가 될 것이다. 그리고
너의 여인과 오백명의 시녀들도 미래 세상에서 부처가 될 것이다. 너희들은 세세
생생 재능이 뛰어나서 항상 천하의 모든 중생들을 가르칠 것이다."라고. 《도행반
야경(10권)의 담무갈보살품》으로부터.

89) 왜 부생(不生; not born) 또는 무생(無生; no rebirth)이라고 하는가 하면, 최상의 깨
달음인 아뇩다라삼막삼보리(최고의 바른 깨달음)는 물질적인 것, 감각적인 것, 의
식에 형태를 구성하는 구상으로서의 표상이나, 의지작용이나, 인식의 작용을 따라
태어나지 않기 때문이다. 더 자세한 설명은 《소품반야경(제6권)》 대여품을 참조하
시기 바란다. 그런데 중국고전 《열자(천서편)》에 보면 "부생자(不生者)가 능히 생
(生)을 생(生)하고, 불화자(不化者)가 능히 화(化)를 화(化)한다"는 말이 있다. 이 말
은 "생성하지 않는 것(不生)이 능히 만물을 생성하고, 변화하지 않는 것(不化)이 변
하는 만물을 변하게 한다."는 뜻이다. 이 또한 우리가 깊이 성찰해야할 주제이다.

사람들이 전혀 다니지 않는 길에 대하여

저도 이 책의 머리말에서 "이 책은 위험한 생각들이 담겨있는 책이고, 불경해석의 역사상 전례(前例)와 유례(類例)가 없는 금강경 비점담론서(批點談論書)이다. 나는 오래전부터 이 길을 홀로 가고 있다. 하지만 지금은 나 홀로 가는 이 길이 후대에는 수많은 사람들이 가는 길이 될지도 모르겠다."라고 쓴 바 있습니다.

그러나 정직하게 말한다면, 모든 나라의 과거시대에서부터 현대시대에 이르기까지 아무런 조직이 없는 '반역의 성자(예를 들면 헤라클레이토스, 이탁오, U.G.크리슈나무르티같은 논사)'가 대중적으로 주류가 되어 본 적은 없었고, 또 사상의 천재도 극소수였으며, 그를 알아주는 지음지기(知音知己)도 역시 언제나 극소수였습니다. 이것은 독보적인 선각자(先覺者)가 어떻게 피할 수 없는 운명입니다.

석가모니도 당시 유례가 없는 분이었습니다. 용수논사도 마찬가지고요.

그리고 현대의 성현들 중에서도 "보통사람들이 전혀 다니지 않는 길"을 간 분"을 소개해본다면 지두 크리슈나무르티나 우팔리 고팔라 크리슈나무르티 같은 분들입니다.

이 분들도 전통인도 사상계에서 독특한 개성(Individuality)이 있는 사상가라고 할 수 있겠습니다. 물론 이들은 석가모니 부처의 영향을 직접적으로 받은 (불교밖의 불교적인) 사상가들입니다.

저의 경우는 8세 때부터 불우한 성정과정을 맛보았기 때문에 10대 청소년 시절에는 중국고전 《십팔사략(춘추전국 진)》에 나오는 "왕후장상(王侯將相)의 씨가 따로 있는 것이 아니다."라는 글을 읽고 격려를 많이 받은 바 있고,

20대 청년시절에는 "옛날의 사례가 없다면, 자기 스스로 새로운 사례를 만든다."는 《송사(예지)》의 명언을 읽고 용기를 내어 본 적도 있었습니다.

그리고 30대 설익은 시절에는 중국고전비판적 해석학 즉 중국고전에 관한 비점담론서(古典批點談論書)들을 책으로 여러 권 내어보기도 했습니다만. 독자 분들은 어떠신지 모르겠습니다.

생각건대, 이렇게 "보통사람들이 전혀 다니지 않는 길"을 간다는 것은 아무나 할 수 있는 것이 아닙니다.

아무리 모자라도 장자나 이탁오나 니체나 버나드 쇼의 타고난 '성질(性質)' 정도는 가지고 있어야 가능한 일입니다.

금강경 본문; 금강경 부처의 경지

"그런데 수보리여, 만약 누가 석가모니는 아뇩다라삼막삼보리(최고의 깨달음)를 연등여래로부터 받은 것이다. 라고 말한다면, 그는 잘못 말한 것이 된다.

수보리여, 그는 진실이 아닌 것에 집착하여 나를 비방한 것이 된다. 왜냐하면 내가 아뇩다라삼막삼보리(최고의 깨달음)를 연등여래로부터 받은 것은 전혀 없기 때문이다.

그리고 수보리여, 부처의 설법에는 진실도 허망도 없다. 그렇기 때문에 부처의 설법이다 라고 나는 말하는 것이다.

그리고 일체의 법은 일체의 법이 아니다. 그래서 일체의 법이라고 말하는 것이다."

빈틈없는 지성인답게 시비가 생겨나지 않도록 사전에 미리 차단하는 설법

타인이 말할 수 있는 것을 예상하여 미리 말을 모두 해둔다 하더라도 허물이 없는 것은 아닙니다.

금강경 경전작가는 빈틈없는 지성인답게 시비가 생겨나지 않도록 미리 사전에 차단하는 설법을 하고 있습니다.

그러나 거짓말이 참 말일 수도 있고, 참 말도 거짓말일 수 있습니다.

또 진실이 아닌 것이 진실일 수 있고, 진실한 것이 진실이 아닌 것일 수 있습니다. 그리고 또 비방이 찬양일 수 있고, 찬양이야말로 정말 비방일 수 있습니다.

그런데 "석가모니의 설법은 진리도 없고, 허위도 없다."고 했으니, 금강경 경전작가도 어지간합니다.

하지만 없다는 것과 있다는 것이 무슨 차이가 있다는 말입니까? 없음이 곧 있음이요, 있음이 곧 없음입니다.

그런데 "일체법(一切法)90)은 곧 일체법이 아니다. 그러므로 일체법이다."라고 했으니, 대승불교 반야부 경전들을 지어낸

---

90) 여기서 일체법(一切法)이란 색수상행식(色受想行識)에 관한 것)을 가리킨다. 즉, 일체(一切)란 존재하는 것(Form), 감각하는 것(Feeling), 표상하는 것(Represntation, 또는 Perception), 의욕하는 것(Will 또는 Formation 또는 Inherited Karmic Formation), 사유하는 것(Thnking 또는 Consciousness)을 의미한다. 참고로 색(色)은 Rupa. 수(受)는 Vedana. 상(想)은 Samjna. 행(行)은 Samskara). 식(識)은 Vijnana이다.

분들과의 법거량(法擧量)이 만만치 않습니다.

금강경 본문; 큰 몸을 비유하는 의미

"비유한다면, 수보리여, 어떤 사람이 성장하면서 갖추어진 몸과 큰 몸을 갖고 있는 것과 같다."

그러자 수보리 장로가 말했다.

"스승이시여, 성장하면서 갖추어진 몸과 큰 몸은 사실은 몸이 아니라고 여래께서 말했습니다. 그렇기 때문에 성장하면서 갖추어진 몸과 큰 몸이라고 말해지는 것입니다."

커다란 몸에 관한 이야기의 핵심은 무아론이다

사람의 몸만 몸이 아니라 이 지구의 몸도 몸이요, 우주의 몸도 몸입니다. 그러니 어찌 이 몸을 사람의 몸이라고 할 수 있겠습니까?

그리고 마음은 몸에서 나온 것입니다. 그래서 몸이 없는 마음이란 도깨비 일뿐입니다.

그렇다면 우리는 이 지구의 몸과 우주의 몸에 대해서 얼마나 알고 있을까?

어쨌거나 본문에서 말하는 '커다란 몸'에 관한 이야기의 핵심은 제법무아(諸法無我; 모든 존재에는 -아트만이든, 푸루샤든, 브라만이든- 영원불멸의 실체성이 없다는 것)입니다.

자이나교(Jainism)에서는, '수미산처럼 큰 몸'을 '업신(業身; 카르마 나샤리라)'이라고 부릅니다. 쌍카라(700-750)가 지은 《우파

데샤 샤하스리》제 16장 22절을 참조하시기 바랍니다.

금강경 본문; 대승불교 보살들의 이상적인 경지

스승이 말했다.

"수보리여, 그렇다. 만약 보살이 나는 중생을 영원한 평안으로 인도한다 라고 말한다면 그는 보살이라고 말할 수 없다. 왜냐하면 수보리여 보살이라고 부를만한 그 어떤 법이 있다고 생각하는가?"

수보리가 대답했다.

"스승이시여, 보살이라고 부를만한 그 어떤 법은 없습니다."91)

스승이 말했다.

"수보리여, 중생은 중생이 아니다. 그렇기 때문에 중생이라고 말해지는 것이다. 그래서 모든 법은 영원한 자아와, 영원한 존재와, 영원한 생명과, 영원한 개체성이 없다, 라고 나는 설하는 것이다."

중생과 보살이 별도로 있는 것이 아니다

사사로운 일상의 경험으로 말한다면, 중생(백성, 민중, 국민)들이야말로 도리어 승려들을 구제하는 자들입니다.

그리고 과대 망상가와 보살비구의 서원은 비슷한 데가 있습

---

91) 구마라집이 중국어로 번역한 《소품반야경(제1권)》에서, 수보리는 석가모니에게 다음과 같이 설파했다. "세존이시여, 보살이란 단지 일컫는 글자에 지나지 않는 것입니다. 마치 나라고 말할 때 나라는 존재가 새로 생겨나지 않는 것처럼 말입니다. 모든 존재의 성품(Gunas)도 이와 같은 것입니다."라고.

니다.

"일체(一切)의 법이 무(無; Nonbeing)다."라고 했지만 그것은 유(有; Something)이기도 합니다. 왜냐하면 색수상행식(色受想行識)의 모든 법은 연기(緣起; 상호관계적 발생)이기 때문입니다.

하지만 반야바라밀(부처의 완벽한 지혜)로 말한다면, 무(無)도 무가 아니요, 유(有)도 유가 아닙니다. 왜냐하면 이것은 그 명칭(개념)이 무(無)요, 유(有)일 뿐이기 때문입니다.

금강경 본문; 불국토를 실현한다는 의미

"수보리여, 만약 보살이 나는 국토를 장엄하겠다"라고 말했다면, 그는 진실이 아닌 것을 말했다고 할 수 있다.

왜냐하면 국토 장엄은 국토장엄이 아니다. 그러므로 국토장엄이라고 나는 말하는 것이다."

불국토와 반야바라밀(완벽한 지혜의 완성)

금강경 경전작가의 입장으로 말한다면, 불국토란 '금강반야경이 있는 곳'입니다.

그러므로 이 금강경을 매일 수지독송하며 금강경의 글을 옮겨 쓰며, 그것을 남을 위해 정열적으로 해설해주는 사람들이 있는 곳이면 그곳이 바로 불국토일 것입니다.

그리고 불국토를 의미하는 반야바라밀(깨달은 자의 완벽한 지성)의 세계에는 남북한처럼 영토의 국경선이 없습니다. 금강경은 공산주의 국가인 북한(조선민주주의 인민공화국)에도 북한말

로 번역되어 있지요.92)

그리고 또, 반야바라밀(깨달은 자의 완벽한 지성)은 권력과 세력이 없는 데에도 사람들이 스스로 다가와 이 반야바라밀(완벽한 지성)의 통제를 받기를 원하니, 정말 대단한 부처의 나라(불국토)가 아닙니까?

이러한 불국토는 도보나 자동차나 비행기로는 도저히 갈 수 없는 곳이며, 오직 완벽한 지성과 진지성과 성실성으로만 갈 수 있는 곳일 겁니다.

편안한 마음(安心立命)에도 집착하지 말라

그러므로 불국토는 돈과 폭력이 지배하는 현실세계가 아닙니다. 불국토(佛國土)란 평안한 마음(安心立命)93)의 상징입니다.

하지만 금강경의 변증법적 논리인 '즉비시명론(卽非是名論)'으로 말한다면, 안심입명(安心立命)은 안심입명(安心立命)이 아니니, 다만 그 명칭이 안심입명(安心立命)일 뿐입니다. 왜냐하면 안심(安心)은 고정적으로 기계적인 물건처럼 존재하는 것이 아니라 '변화무상한 것'이기 때문입니다.

보통사람들에게 있어서 '안심(安心)'은 불안한 마음의 다른 모습입니다. 불안한 마음은 존재하는 것들의 본성입니다. 왜냐하면 보통사람들은 자기존재의 '지속성'을 원하기 때문입니다.

---

92) 조선민주주의 인민공화국 평양사회과학출판사(1994.5.30)에서 나온 팔만대장경 선역본 제13권 금강반야바라밀경(구마라집의 중국어 번역본의 한글 옮김).

93) 《황제음부경》에서 안심입명(安心立命)이란 정기신(精氣神)을 건강하게 온전하게 안정시키는 것을 의미한다.

그러므로 안심(安心)에 집착하는 자는 번뇌로 불안한 중생(생명체)일 뿐입니다.

이에 비해 자기중심적인 인생관에서 벗어나 탁 트인 마음을 가지고 이 우주적인 존재로 나아가는 영성(Spirituality)의 인간들은 '아뇩다라삼막삼붓다(阿耨多羅三藐三佛陀; 가장 높고 평등하고 올바른 깨달음을 지닌 부처)'입니다.

금강경 본문; 보살대사의 의미

수보리여, 보살이 "모든 법(色受想行識)은 무아(無我)다"라는 확고부동한 마음을 가지고 있을 때, 나는 그를 보살대사라고 부른다.

보살대사의 마음에도 머무르지 말라

여기서 확고부동한 마음이란, 결코 후퇴하지 않는 보살대사의 마음입니다. 하지만 "모든 법은 무아(無我)"라고 했으니, 이러한 보살대사의 마음도 무아(無我)입니다.

그래서 보살대사의 마음이란 명칭일 뿐입니다. 그리고 이러한 명칭조차도 가칭(假稱)이며 시설(施設)일 뿐입니다.

그러므로 보살대사에 대해 어떤 고정적인 관념을 만들거나 선전하는 것은 세속적인 너무나 세속적인 일입니다.

여러 반야경에서 말하는 보살의 의미

그래서 《이만오천송반야경》에서 "보살이라는 말의 의미는 언어의 대상이 아니다. 마치 새가 날아간 흔적은 허공가운데 존재하지 않으며, 인식되지 않듯이 보살이라는 말의 대상도 존재하지 않으며, 인식되지 않는다.”라고 말했고,

《팔천송반야경》에서도 수보리 존자가 “보살이란 그저 글자에 지나지 않는 것이다. 마치 나라고 말할 때 나라는 존재가 새로 생겨나지 않는 것과 같이, 보살의 성품(Sattva Guna)이란 것도 다만 이와 같은 것이다.” 라고 설파한 것입니다.

필자도 이러한 수보리 존자의 통찰에 동조(同調)하여 다음과 같이 말합니다.

즉, 이 책의 독자도 보살대사라는 ‘개념’과 보살대사에 대한 ‘이미지’만 인지(認知)할 뿐 결코 보살대사라고 말하는 이 사람은 인지하지 못합니다. 왜냐하면 독자는 이 책에서 단지 보살대사라는 ‘글자’만 인지(認知)하고 있을 뿐이기 때문입니다.

글자란 무엇인가? 그것은 어떤 이미지의 자기합리화를 위한 기호(記號)로, 관념적인 설명이나 이해를 위한 것입니다.

하여튼, 석가모니의 가르침은 ‘무수한 원인과 조건에 의해 발생하고 소멸하는 법칙’에 관한 것입니다.

그래서 반야경 경전작가들도 무사상(無四想; 그 어떤 것에도 실체성이 없다는 것)을 가르칠 수 있는 것입니다.

연기무아(緣起無我)는 누구의 무엇을 위해 왜 존재하는가

그런데 ‘원인과 조건에 의해 생성하고 소멸하는 법칙’은 대체 누구를 위해서 있는 것입니까?

대체 이 '인연의 법칙'은 누구의 무엇을 위해서 존재하는 것입니까?

만약 누구를 위한 것이 아니라고 한다면, '원인과 조건에 의해 생겨나고 없어지는 이것'은 왜 이토록 역력하게 존재하는 것입니까?

깨달은 자의 다섯 가지 눈에 대하여

스승이 물었다.

"수보리여, 어떻게 생각하는가? 여래에게 사물을 보는 눈이 있는가?"

수보리가 대답했다.

"그렇습니다. 여래는 사물을 보는 눈이 있습니다."

스승이 물었다.

"수보리여, 어떻게 생각하는가? 여래에게 귀신을 보는 눈이 있는가?"

수보리가 대답했다.

"그렇습니다. 여래는 귀신을 보는 눈이 있습니다."

스승이 물었다.

"수보리여, 어떻게 생각하는가? 여래에게 지혜의 눈이 있는가?"

수보리가 대답했다.

"그렇습니다. 여래는 지혜의 눈이 있습니다."

스승이 물었다.

"수보리여, 어떻게 생각하는가? 여래는 진리를 보는 눈이 있는가?"

수보리가 대답했다.

"그렇습니다. 여래는 진리를 보는 눈이 있습니다."

스승이 물었다.

"수보리여, 어떻게 생각하는가? 여래는 깨달음의 눈이 있는가?"

수보리가 대답했다.

"그렇습니다. 여래는 깨달음의 눈이 있습니다."

스승이 물었다.

"수보리여, 여래가 갠지즈 강에 있는 모래에 대해 말한 적이 있는가?"

수보리가 대답했다.

"그렇습니다. 스승께서 갠지즈강의 모래에 대해 말한 적이 있습니다."

스승이 물었다.

"수보리여, 갠지즈 강의 모래 수만큼의 갠지즈 강이 있고, 또 그 강속의 모래 수만큼의 세계가 있다고 한다면 그 세계는 얼마나 많은 것인가?"

수보리가 대답했다.

"스승이시여, 그 세계는 정말 무수하게 많은 것입니다."

스승이 말했다.

"수보리여, 그 세계에 있는 모든 중생의 갖가지 마음의 흐름을 나는 알고 있다. 그러나 마음의 흐름이라고 하는 것은 마음의 흐름이 아니다. 그러므로 마음의 흐름이라고 나는 말하는 것이다.

왜냐하면 수보리여, 과거의 마음은 이미 얻을 수 없는 것이며, 미래의 마음도 아직 얻을 수 없는 것이며, 현재의 마음도 고정된 것이 아니므로 얻을 수 없는 것이기 때문이다."94)

새로운 생각의 길

우리 눈이 작동되는 의미에 대하여

육안(肉眼)이든 천안(天眼)이든 혜안(慧眼)이든 법안(法眼)이든 불안(佛眼)이든 안(眼)일뿐입니다.

눈(眼)이란 무엇입니까? 이것은 일종의 카메라입니다.

그렇다면 이 카메라를 사용하는 자는 누구입니까? 그는 왜

---

94) 지금 필자가 참고대본으로 사용하고 있는 금강경은 범어본(梵語本)입니다. 하지만 구마라집이 번역한 중국 고대 한자로 된 금강경 제18장의 원문도 새롭게 한글현토를 붙여서 여기 각주로 소개해둡니다.

　　一體同觀分 第 十八; 須菩提여 於意云何인가? 如來에게 有肉眼不인가? 如是입니다. 世尊이시여, 如來 有肉眼이옵니다. 須菩提여 於意云何인가? 如來에게 有天眼不인가? 如是입니다 世尊이시여 如來 有天眼이옵니다. 須菩提여 於意云何인가? 如來에게 有 慧眼不인가? 如是입니다 世尊이시여 如來 有慧眼이옵니다. 須菩提여 於意云何인가? 如來 有法眼不인가? 如是입니다 世尊이시여, 如來 有法眼이옵니다. 須菩提여 於意云何인가? 如來에게 有佛眼不인가? 如是입니다 世尊이시여 如來 有佛眼이옵니다. 須菩提여 於意云何인가? 如恒河中 所有沙에대하여 佛說是沙不인가? 如是입니다 世尊이시여 如來 說是沙입니다. 須菩提여 於意云何인가? 如一恒河中所有沙와같이 有 如是沙等恒河이고 是諸恒河所有沙數의 佛世界이라면 如是는 寧爲多不인가? 甚多입니다 世尊이시여. 佛께서 告須菩提하시기를 爾所國土中 所有衆生의 若干種心일지라도 如來께서는 悉知하나니 何以故냐하면 如來 說諸心은 皆爲非心이니 是名爲心이기 때문이다. 所以者何인가하면 須菩提여 過去心 不可得이며, 現在心 不可得이며, 未來心 不可得이기 때문이다.

카메라를 사용하는 것입니까? 그 사용목적은 무엇입니까? 그것은 자기 생존의 유지를 위한 인식과 편집일 때문입니다. 그렇다면 우리는 왜 자기생존의 유지를 원하며, 더욱이 자기생존의 영원한 유지를 갈망하는 것입니까?

이에 대한 나의 대답은 "모른다. 우리는 그저 그렇게 작동되고 있다는 것을 알 뿐이다."입니다. 마치 오파비니아의 눈이 다섯 개 있는 것처럼.

바로 이것이 왜 부처가 "존재의 근원은 무명(無明)이다."라고 말한 이유일 것입니다.

이제 금강경 제18장의 설법에 대한 나의 결론적인 관점은 다섯 가지 눈과, 세 가지 마음에도 집착하지 말라는 것입니다. 왜냐하면 다섯 가지 눈과, 세 가지 마음이란 것도 덧없는 것이요, 방편력(方便力)에 의해 시설(施設)되어진 것일 뿐이기 때문입니다.

부처의 안목

과연 여래(이렇게 온 깨달은 자)는 자신의 육안(肉眼)과 천안(天眼)과 혜안(慧眼)과 법안(法眼)과 불안(佛眼)으로 무엇을 보았을까요? 《사십장경》의 끝에 보면, 다음과 같은 부처의 철안(哲眼)이 보입니다.

"내 눈으로 보면 왕후장상(王侯將相)의 지위도 햇빛 속에 떠 있는 먼지티끌에 불과하다.

내 눈으로 보면 황금이나 보석의 저축도 진흙이나 깨진 그릇조각에 불과하다.

내 눈으로 보면 수 천개의 세계도 겨자씨알들에 불과하다.

내 눈으로 보면 불교구제 방법도 하찮은 보물의 집적에 불과하다.

내 눈으로 보면 대각자(大覺者)의 도(道)도 허공의 꽃을 바라보는 것에 불과하다.

내 눈으로 보면 열반도 잠에서 깨어난 것에 불과하다.

내 눈으로 보면 여러 가지 학파의 오류와 진리도 여섯 마리 용(龍)의 변모(變貌)에 불과하다.”

자신의 눈과 마음에도 사로잡히지 말라

그런데 수보리 존자와 세존은 다섯 종류의 눈에 대해 이야기 하고 있습니다.

그러나 다섯 가지 눈은 다섯 가지 마음입니다.

그리고 상상으로 말한다면, 다섯 가지 종류의 눈만 있겠습니까?

제가 종종 오후에 산책 나가는 바닷가의 모래알 수만큼의 눈도 있고, 마음도 있습니다. 이렇게 눈도 무수하게 많고, 마음도 무수하게 많은 것입니다.

세존은 “이러한 모든 종류의 마음의 흐름을 나는 잘 안다.” 고 말했습니다.95) 그리고 “마음의 흐름은 마음의 흐름이 아니다. 그것은 다만 명칭(개념)일 뿐이다.”라고 말했습니다.

---

95) 《소품반야경(제2권)》에서, 석제환인은 석가모니에게 이렇게 말한 적이 있다. “세존이시여, 마하반야바라밀(위대한 깨달음의 지성)이란 바로 반야바라밀(완벽한 지성)입니다. 부처님은 이 반야바라밀(완벽한 지혜)로 인하여 모든 중생의 마음을 속속들이 알 수 있었을 것입니다.”

그런데 왜 요즘의 불교인들은 이 마음을 일심(一心)이라고 부르며 고정화(固定化)하고 실체화(實體化)하고 절대화(絶對化)하고 신비화(神秘化)하고 있습니까?

초기불교 도인의 교훈

생각건대 〈온갖중생의 마음의 흐름〉에 관련된 법문은 중부경전(131)에 나오는 〈한밤의 현자의 노래〉와 같은 교훈을 담고 있다고 생각합니다. 즉 "흘러가는 것을 뒤쫓아 가지 마라. 오지도 않는 것은 바라지도 마라. 과거는 이미 흘러가 버린 것이요, 미래는 아직 오지 않은 것이다. 그러므로 지금 존재하는 것만을 있는 그대로 정확히 보고, 동요됨이 없이 곧게 실천하라. 부디 오늘 할 일을 열심히 하라. 내일은 누가 죽을지 모른다. 아무도 저 죽음의 군대를 피할 수 없으니, 항상 주의깊은 마음으로 게으름 없이 실천하도록 하라."[96]

금강경 본문

스승이 물었다. "수보리여, 과거의 마음은 이미 얻을 수 없는 것이며, 미래의 마음도 아직 얻을 수 없는 것이며, 현재의 마음도 고정된 것이 아니므로 얻을 수 없는 것이다."

---

[96] 그러나 금강경의 논리로 말하면, 게으름은 게으름이 아니다. 왜냐하면 게으름은 어떤 원인과 조건에 의한 것이기 때문이다. 그러므로 게으름 그 자체성(自體性)이나 실체성(實體性)이나 본체성(本體性)이나 정체성(定體性)이 있는 것은 아니다. 그래서 게으른 자에게 나는 다음과 같이 말한다. "게으른 자는 자신의 게으름에 대해서조차 게을러야 한다." 생각건대, 무념무상(無念無想)의 무심(無心)만큼 게으름의 극치인 것도 없을 것이다.

과거와 미래, 심지어 현재조차도 존재하지 않는다

천체물리학자 피어트 헛은 "과거와 미래, 심지어 현재조차도 존재하지 않는다는 것을 논증한다면, 어떻게 될까?"라고 물은 바 있습니다.

금강경 본문은 이 문제에 대해서 "과거의 마음은 이미 얻을 수 없는 것이며, 미래의 마음도 아직 얻을 수 없는 것이며, 현재의 마음도 고정된 것이 아니므로 얻을 수 없는 것이기 때문이다."라고 말했습니다.

그리고 이러한 명제를 초기불교는 인연소생(因緣所生)의 무아법(無我法)으로 논증합니다.

생각건대, 과거와 현재와 미래 중에서 현재가 가장 중요한 것입니다. 그러나 명제적으로 말한다면, "절대적 현재란 것도 없습니다." 즉, 현존재(現存在)란 시간성 안에 있는 존재자입니다. 고로 현존재의 현(現)은 이미 현이 아닙니다. 왜냐하면 현(現)이라고 말하는 순간 현은 이미 현(現)이 아니기 때문입니다.97)

그래서 《금강반야경》 부처는 "과거의 마음과 현재의 마음과 미래의 마음은 얻을 수 없는 것"이라고 했을 것입니다.

---

97) 이 문제에 관심이 있는 분은 리차드 모리슨(1936-)이 쓴 《시간의 화살(Time's Arrows)》과 데이비달링이 쓴 《시간의 깊이(Deep Time)》와 폴 데이비스가 쓴 《시간에 관하여(About Time)》와 스티븐 호킹(1942-)이 쓴 《시간의 역사》와 피터 코브니와 로저 하이필드가 함께 쓴 《시간의 화살(The Arrow of Time)》을 참고 해보시기 바란다.

복덕을 쌓는다는 것에 대하여

금강경 제 19장의 의미번역

"수보리여, 어떻게 생각하는가? 선남선녀들이 이 삼천대천세계를 일곱 가지 보물로 가득 채워 여래에게 보시했다고 한다면, 그 선남선녀들은 그것에 의해 얼마나 많은 복덕을 쌓은 것이 되겠는가?"

수보리가 대답했다.

"스승이시여, 그 복덕은 정말 많을 것입니다."

스승이 말했다.

"그렇다. 수보리여, 그렇다. 저 선남선녀들은 그것에 의해서 많은 복덕을 쌓게 될 것이다. 왜냐하면 복덕을 쌓는다는 것은 쌓는 것이 아니므로 복덕을 쌓는다고 나는 말했기 때문이다. 그런데 만약 복덕을 쌓는 것이 있다고 한다면, 나는 복덕을 쌓는 것이라고 결코 말하지 않았을 것이다."98)

---

98) 지금 필자가 참고대본으로 사용하고 있는 금강경은 범어본(梵語本)입니다. 하지만 구마라집이 번역한 중국 고대 한자로 된 금강경 제 19장의 원문도 새롭게 한글현토를 붙여서 여기 각주로 소개해둡니다.

　　法界通化分 第 十九: 須菩提여 於意云何인가? 若有人이 滿 三千大千世界七寶로 以用布施한다면 是人은 以是因緣으로 得福多不인가? 如是입니다 世尊이시여, 此人은 以是因緣으로 得福이 甚多이옵니다. 須菩提여 若 福德이 有實이라면 如來 不說 得 福德多이셨을 것이지만 以福德이 無故이므로 如來說 得福德多라고하신 것입니다.

금강경 본문

"수보리여, 어떻게 생각하는가? 선남선녀들이 이 삼천대천세계를 일곱 가지 보물(황금, 은, 청금석, 붉은 진주, 백진주, 자수성, 산호 호박 홍옥수)로 가득 채워 여래에게 보시했다고 한다면, 그 선남선녀들은 그것에 의해 얼마나 많은 복덕을 쌓은 것이 되겠는가?"

수보리가 대답했다. "스승이시여, 그 복덕은 정말 많을 것입니다."

스승이나 현자를 후원해야 하는 이유

지구상에 있는 수많은 나라마다 희유한 현자가 있습니다.

보통사람들은 이 희귀한 현자를 존중해야 합니다.[99] 어떻게 존중해야 합니까? 그들이 돈 문제로 고생할 때에 돈으로 도와주고, 그들이 외로울 때 믿음과 희망을 주고, 그들이 죽었을 때 그들의 가르침을 후손들에게 전해주는 것입니다.

비범한 사람의 존재 이유

희유한 현자는 특별한 인간입니다. 왜냐하면 그의 지혜가 그로하여금 특별한 존재로 만들기 때문입니다.

---

[99] **성자가 존중받지 못한 사례:** 석가모니는 어느 날 아침에 마가다국의 판차살라라는 곳에 발우를 들고 탁발하러 나갔다. 그런데 그날은 마을 축제일이어서 아무도 석가모니에게 공양물을 주는 이가 없었다. 그래서 석가모니는 그날 빈 발우만 들고 굶은 채 거처로 돌아올 수밖에 없었다. 《상응부 경전(4,18,단식)》《잡아함경(39,15,결식)》 참조.

물론 현자들의 몸과 우리들의 몸은 똑같은 것입니다. 왜냐하면 인생은 정업적(定業的; 결정적인 선조와 부모의 유전인자의 재현)이기 때문입니다.

그러므로 보통사람들이 현자를 존중할 때에는, 그의 외모나 출신계급때문이 아니라, 그의 정신세계를 보고 존중해야 합니다.

금강경 본문; 복덕을 쌓는다는 의미

"복덕을 쌓는다는 것은 복덕을 쌓는 것이 아니다. 그러므로 복덕을 쌓는 것이다.

그런데 만약 복덕을 쌓는 것만이 있다고 한다면, 그것은 결코 복덕을 쌓는 것이 아닐 것이다."

그렇습니다. 복덕은 쌓을 수 있는 것이 아닙니다.

왜냐하면 복덕(福德) 또한 원인과 조건에 따라 변하는 것이며 덧없는 것이기 때문입니다.

"공덕의 축적과정을 나의 행위의 배경이 되게 하지마라"

여기서 "복덕을 쌓는다"고 했는데, 과연 복덕을 쌓는 사람은 어떤 방식으로 어떻게 복덕을 쌓는 것일까요?

저의 관찰은 이렇습니다. 우선 그는 욕망으로 어떤 복덕을 경험하고, 그 다음 그 복덕을 느낀 경험을 기억하고, 그 다음 그 기억을 반복적인 행동을 통해 더욱 쾌락적으로 강화합니다. 바로 이것이 제가 이해하는 '복덕을 쌓는 보통사람들의 의식의 흐름'입니다.

그러니까 "쌓는다" 또는 "축적한다"는 것은 어떤 복덕의 이미지를 통해 자기발전을 도모하려는 자의 '욕망'과 다른 것이 아닙니다.

바로 이것이 왜 본문에서 "진정한 보살은 복덕을 받지 않는다."고 했는가 하는 이유입니다.

공덕은 소유와 상실, 이익과 손해, 복과 화의 문제가 아니다

그리고 우리는 이 세상에서 자기도 모르게 주고, 자기도 모르게 받고 삽니다. 이것이 공덕이요, 복덕입니다.

그리고 현자나 부처의 은밀(隱密)한 영향력을 체험하는 자는 '공덕(功德)'이 무엇인지 압니다.

공덕을 병적으로 쌓기 시작하면 그 공덕은 공덕이 아니다

진실한 공덕은 그냥 공덕입니다. 그러나 공덕을 병적으로 쌓기 시작하면 그 공덕은 공덕이 아닙니다.

공덕은 소유와 상실, 이익과 손해, 복과 화의 문제가 아닙니다. 공덕은 그냥 공덕인 것입니다.

그러므로 우리는 공덕을 게걸스럽게 획득하려고 너무 애쓰지 말아야 할 것입니다. 공덕의 축적과정이 나의 행위의 배경이 되게 하지 마십시오.

진정한 공덕은 마음이 이 공덕의 축정과정으로부터도 자유로와지는 것이기 때문입니다.

부처는 어떤 특징적인 외모를 갖고 있는 자로 인식하고 분별하고 차별해서는 안된다

부처는 어떤 신체적 특징을 가진 자로 분간해서는 안된다
"수보리여, 어떻게 생각하는가?

여래는 어떤 신체적 특징을 갖추고 있는 자라고 생각하는가?"

수보리가 대답했다.

"스승이시여, 그렇지 않습니다. 여래는 어떤 신체적 특징을 갖추고 있는 자로 보아서는 안 됩니다.

왜냐하면 여래의 신체적 특징이란 영원한 실재(Reality)가 아니며, 집착의 대상이 아닙니다. 그러므로 여래의 신체적 특징이라고 말하는 것입니다."

부처는 어떤 특징적인 외모를 갖고 있는 자로 보아서는 안된다
스승이 물었다.

"수보리여, 어떻게 생각하는가?

여래는 어떤 특징적인 외모를 갖고 있는 자라고 생각하는가?"

수보리가 대답했다.

"스승이시여, 그렇지 않습니다. 여래는 어떤 특징적인 외모를 갖추고 있는 자라고 보아서는 안됩니다.

왜냐하면 모든 신체는 덧없는 것이며, 시간이 지나면 변하는 것이기때문입니다."100)

새로운 생각의 길

"중요한 것은 그의 육체가 아니라 정신이다"

금강경 경전작가가 석가모니와 수보리 존자를 내세워 한가한 잡담을 하고 있군요. 32상 80종호(種好)든 3,200상 8,000 종호든 잘 났으면 얼마나 잘났고, 못났으면 얼마나 못났겠습니까?

우리는 인류이상도 인류이하도 아닌 인류일 뿐입니다. 그러므로 중요한 것은 어떤 외모가 잘 생겼나 못생겼나의 문제가 아니라, 그가 얼마나 경이로운 지혜를 가지고 있는 존재인가 하는 점일 것입니다.

석가모니가 아름다운 것은 그 몸매가 아니라 그 정기신(精氣神)때문입니다.

내가 석가모니를 존중하는 것은 그 육체가 아니라 그 정기

---

100) 지금 필자가 참고대본으로 사용하고 있는 금강경은 범어본(梵語本)입니다. 하지만 구마라집이 번역한 중국 고대 한자로 된 금강경 제 20장의 원문도 새롭게 한글현토를 붙여서 여기 각주로 소개해둡니다.

離色離相分 第 二十: 須菩提여 於意云何인가? 佛을 可以具足色身으로 見不일까? 不也입니다 世尊이시여, 如來는 不應以具足色身으로 見이니, 何以故냐하면 如來說하시기를 具足色身은 卽非具足色身이니 是名具足色身이기때문입니다. 須菩提여 於意云何인가? 如來 可以具足諸相으로 見不인가? 不也입니다 世尊이시여 如來는 不應以具足諸相으로 見이니, 何以故냐하면 如來說하시기를 諸相具足은 卽非具足이니 是名諸相具足이기때문입니다

 금강경과 함께 깨어나기
Wake-up sleeper, and be free from chains of illusion

신(精氣神)때문입니다.

내가 석가모니를 배우고 싶은 것은 그 육체가 아니라 그 정기신(精氣神)입니다.101)

그렇습니다. 부처는 남다른 외모(外貌)때문에 부처가 아니라, 반야바라밀(거대하고 심원한 통찰력)에 통달하여 자유자재로 행동하기 때문에 부처라고 하는 것입니다.

그래서 누가 만약 나에게 32상 80 종류의 좋은 상(相)을 갖춘 육체와 반야바라밀(완벽한 지혜)중에서 어느 한 쪽을 선택하라고 한다면, 나는 기꺼이 반야바라밀(지혜의 완성)을 택할 것입니다.

왜냐하면 부처의 육체는 반야바라밀(완벽한 깨달음의 지성)에 의해서 비로소 빛나는 것이기 때문입니다.

(갑자기 병신(病身)인 '스티븐 호킹(1942-)의 신체'가 생각나는군요.)

대승불교의 법사들은 말하기를, 부처의 색신(色身)은 법신(法身)이라고 설명합니다.

---

101) 《팔천송반야경(제3장)》에서, 부처는 다음과 같이 말했다.
　　"제석천이여, 자기의 몸에서 사리를 얻었다고 여래(이렇게 온 깨달은 자)가 되는 것이 아니라, 모든 것을 아는 지성을 얻었기 때문에 여래라고 하는 것이다. 여래, 아라한, 정등각자(평등하고 올바르게 깨달은 자)의 지성은 반야바라밀(부처의 완벽한 지혜)에 의해서 생긴 것이다. 그리고 여래의 육신은 반야바라밀(지혜의 완성)을 유지하기 위한 방편으로 생긴 것이다. 이 여래의 육신은 모든 것을 아는 자의 지혜가 깃들어 있는 곳이다. 그리고 바로 여기서 불법승(佛法僧) 삼보(三寶)의 진신 사리가 생기는 것이다. 그러므로 여래의 육신은 일체중생의 진실한 탑묘가 되는 것이다. 그래서 사람들은 여래(이렇게 온 깨달은 자)의 육신을 숭배하고, 예배하고, 합장하고, 존경하고, 공양하고, 존중하고, 공경하는 것이다."
　　석해탈 편저 《팔천송반야경 제멋대로 읽기》 출판시대(1998). 134-136쪽으로부터.

법신(法身)을 글자 그대로 풀이하면 '법(法)을 담고 있는 신체(身體)'라는 뜻입니다. 그리고 법이란 반야바라밀(부처의 완벽한 깨달음)을 가리킵니다.

그러니까 법신(法身)이란 가장 완벽한 깨달음의 지성을 내장하고 있는 신체입니다.

이것이 깨달은 자와 우리 모두의 신체입니다.

그런데 금강경 경전작가는 지금 무슨 32상 80종류의 호상(好相)에 대해 이렇게 분분하게 말합니까?

나는 32상 80종류의 상(相)과 나의 서툰 지혜의 못난 점(點) 한 개와 바꾸지 않겠습니다.

왜냐하면 나의 서툰 지혜의 못난 점(點) 한 개조차도 나에게 있어서는 32상 80종류의 상(相)보다 더 가치와 의미가 있는 것이기 때문입니다.

"무비스타처럼 폼(form) 잡지 마라, 불교는 폼이 아니다"

상상으로 예를들면, 아무리 고상하고 우아한 미인도 세월이 흘러 늙으면 젊음의 아름다움을 잃어버리게 되는 것이 미인상(美人相)입니다.

이렇게 30년도 못가는 게 미인상(美人相)인데, 수천년을 묵은 32상 80종류의 형상(形相)에 대해서는 더 이상 무슨 말을 하겠습니까?

그런데도 사람들은 완벽하게 섹시한 미(美)를 찬양하고, 추(醜)한 것은 싫어합니다.102)

하지만 이러한 미(美)와 추(醜)는 인간동물의 관점입니다. 만약 인간과 다른 '자축인묘진사오미신유술해(子丑寅卯辰巳午未申酉戌亥)'들에게 인간의 미추(美醜)를 묻는다면, 그들은 미추보다는 정(情)을 더 중요시 여길 것입니다. 즉, 정이 있으면 이쁘고, 정이 없으면 관심도 없는 것입니다.

그러므로 중요한 것은, 당신이 부처같이 가장 완벽한 깨달음의 지성을 발휘하는 현자들에게 애정(愛情, 好感, 魅力)을 느끼고 있는가 아닌가 하는 것입니다.103)

---

102) "세상에는 아름다움을 선(善)으로 보는 망상이 아직도 존재하고 있다. 아름다운 여성이 무슨 바보같은 말을 지껄여도 듣는 사람은 그것이 바보같은 말로 들리지 않고 현명한 이야기처럼 생각된다. 아름다운 여성이 말하고 생각하는 것은 어쩐지 모르게 귀엽게 느껴진다. 특히 여자가 바보같은 말이나 추잡한 말을 하지 않고 게다가 그녀가 미인일 경우에는, 남자는 이처럼 정숙하고 현명한 여자는 다시 없다고 생각한다." L.톨스토이(1828-1910)의 말이다. 석해탈 편저 《나자신을 위한 명언집》삶과 함께(1997)출판사.14쪽으로부터. 그리고 말이 나왔으니 하는 말인데, 나는 얼마전에 우연히 영화배우 미키 루크의 최근 얼굴을 보고 '정말 잘생긴 미남'이었던 그가 어떻게 저런 추한 얼굴로 바뀔 수가 있지? 하며 충격을 받은 적이 있었다. 관상이나 외모란 이렇게 덧없는 것이다. 그리고 종교광고든 상업광고든 이미지(心象; Image)를 이용하는 것은 모두 진실한 것이 아니라는 것을 알아야 마음 상하는 일이 없을 것이다.

103) 인연이 없는 자는 부처님도 어떻게 제도(濟度)할 수가 없다
　　보리수(菩提樹) 아래에서 크게 깨달은 35세의 젊은 석가모니(624-544.B.C.E)는 우여곡절의 고민 끝에 설법을 하기로 결심하고 바라나시를 향해 긴 여행을 떠난다. 그런데 도중에 석가모니는 우파카라는 아지비카 슈라마나를 만난다. 이 우파카는 "모든 것은 운명이요, 인간의 의지력은 이 운명의 법칙적인 세계에 그 어떤 작용도 하지 못한다."는 아지비카교(교주는 막칼리 고살라)의 사문이었다. 그런데 이 우파카가 석가모니의 얼굴 관상을 보고 탄성을 하면서 말을 걸었다. "당신의 얼굴은 정말 환하고 빛나는 얼굴입니다. 당신은 누구에 의해 출가를 했고, 누구를 스승으로 모시며 가르침을 받고 있습니까?〔당신의 모습은 정말 대단합니다. 안색(顔色)이 어떻게 그렇게 밝고 빛날 수 있습니까? 당신은 대체 어느 분을 스승으로 모시고 있습니까? 또 그에게 어떤 가르침을 받고 있습니까?〕" 그러자 35세의 젊은 석가모니는 이렇게 말했다. "나는 모든 것을 이긴 승리자이다. 나는 모든 것을 아는 사람이다. 나는 모든 애욕에서 해탈했으니, 내가 누구를 스승이라고 부르겠는가? 나를 가르칠 스승은 없다. 나와 견줄 자는 없다.

그런데 금강경 경전작가는 지금 무슨 별종(別種)의 우상(偶像: 32相 80種好의 佛像)을 만들어 우리 중생들을 미혹하게 합니까?

부처는 이 32상의 외모(外貌)때문에 부처라고 일컬어지는 것이 아니라, 완벽한 지성의 깨달음을 얻었기 때문에 부처라고 하는 것입니다.

글자로 된 금강경으로부터 벗어나야 하는 이유

그리고 반야바라밀(완벽한 지혜)의 정신으로 말한다면, 부처는 결코 물질적인 존재나 대상이 아닙니다.

사실 이 책(Vajracchedika Prajnaparamita Sutra)에서 부처는 그저 말과 글자일 뿐입니다. 다시 말하면, 말과 글자는 우리들을 이용해서 어떤 관념들을 퍼트리는 망상적인 힘일 뿐이라는 것입니다. 바로 이 점이 왜 우리가 문자로 된 금강경을 초월해야 하는가 하는 이유입니다.

나는 가장 높은 깨달음을 스스로 성취하였으니, 나는 참된 것을 드러내는 자요, 하늘의 신과 인간들의 스승이다. 우파카여, 나는 훌륭하다. 그래서 이제 나는 바라나시로 가서 이 세상에서 그 아무도 아직 굴리지 못한 최고의 진리를 내가 바퀴처럼 굴리겠다. 나는 뛰어난 승리자이다." 라고. 〔각주의 각주= 아마 제가 석가모니처럼 이런 투의 표현법으로 나 자신의 깨달음과 사상을 독자들에게 말한다면, 분명히 독자들로부터 "저 놈이 드디어 미쳤구나! 하며 가엾게 여기실 겁니다.〕 그러자 우파카는 아연질색을 하며 "혹은 그럴지도 모르지."하며 고개를 설레설레 흔들면서 가버렸다. 바로 이것이 왜 필자가 성자(聖者)들의 관상(觀相)과 신상(身相)도 정(情)이나 신뢰감(信賴感)이나 존경심(尊敬心)에 따라서 다르게 보여진다고 주장하는가 하는 이유이다. 《우다나바르가》 제21장 1-6절. 남전대장경 중부경전 26 성구경, 사분율 32. 한역 중아함경 56,204 마라경. 증일아함경 14,고당품을 참조하시기 바란다.

실제의 사실과 진실은 다른 곳에 있습니다! 그러므로 광신도(狂信徒)처럼 매일 매시간 금강경 독송만 하면서 시간을 보내는 것보다는, 금강경 밖에 나와서, 금강경에 없는 언어문자로 우주적이고 인간적인 통찰력의 완성을 보이고 실천하는 것이 살아있는 진리일 것입니다.

법신에 대한 나의 통찰명상

대승불교의 법신(法身; Dharma Body)을, 내단공(內丹功)의 도사(道師)인 류화양 선승(仙僧)은 《혜명경》에서 '몸밖에 있는 몸'이라고 말했습니다.

나는 이 '몸밖에 있는 몸'을 태양빛이라고 성찰합니다. 왜냐하면 지구상의 모든 생명체란 '태양에너지가 물질로 변형된 것'이기 때문입니다.

그래서 인도 우파니샤드 철학에서도 "태양이 브라만이다." "브라만은 빛들의 빛이다." "브라만의 빛에 의해 모든 것은 빛난다."라고 주장했을 것입니다. 개인적으로 흥미로운 것은 A. 아인슈타인이 "남은 내 여생동안 빛이 무엇인지 연구하고 싶다."는 말을 했다는 것입니다.

이런 사실을 생각하면 내단경전(內丹經典)인 《혜명경》의 '몸밖의 몸'이나, 대승불교의 '청정법신(淸淨法身)' 또는 '비로자나 법신불(네 개의 머리를 가지고 사자좌에 앉아 태양을 손에 쥐고 있는 의미심장한 부처)'이라는 용어는 옛날 그 당시 사람들로서는 최선을 다해 쓴 표현이 아닌가 하고 여겨집니다.

그러나 나는 태양도 '우주적인 원인과 조건에 의해 생겨난 것'이라고 통찰하는 자입니다.

금강경 부처와 금강경 경전작가도 나처럼 금강경 제5장, 13장, 17장, 20장, 26장에서 몸의 모양(身相; 法身, 身外身)을 철저히 부정하고 있습니다.

언어문자에 의해 얻어지는 진리는 없다

어떤 고정적인 진리의 교시(敎示)라는 것에 의해 얻어지는 진리는 없다
스승이 물었다.

"수보리여, 어떻게 생각하는가? 내가 어떤 고정적인 법을 교시(敎示)했다고 생각하는가?"

수보리가 대답했다.

"스승이시여, 그렇지 않습니다. 여래께서는 어떤 고정적인 법을 교시한 것이 없습니다."

스승이 물었다.

"수보리여, 만약 누가 '여래는 어떤 고정적인 법을 교시(敎示)한 것이 있다'고 말한다면, 그는 잘못 말한 것이 된다. 그는 진실이 아닌 것에 집착하여 나를 비방하는 자이다. 왜냐하면 그 어떤 고정적인 진리의 교시(敎示)라는 것에 의해 얻어지는 법은 어디에도 존재하지 않기 때문이다."

대승불교 반야부 사상과 그 신봉자들의 관계

스승이 이렇게 말했을 때, 수보리 장로는 스승을 향해서 다음과 같이 물었다.

"스승이시여, 지금부터 후세에 제2의 오백년대에 올바른 진리의 파멸이 일어날 때, 이와 같은 가르침을 듣고 믿는 중생들이 있겠습니까?"

가설적인 인식을 위한 명칭

스승이 대답했다.

"수보리여, 그들은 중생도 아니고, 중생이 아닌 것도 아니다. 왜냐하면 중생이라는 것은 중생이 아니다 라고 여래가 설했기 때문이다. 그렇기때문에 중생이라고 말해지는 것이다."104)

새로운 생각의 길

금강경 본문

"내가 어떤 고정적인 진리를 가르쳤다고 생각하지마라"

"막작시념(莫作是念: 그렇게 생각하지 말라)"이라는 용어는 금강경 제 21장, 25장, 27장에도 용법(用法)이 보입니다.

---

104) 지금 필자가 참고대본으로 사용하고 있는 금강경은 범어본(梵語本)입니다. 하지만 구마라집이 번역한 중국 고대 한자로 된 금강경 제21장의 원문도 새롭게 한글현토를 붙여서 여기 각주로 소개해둡니다.

　　非說所說分 第 二十一: 須菩提여 汝勿謂하라 如來作是念 我當有所說法이라고 莫作是念하라. 何以故냐하면 若人이 言하기를 如來가 有所說法이라고한다면 卽爲謗佛이니 不能解我所說故이기때문이다. 須菩提여 說法者는 無法可說이니 是名說法일뿐이다. 爾時에 慧命須菩提 白佛言하기를 世尊이시여, 頗有衆生이 於未來世에 聞說是法하고 生信心不일까요? 佛言하시기를, 須菩提여 彼非衆生은 非不衆生이니, 何以故냐하면 須菩提여 衆生衆生者는 如來說하시기를 非衆生이니 是名衆生이기 때문이다.

 금강경과 함께 깨어나기
Wake–up sleeper, and be free from chains of illusion

여기서 "그렇게 생각하지 말라"는 말은, 무엇을 그렇게 생각하지 말라 하는가 하면, 석가모니 부처가 "불성(佛性; 석가모니 부처의 아트만), 여래장(如來藏; 이렇게 온 깨달은 자의 아트만), 자성(自性; 자기의 참된 본성, 자기자신의 아트만), 일물(一物), 일심(一心), 유심(唯心)을 주장했다."고 생각하지 말라는 것입니다.

만약 어떤 사람이 석가모니 부처는 "불성(佛性), 여래장(如來藏), 진여자성(眞如自性; 무위(無爲) 관조(觀照)하는 순수의식으로서의 푸루샤), 한물건(一物), 한마음(一心)" 등 본성론(本性論)적인 불교를 주장했다고 말한다면, 그는 석가모니 부처를 비방하는 자이며, 석가모니 부처의 가르침을 이해하지 못한 것이 된다는 것입니다.

그러므로 우리는 마땅히 "석가모니는 모든 것이 무아(無我)라고 설했다"는 것을 이해해야 합니다.105)

그래서 금강경 부처도 금강경 제14장에서 "이 법은 무실무허(無實無虛)다."라고 말했고, 제27장에서는 "여래는 단멸상(斷滅相)을 설하지 않았다."고 말한 것입니다.

금강경 본문; 부처는 어떤 글자로 고정된 법을 교시한 것이 없다

스승이 물었다. "수보리여, 어떻게 생각하는가? 내가 어떤 글

---

105) 인도의 범가(梵家)에서는 푸루샤와 프라크리티, 불가(佛家)에서는 불성(佛性)과 자성(自性), 도가(道家)에서는 도성(道性), 선가(仙家)에서는 선성(仙性), 단가(丹家)에서는 단성(丹性), 신가(神家)에서는 신성(神性)이라고 하는 모든 본성들을, 석가모니 부처와 나는 실재하지 않는 것으로 부정한다. 부정하는 이유는 이 모든 본성들은 무수한 원인과 조건에 의해 생겨난 것이기 때문이다.

자로 고정된 법(금강경)을 교시(敎示)했다고 생각하는가?"

수보리가 대답했다. "스승이시여, 그렇지 않습니다. 여래께서는 어떤 글자로 고정된 고정적인 법(금강경)을 교시한 것이 없습니다."

팔천송반야경(제1장)에서 "수보리 존자의 설법은 부처님의 위신력과 가지력의 도움에 의한 것이다."라고 말했습니다.

그렇다면 석가모니의 설법은 누구의 위신력(威神力)과 가지력(加持力)의 도움에 의한 것일까?106) 아마도 석가모니의 설법은 진리 그 자체의 위신력(권위력)과 가지력(지지력)의 도움에 의한 것일 겁니다. 그렇다면 진리 그 자체의 위신력(권위의 힘)과 가지력(지지해주는 힘)이란 무엇인가? 그것은 모든 존재와 현상의 인연법입니다.

여기서 인연법(因緣法)이란 "모든 것은 서로 연관되어 있다는 관계성의 법칙"을 의미합니다.

인연법에 의해 조합된 모든 것은 무아다

그런데 이 인연법으로 말하면, 석가모니와 그의 깨달음과 그의 설법과 그의 열반조차도 환상이며 꿈과 같은 것입니다.

그리고 석가모니의 깨달음만 아니라, 모든 사람들의 번뇌도

---

106) 위신력(威神力)이란 악마들의 방해를 능히 없애주는 부처(깨달은 자, 깨어난 자)의 능력을 뜻한다. 가지력(加持力)이란 자기제자를 도와주고 지켜주는 부처(깨달은 자)의 능력을 뜻한다.

환상과 꿈과 같은 것입니다. 왜냐하면 인연법에 의해 조합(造合, 假合)되어진 것은 그 어떤 것이든 모두 본체성(本體性, 實體性, 自性)이 없는 것이기 때문입니다.107)

---

107) **수보리 존자의 진면목을 모르는 독자들에게 꼭 소개하고 싶은 글**
물론, 사물을 개념으로 만들어 말과 글로 변화시켜 이것을 인식의 도구로 삼는 능력은 영장류 인간만이 가지고 있는 재능이다. 그런데 《팔천송반야경(제1장)》에 보면, 수보리 존자의 정말 대단한 설법이 있다. 그는 석가모니에게 다음과 같이 말했다.
    석가모니 부처를 향해 공성의 진리를 유감없이 설파하는 수보리 존자
    "세존이시여, 반야바라밀(지혜의 완성)에 대한 저의 설법은 부처님의 위신력(권의 힘)의 도움에 의한 것입니다. 세존이시여, 부처님에 대한 보살의 체험은 시작도 끝도 없는 것이며, 그 중간도 없는 것입니다. 왜냐하면 물질적 요소이든 정신적 요소이든 그 작용적 현상이 끝없는 것처럼 부처님에 대한 보살의 체험도 끝없는 것이기 때문입니다. 그러나 모든 것은 연기(緣起; pratitya samutpada)이므로 공(空)입니다. 그러므로 저는 부처님과 보살님조차도 그 어떤 실체가 있는 존재로서 인식하거나 포착하지는 않습니다. 그러므로 저는 부처와 보살대사의 경지라고 하는 것을 얻은 바도 없고, 마음에 둔 바도 없습니다. 이러한 제가 어떤 보살에게 무슨 반야바라밀(지혜의 완성)을 가르쳐 보일 수 있겠습니까? 토살과 반야바라밀(지혜의 완성)이라고 하는 것은 다만 명칭(개념)일 뿐입니다. 명칭(개념)은 실체가 아닙니다. 세존이시여, 우리들은 보통 '자아, 자아'라고 말합니다. 그러나 그 자아조차도 결국에는 적멸인 것입니다. 이와 같이 모든 존재에는 자성(自性; svabhava)이 없는 것입니다. 그리고 자성(prakriti)이 없는 것은, 그 어디에서 생겨 일어난 것도 아니며, 꺼지는 것도 아니므로 관찰할 수 없고, 파악할 수도 없는 것입니다.
    모든 존재는 그것을 구성하는 물질적인 요소와 정신적인 요소가 있습니다. 그리고 결국에는 그 요소들조차도 공으로 돌아갑니다. 그러므로 존재와 진공은 둘이 아닙니다. 세존이시여, 만약 보살이 진리를 깨닫기 위해 수행하고 있을 때, 이와 같은 설법을 듣고도 마음이 불안하지 않고, 후회하지 않고, 기가 꺽기지 않고, 침잠해하지 않고, 절망하지 않고, 큰 두려움에 빠지지 않는다면, 바로 그 보살대사야말로 참으로 반야바라밀(부처의 완벽한 지혜)의 삶을 실천하고 있는 자라고 할 수 있겠습니다. 세존이시여, 보살대사의 경지는 물질이 곧 진공이요, 진공이 곧 물질입니다. 그러므로 물질과 진공은 둘이 아닙니다. 그것은 결코 둘로 나누어질 수 없는 것입니다."
    사리불 존자의 날카로운 질문
    그때, 사리불 장로가 수보리 장로에게 말했다. "그대는, 그대의 설법중에서 '보살이란 어디에서 생겨 일어나는 것이 아니다'라는 말을 하였다. 그렇다면, 장로 수보리여, 어째서 보살은 온갖 중생을 위해 어려운 수행을 닦고 있는 것입니까? 그리고 또, 보살은 중생들을 대신하여 괴로움을 받는 그 일을 왜 구태여 하는 것입니까?”

수보리 존자의 명쾌하고 심오한 답변

그러자, 수보리 장로가 사리불 장로에게 이렇게 말했다. “사리불 장로여, 보살이 행하기 어려운 일을 하는 것은 바람직한 일이 못됩니다. 왜냐하면 만약 보살이 고행이라고 생각하면서 반야바라밀을 추구하는 것은 보살대사가 아니기 때문입니다. 만약 보살에게 고행이라는 생각이 있으면, 중생을 이익되게 할 수 없습니다. 그러나 참된 보살은 중생구제의 일을 즐겁게 생각하고, 모든 중생들에 대하여 어머니와 아버지의 마음으로, 또는 자기의 아들이나 딸처럼 생각하는 마음으로 또는 자기자신을 위한 일처럼 중생의 행복을 위해 보살행을 실천합니다. 언제나 참된 보살은 다음과 같이 생각합니다. 즉 ‘나는 이 모든 중생을 버리지 않아야 한다. 그리고 나로 인하여 이 모든 중생이 자기의 끝없는 번뇌의 고통으로부터 완전히 해탈하기를 원한다.’라고. 보살은 중생을 위해서 있는 것입니다. 그러나 보살이라는 존재를 구성하는 요소는 진공(眞空)의 산물이니, 보살 또한 진공일 뿐입니다. 모든 것을 아는 지혜의 본성조차도 마찬가지로 공입니다. 그리고 중생 또한 공입니다. 그러므로 참된 보살은 교묘한 방편으로써 중생을 구제하는 바 없이 구제하고, 중생은 또한 구제받는 바 없이 구제받으니, 보살대사의 모든 행동은 마치 허공의 꽃과 같은 것입니다.

수보리 존자의 설법의 의미를 이해하지 못하는 사람들

그때, 그 집회에 있던 천신들이 마음속으로 다음과 같이 생각했다. “야차들의 대화, 야챠들의 노래, 야차들의 언어, 야차들의 이야기 등등은 우리들도 이해할 수 있다. 그러나 수보리 장로가 우리들에게 설명하고, 가르치고, 논의하는 것은 도저히 이해할 수가 없는 것이다.”라고. 그때, 수보리 장로가 부처님의 위신력(권의 힘)의 도움으로 천신들이 마음속으로 무슨 생각을 하고 있는지를 꿰뚫어 보고, 천신들에게 다음과 같이 말했다. “천신들이여, 머무르지 않으면서 머무는 반야바라밀의 경지는 그렇게 알 수 없는 것입니다. 왜냐하면 이 경지에서는 그 어떠한 것도 실체로서 인정하지 않기 때문입니다.” 그러자, 천신들은 마음속으로 또 이렇게 생각했다. “수보리 성자께서 드러내 보이는 진리는 너무 심오하고 광대해서 도무지 아무 것도 모르겠구나.” 수보리 장로가 다시 천신들에게 말했다. “천신들이여, 예류과(預流果)와 일래과(一來果)와 불환과(不還果)와 독각과(獨覺果)와 불과(佛果)의 경지에 도달하여 거기에 머무르고 싶다고 바라고 있는 사람은 결코 거기에 안주할 수 없습니다.” 천신들은 마음속으로 또 이렇게 생각했다. “대체, 이 성자 수보리의 설법을 들을 수 있는 자는 어떠한 자격을 갖추고 있는 사람이어야 하는 것일까?”

수보리 존자의 충격적인 설법

수보리 장로가 말했다. “천신들이여, 내 설법을 듣는 자는 마음에 집착이 없어야 합니다. 왜냐하면 모든 것이 다 환상일 뿐이기 때문입니다. 천신들이여, 중생의 번뇌는 환상이라는 것을 알아야 합니다. 아니 중생이라는 그 자체도 환상입니다. 천신들이여, 중생의 모든 일이란 한바탕 꿈과 같은 것입니다. 이와 같이 예류(預流)의 경지와 일래(一來)의 경지, 그리고 불환(不還)의 경지와 아라한(阿羅

글자 설명이나 설법에 의해 얻어지는 진리는 없다

그리고 바로 이것이 왜 독자들은 금강경(Vajracchedika Prajnaparamita Sutra)에도 '사로잡히는 마음이 없이' 금강경을 읽어야 하는가 하는 이유일 것입니다.

본문에서도 금강경 부처는 "수보리여, 설법이라고 하는 것은, 설해야만 하는 고정적인 법이 없는 것을 일컬어 설법이라고 한다."라고 말했습니다. 이 말의 의미는 '설법이라고 하는 명칭(개념)은 인연소생(因緣所生)이기에 무아(無我)라는 것'입니다.

금강경 본문

스승이 물었다. "수보리여, 여래는 어떤 글자로 고정된 진리를 교시한 것이 있다고 말하는 자가 있다면, 그는 잘못 말한 것이 된다. 그는 진실이 아닌 것에 집착하여 나를 비방하는 자이다. 왜냐하면 어떤 글자로 고정된 진리를 교시했다는 생각

漢)의 경지와 부처님의 경지도 모든 것은 다 환상과 같고 꿈과 같은 것입니다."
수보리 존자의 설법을 듣고 충격받은 사람들
그때, 천신들은 깜짝 놀라며 수보리 장로에게 말했다. "성자 수보리여, 부처님도 환상의 인간이라고, 꿈과 같은 존재라고, 당신은 지금 말하는 것입니까? 부처님의 그 아뇩다라삼막삼보리(최고의 깨달음)에 대해서도 당신은 지금 그것이 환상이라고, 꿈과 같은 것이라고, 말하는 것입니까?" 수보리 장로가 대답했다. "천신들이여, 그렇다. 부처님도, 부처님의 그 깨달음도 환상과 같고, 꿈과 같은 것이라고 나는 설한다. 그리고 열반조차도 환상과 같고, 꿈과 같은 것이다." 천신들이 계속 놀라며 말한다. "성자 수보리여, 당신은 지금 부처님도, 부처님의 그 깨달음도, 그리고 열반도 모두 환상적 존재이며, 꿈과 같은 것이라고 말하는 것입니까?"
수보리 존자의 설법: 부처와 부처의 열반조차 허깨비와 같고, 꿈과 같은 것이다
수보리 장로가 말했다. "천신들이여, 그렇다. 만일 열반보다도 더욱 더 뛰어난 법이 있다고 할지라도 그것 또한 환상적 존재이며, 꿈과 같은 존재라고, 나는 설한다. 왜냐하면 천신들이여, 열반과 환상과 꿈은 서로 같은 것이기 때문이다." 석해탈 편저 《팔천송반야경 제멋대로 읽기》 출판시대(1998). 60-66쪽과 88-91쪽 참조.

(금강경 책)에 의해 얻어지는 법은 그 어디에도 존재하지 않기 때문이다."

　이 대목은, 석가모니 부처가 왜 "나는 49년동안 단 한마디도 남에게 설한 바 없다."라고 설법했는지 그 이유를 알게 해주는 대목입니다. 이런 법어는 아무나 말할 수 있는 게 아닙니다. 왜냐하면 이런 법어는 자기부정적이며 초월적이며 근원적이며 무주(無住)적인 깨달음의 레벨에서만 나오는 것이기 때문입니다.
　야부도천(1127-1130)의 멋진 선시(禪詩)도 생각납니다. "설함이 있다고 해도 모두 비방을 이루고, 말이 없다고 해도 용납하지 못한다. 내 이제 그대를 위해 한가닥 선(線)을 통하게 하니, 태양이 동쪽고개에서 붉게 떠오르는구나!"

금강경 본문

　스승이 이렇게 말했을 때, 수보리 장로는 스승을 향해서 다음과 같이 물었다. "스승이시여, 지금부터 후세에 제2의 오백년대에 올바른 진리의 파멸이 일어날 때, 이와 같은 가르침을 듣고 믿는 사람들이 있겠습니까?"

석가모니가 깨달음을 얻은 직후 고민에 빠진 이유

　석가모니는 깨달음을 체득한 직후 다음과 같은 고민을 했다고 합니다. "내가 체득한 이 법은, 매우 심오하여 보기 어렵고, 깨닫기 어렵다. 적연미묘(寂然微妙)하여 사람들의 생각을 초월하여, 심원하여 오직 지혜로운 자만이 이해할 수 있다. 그런데 세상 사람들은 욕망을 즐기고, 욕망에 빠지고, 욕망을 좋아하고 있다. 이런 사람들에게는 연기(緣起; pratiya samutpada) 즉, 모든 존재와 현상은 원인과 조건에 의해 생겨났다는 이치를 이해시키기 어려울 것이다."

생각하건대, 바로 이 대목이 지금 금강경에 나오는 수보리 존자의 회의적(懷疑的)인 질문내용의 '원형'이라고 여겨집니다.

인기가 없었든 반야바라밀

그리고 또 《소품반야권(제2권)》에 보면 석제환인과 석가모니의 대화가 기록되어 있는데, 이 대화내용은 먼저 석제환인이 석가모니에게 "세존이시여, 이 곳에 사는 사람들은 반야바라밀(지혜의 완성)을 존중하고 찬탄하지 않는데, 그것은 부처님이 주는 큰 이익을 모르기 때문입니까?"라고 물었습니다.

그러자 석가모니는 "이 곳에는 불교신자가 얼마나 되는가?"라고 석제환인에게 도리어 물었습니다. 석제환인은 보고하기를 "불교신자는 극소수이며, 불교 전문수행자들의 수도 자꾸 줄어가고 있다"라고 말했습니다.

그러자 석가모니도 이에 대해 공감을 표하며, 아마 아뇩다라삼막삼보리(최고수준의 깨달음)를 마음을 내거나 보살도(菩薩道)를 닦는 사람들은 수천만명중에서 한 두명이 나올까 말까 할 것이다. 그리고 현실계의 상황이 이렇기 때문에 선남선녀들의 발심과 반야경 수지독송 및 가르침의 전파가 더욱 더 필요한 것이다108) 라고 말했습니다.

금강경 본문

스승이 대답했다. "수보리여, 그들은 중생도 아니고, 중생이

---

108) 대승불교 반야부 사상의 발전경로를 알 수 있는 글
《팔천송 반야경(제10장)》에서, 석가모니 부처는 사리불에게 다음과 같이 말했다. "사리불이여, 내가 세상을 떠난 후에 반야바라밀(지혜의 완성)의 가르침은 먼저 남쪽지방으로 유포돼 갈 것이다. 그리고 남쪽지방에서 또 서쪽지방으로 유포돼 갈 것이다. 그리고 서쪽지방에서 또 북쪽지방으로 유포돼 갈 것이다. 사리불이여, 훗날 세상에서 정법이 사라져 갈 때, 이 가르침은 다시 이렇게 온 사람(여래)에 의해서 그 지방에 나타날 것이다. 거기서 만약 이 반야바라밀을 베껴쓰고 받들어서 공양하는 자가 있다면, 부처의 눈은 그 사람을 항상 지켜보고 있다는 것을 마땅히 알아야한다." 그러자 사리불이 부처에게 물었다. "세존이시여, 여래께서 열반에 드신 뒤 후오백년이 되었을 때에도 이 반야바라밀(지혜의 완성)은 북쪽지방에 널리 유포되겠습니까?" 부처가 말했다. "사리불이여, 내가 죽고 난 뒤에 후오백년이 되었을 때에도 반야바라밀(지혜의 완성)은 마땅히 북쪽지방에 널리 유포될 것이다. 거기서 어떤 남자와 여자들이 이 반야바라밀(지혜의 완성)의 가르침을 듣고 그것을 수지독송하며, 수행하는 사람들이 있을 것이다. 그들은 일찍부터 오랫동안 아뇩다라삼막삼보리(최고의 깨달음)에 뜻을 두고, 부처(깨달은 자)의 도를 구해 온 자라는 것을 마땅히 알아야 한다."
반야바라밀(완벽한 통찰로 지혜를 완성시키는 것)의 가르침을 이해하고 깨닫는 사람은 극소수일 것이라고 말하는 석가모니 부처
사리불이 말했다. "세존이시여, 북쪽지방에는 반야바라밀(지혜의 완성)의 가르침을 수지독송하며, 수행하는 보살들이 얼마나 있겠습니까?" 부처가 말했다. "사리불이여, 북쪽지방에는 반야바라밀(지혜의 완성)의 가르침을 듣는 보살들은 많겠지만, 이 가르침을 올바르게 수지독송하며, 실제로 깨우치는 사람은 얼마되지 않을 것이다."
반야바라밀(지혜의 완성)의 도를 닦는 자들을 격려하는 부처의 말씀
"이 반야바라밀(지혜의 완성)의 가르침을 올바르게 수지독송(受持讀誦)하며 실제로 깨우치는 사람은 이 반야바라밀(지혜의 완성)의 가르침을 들어도 놀라지 않으며, 두려워하지 않는 사람들이다. 그들은 이미 과거의 생애에서 무수한 부처님을 만나 가르침을 받고, 또 의심가는 것에 대해서는 질문하고 해답을 얻은 사람들로서 정말 보살의 도를 원만하게 실천할 수 있는 사람들이다. 그들은 가장 고귀하고 평등하고 보편적인 깨달음의 눈을 가진 자로서 무수한 중생을 이익되게 하는 사람들이다." 석진오의 《팔천송반야경 한글로 읽기》미발표 습작노트로부터. 구마라집의 번역본 《소품반야경》은 제4권(불가사의품)을 참조하시기 바란다.

아닌 것도 아니다. 왜냐하면 중생이라는 것은 중생이 아니다
라고 여래가 설했기 때문이다. 그렇기때문에 중생이라고 말해
지는 것이다."109)

---

109) '중생'이라는 주제에 대한 수보리 존자와 제석천의 대화
　　《팔천송반야경(제2장)》에서 수보리 존자가 말했다. "제석천이여, 중생이 수확적
으로 수(數)가 많아서 광대 무량 무변이라고 하고, 그래서 반야바라밀(지혜의 완
성)도 광대 무량 무변의 완성이라고 하는 것은 아니다. 제석천이여, 그대는 어떻
게 생각하는가? 중생, 중생이라고 하는데, 이것은 무엇에 대한 명칭이겠는가?"
　　중생은 실체성이 없는 무아라는 것
　　제석천이 말했다. "성자 수보리여, 이 중생이라는 명칭은 어떤 실체적인 존재
에 대한 명칭은 아닙니다. 그렇다고 해서, 존재가 아닌 것에 대한 명칭도 아닙니
다. 이 중생이라고 하는 명칭은 다만 인식을 위해서 명칭을 세운 것일 뿐입니다.
그러므로 이 명칭에 의해서 나타난 자성(自性; 프라크리티)과 본체(本體; 푸루샤)
는 없는 것입니다." 수보리 존자가 말했다. "제석천이여, 그대는 어떻게 생각하는
가? 지금 그대의 설명에 의해 중생이라고 하는 것이 무엇인가 하는 점에 대해
조금이나마 명백해진 것이 있다고 생각하는가?" 제석천이 말했다. "성자 수보리
여, 그렇지는 않습니다."
　　중생은 있는 것도 아니고 없는 것도 아니라는 것
　　그러자, 수보리 존자가 말했다. "제석천이여, 중생에 대해서 그 무엇인가 조금
도 명백해진 것이 없다라고 한다면, 어떻게 중생의 무한이 있을 수 있겠는가?
　　제석천이여, 만약 어떤 부처님이 바닷가에 있는 모래 수만큼의 무수한 시간
동안 소리를 내어서 말하기를 '중생! 중생!'하고 부른다 하더라도, 그 소리에 의
해서 거기에 단 한사람의 중생도 생겨나지 않았고, 미래에도 생겨나지 않을 것
이고, 지금 현재도 생겨나지 않는다. 그리고 또, 그 소리(언어)에 의해서 한사람
의 중생도 죽지 않았고, 미래에도 죽지 않을 것이고, 지금 현재도 죽지 않는다."
제석천이 말했다. "성자 수보리여, 그것은 왜냐하면 중생은 본래청정(本來淸淨)해
서 태어남과 죽음이 없기 때문입니다." 수보리 존자가 말했다. "제석천이여, 바로
그러한 이유에서, 중생이 끝이 없는 고로 반야바라밀(지혜의 완성) 역시 끝이 없
는 것이다."
　　석해탈 편저 《팔천송반야경 제멋대로 읽기》출판시대(1998) 105-109쪽으로부
터. 지루가참의 번역본 《도행반야경》은 제 1권의 <난문품>을 보시고, 담마비와
축불념 번역본 《마하반야초경》은 제1권의 <문품>을 대조해보시고, 구마라집의
번역본 《소품반야경》은 제1권 <석제환인품>을 참조해보시기 바란다.

최고의 깨달음이라고 하는 본체는 없다

금강경 제 22장의 의미번역

"여래는 깨달음이라고 하는 어떤 관념에 집착해서 부처가 된 것이 아니다. 수보리여, 어떻게 생각하는가? 여래가 아뇩다라삼막삼보리(阿耨多羅三藐三菩提)를 실제로 깨달았다고 하는 그러한 어떤 법이 있다고 생각하는가?"〔여래는 최고의 깨달음이라고 하는 어떤 관념에 집착해서 부처가 되었는가?〕

수보리가 대답했다.

"스승이시여, 그와 같은 일은 없습니다. 여래가 아뇩다라삼막삼보리를 실제로 깨달았다고 하는 그러한 법은 아무것도 없습니다."〔여래는 최고의 깨달음이라고 하는 어떤 관념에 집착해서 부처가 된 것은 아닙니다.〕

스승이 말했다.

"그렇다, 수보리여. 먼지만큼의 법도 거기에는 없으며, 취득되지 않는다. 그렇기 때문에 아뇩다라삼막삼보리(최고의 깨달음)라고 말해지는 것이다."110)

---

110) 지금 필자가 참고대본으로 사용하고 있는 금강경은 범어본(梵語本)입니다. 하지만 구마라집이 번역한 중국 고대 한자로 된 금강경 제 22장의 원문도 새롭게 한글현토를 붙여서 여기 각주로 소개해둡니다.

無法可得分 第 二十二: 須菩提 白佛言하기를 世尊이시여, 佛께서 得阿耨多羅

아뇩다라삼막삼보리란 무엇인가

아뇩다라삼막삼보리(Anuttarasamyaksambodhi)라고 하는 최고의 깨달음은 곧 부처의 완벽한 지혜의 깨달음을 의미합니다.

그래서 아뇩다라삼막삼보리란 반야바라밀(부처의 완전한 지혜)의 다른 표현입니다.

그리고 반야바라밀(부처의 완벽한 지혜의 깨달음)은 제법무아(諸法無我)와 제법개공(諸法皆空)의 다른 표현입니다.

그리고 제법무아(諸法無我)와 제법개공(諸法皆空)은 연기무아(緣起無我)와 제행무상(諸行無常)의 다른 표현입니다.

이 모든 용어가 글자는 서로 달라도 깨달음의 내용은 똑같은 것입니다.

아뇩다라삼막삼보리도 인연소생(因緣所生)이기에 무아(無我)다

이러한 아뇩다라삼막삼보리(Unexcelled Complete Enlightenment)도 어떤 형태가 있는 물질적인 존재나 감각적인 사물은 아닙니다.

아뇩다라삼막삼보리는 인식(과거에 경험했던 기억의 반응)이 아닙니다.

아뇩다라삼막삼보리는 마음(과거에 겪었던 기억이나 습관적인 반응)이 아닙니다.

三藐三菩提는 爲無所得耶입니까? 佛言하시기를 如是如是이다. 須菩提여 我於阿耨多羅三藐三菩提에 乃至無有少法可得이니, 是名阿耨多羅三藐三菩提인 것이다.

그러므로 아뇩다라삼막삼보리(Awaken The Thought of The Consummation of Incomprable Enlightenment)란 고정불변적으로 존재하는 것이 아닙니다.

아뇩다라삼막삼보리(가장 높은 깨달음의 상태)는 자성(自性; 프라크리티)이나 진여자성(眞如自性; 푸루샤)이 없는 것입니다.

왜냐하면 아뇩다라삼막삼보리(The Perfect Wisdom of a Buddha)조차도 어떤 심리적 원인과 조건에 의해 생겨난 것이기 때문입니다.

부처의 가르침을 절대화 하지 말라

그런데 대승불교 추종자들은 석가모니와 그의 깨달음과 그의 가르침은 절대화(絶對化) 신비화(神秘化)하여 보통사람들을 그의 사상의 노예로 만들어내고 있습니다.

하지만 상대성이론과 양자장이론(Quantum Field Theory)과 끈이론(String Theory)과 나노과학시대에 살고 있는 우리는 왜 그의 사상의 노예가 되어야 합니까?

석가모니가 호모사피엔스 사피엔스 사피엔스(지혜를 갖고 있는 인간)이면 우리도 호모사피엔스 사피엔스 사피엔스입니다. 그래서 석가모니의 아뇩다라삼막삼보리(The Highest Correct and Complete)도 신앙의 대상이 아닙니다. 그것은 마치 나와 나의 지성이 나 자신에게 있어서조차 절대 신앙의 대상이 될 수 없는 사실과 같은 것입니다.

바로 이러한 이유에서 《사십이장경》의 부처가 "나의 가르침은 사유할 수 없는 것을 사유하는 것, 말로 할 수 없는 것을 말하는 것, 수행할 수 없는 수행하는 것이다."라고 설파한 것은 매우 절묘한 역설적(逆說的)인 과장(誇張)이요, 신비화(神秘化)라고 여겨집니다. 사십이장경(四十二章經)은 중국인들이 일부러 만들어낸 가짜불경('僞經')입니다.

최고는 최고가 아니며 지혜는 지혜가 아니다

이제 끝으로 금강경 부처와 금강경 경전작가에게 다음과 같은 질문을 하면서 오늘 법회는 이만 마치기로 하겠습니다.

"만약 아뇩다라삼막삼보리(무상보리(無上菩提))와 반야바라밀(지혜의 완성)이 무아(無我)요, 진공(眞空)이라면, 어떻게 아뇩다라삼막삼보리를 아뇩다라삼막삼보리라고 말할 수 있으며, 반야바라밀을 반야바라밀이라고 말할 수 있는가? 가장 높은 수준의 깨달음이란, 무엇인가가 가장 높은 수준에서 있는 존재 또는 의식 또는 바로 그 사람(buddha)이 있어야 비로소 가능한 표현인데, 이 모든 것이 무아(無我)요, 진공(眞空)이라면 어떻게 아뇩다라삼막삼보리라고 말할 수 있으며, 반야바라밀이라고 말할 수 있겠는가? 만약 무아(無我)와 공성(空性)에 대한 깨달음 자체를 아뇩다라삼막삼보리와 반야바라밀이라고 말한다면, 그렇다면 아뇩다라삼막삼보리는 결코 아뇩다라삼막삼보리가 아니며, 반야바라밀은 결코 반야바라밀이 아니다. 왜냐하면 아뇩다라삼막삼보리와 반야바라밀은 무아(無我)요, 진공(眞空)이기 때문이다. 그러므로 아뇩다라삼막삼보리와 반야바라밀은 명칭

(개념)일 뿐이다. 그런데 왜 금강경 부처를 만들어낸 금강경 경전작가는 아뇩다라삼먁삼보리와 반야바라밀이라고 하는 상태 또는 의식 또는 존재 또는 바로 그 사람(Buddha)이 실재(實在)하는 것처럼 주장하는가?”

무아에 의해 일체가 평등해지는 진리

◉ 금강경 제 23장의 의미번역

그리고 또 수보리여, 참으로 이 아뇩다라삼막삼보리(최고의 깨달음, 궁극적인 통찰력의 지혜)는 평등하여 그 가운데는 어떠한 차별도 존재하지 않는다.

그러므로 아뇩다라삼막삼보리는 자아중심을 벗어남, 실존의 영원한 지속을 포기함, 생의 덧없음, 자아의 부재(不在)에 의해 일체가 평등해지는 유익한 진리다.

왜냐하면 좋은 진리라는 것은 좋은 진리가 아니다. 그렇기 때문에 좋은 진리라고 말해지는 것이다.111)

▌새로운 생각의 길

석가모니와 수보리 존자의 지혜의 평등성

석가모니와 수보리 존자의 지혜가 평등(平等)하기 때문에 이

---

111) 지금 필자가 참고대본으로 사용하고 있는 금강경은 범어본(梵語本)입니다. 하지만 구마라집이 번역한 중국 고대 한자로 된 금강경 제23장의 원문도 새롭게 한글현토를 붙여서 여기 각주로 소개해둡니다.

　　淨心行善分 第 二十三: 復次須菩提여 是法이 平等하여 無有高下이니 是名阿耨多羅三藐三菩提이다. 以無我無人無衆生無壽者하여 修一切善法한다면 卽得阿耨多羅三藐三菩提하리라. 須菩提여 所言善法者는 如來說하시기를 卽非善法이니 是名善法이다.

와같은 대화가 이루어지고 있는 것입니다.112)

나의 역설적인 지혜의 논리

그러나 나는 '아뇩다라삼막삼보리(가장 높은 레벨의 깨달음)'를 다르게 표현하고 싶습니다. 즉, 가장 고귀하고 가장 완벽한 깨달음이 가장 평범하고 결핍된 것일 수도 있습니다.

예를들면, 무아(無我)를 주장하는 사람(즉, 무아라고 하는 실재가 있는 것으로 알거나 믿는 사람)이 가장 아집(我執)이 강한 사람일 수도 있습니다.

그러므로 우리는 자기중심이 없음, 영원한 실존의 무, 생명의 덧없음, 영원한 아트만의 부재(不在)의 면만 가르치는 불교에 너무 집착하거나 머물지 말고, 있는 그대로의 사실(事實)과 자신의 진실(眞實)에 주목해볼 줄도 알아야 할 것입니다. 그래서 나는 아뇩다라삼막삼보리를 우주적이고 인간적인 통찰력의 완성이라고 표현하는 것입니다.

왜 우리 현대인들이 신(神)의 거지가 되어야 하는가

석가모니가 영장류이면 나도 영장류입니다. 왜 무아진공(無

---

112) 《팔천송반야경(제1장)》에서 수보리 존자는 다음과 같이 말한 바 있다: 부처(깨달은 자)의 제자들이 각자의 타고난 성격과 기질에 따라 말하고, 교시하고 나타내고, 유도하고 밝히고, 현시하는 것은 모두 여래(이렇게 온 깨달은 자)의 인간적인 활동이라는 것을 알아야 한다. 왜냐하면 여래(이렇게 온 깨달은 자)께서 설법을 할 때 그것을 배우는 사람들은 여래(이렇게 온 깨달은 자)가 행하는 설법의 진실성을 깨닫고 믿음으로 그것을 체험하게 되기때문이다. 그러므로 불제자의 설법은 곧 부처의 설법이라는 것을 알아야 한다. 석해탈 편저《팔천송반야경 제멋대로 읽기》출판시대(1998). 15쪽으로부터

我眞空)의 사상에 철저한 대승불교는 석가모니와 그의 수많은 화신(化身; Body of Transformation)을 만들어 분별하게 하고 차별하게 합니까?

석가모니와 그 화신(化身)들은 무소불능(無所不能)의 권화신(權化神)이고, 보통사람들은 이 신들을 깊은 신앙심으로 받들어야 하는 관계로 설정한다면, 불교가 타력신앙인 크리슈나교와 예수교와 이슬람교와 다른 점이 무엇이 있겠습니까?

왜 우리 현대인들이 신의 노예 또는 신의 거지가 되어야 합니까? 대체 깊은 신앙심이란 무엇입니까?

나의 관찰에 의하면, 보통사람들이 행하는 깊은 신앙심이란, 신들에게 그저 아부하고 아첨하는 것입니다. 아니면, 무소불능(無所不能)의 신(神)들에게 동정심을 유발하여 약간의 도움이라도 구걸(求乞)하겠다는 거지같은 마음일 뿐입니다.

석가모니 부처는 어느 종교집단의 대표적인 교주로서 승려증이나 발부하는 그런 종교사업가나 권력적인 존재가 되어 있는 것으로 만족해서는 안된다

그리고 왜 불교에 집단적인 조직의 힘이 필요합니까? 석가모니가 승가단체를 만들었다고 하지만 그것은 오늘날 중국과 한국과 일본의 승가집단과 같은 것은 아닙니다.

내가 이해하는 석가모니는 어느 한 국가의 대표적인 인물이나, 어느 한 종교집단의 대표적인 교주로서 승려증이나 발부하는 종교사업가나 권위적인 존재가 아니라, 개인적으로 자유롭게 심오하면서도 최선을 다해 진지하게 살다간 스승이나 성자라고 생각합니다.

그런데 대승불교, 중국불교, 한국불교, 일본불교인들은 왜 이토록 자유로운 인간(부처; 깨달은 사람)을 법당에 쇠와 나무와 흙으로 만들어 놓고, 탐욕적이고 시기질투적인 증오심과 어리석은 사람들의 기도응답 용도 또는 문중 패거리의 이권 싸움에 힘얻기 용도, 또는 악당들의 심리긴장 해소 용도로 사용하고 있습니까?

진리는 천천히 움직이는 자연법칙과 같은 것

아무리 무지한 인간도 권력과 세력이 있으면 강대해지는 법이요, 아무리 어질고 착한 지혜의 인간도 재력과 권력과 세력이 없으면 아무것도 아닌 것으로 보는 것이 속인들의 인심이요, 현실입니다.

하지만 본래 진리라고 하는 것은 아무것도 아닌 것 같지만, 자연법칙(Laws of nature)의 움직임과 같은 것이어서, 인간들이 인위적으로 조작하는 권세보다 더 근본적으로 오래 존재하는 것입니다.

진리는 소유가 아니라 존재다

그리고 이러한 진리는 반드시 인간이 소유하고 선전해야만이 비로소 알려지고 뜻있고 힘이 있어지는 것은 아닙니다. 마치 목 마른 자가 우물가에서 물 한 잔 얻어먹고 시원하게 가는 것처럼, 마치 여행자가 아름다운 숲속에서 감동하는 마음처럼 그렇게 경이롭게 한번 느끼고 가는 것도 괜찮은 진리('善法')라고 생각합니다.

무한한 공덕을 갖고 있는 금강경을 선택하라
금강경을 읽는 자는 최고의 지혜를 얻을 것이다

금강경 제 24장의 의미번역

그리고 또 수보리여, 어떤 선남선녀들이 삼천대천세계에 있는 가장 큰 수미산의 수만큼의 칠보(금과 은, 진주, 유리, 파리, 호박, 산호)을 가지고 그것을 이렇게 온 사람(如來)·당연히 공양을 받을 자격이 있는 수행자(應供)·올바르게 깨달은 자(正等覺者)에게 보시한다고 하더라도, 만약 어떤 선남선녀들이 이 반야바라밀의 법문중에서 사행시의 하나만이라도 선택하여 다른 사람에게 가르치는 복덕에 비교한다면, 앞의 복덕은 뒤의 복덕의 백분의 일에도 미치지 못하는 것이다.113)

---

113) 지금 필자가 참고대본으로 사용하고 있는 금강경은 범어본(梵語本)입니다. 하지만 구마라집이 번역한 중국 고대 한자로 된 금강경 제24장의 원문도 새롭게 한글현토를 붙여서 여기 각주로 소개해둡니다.

福智無比分 第 二十四: 須菩提여 若三千大千世界中 所有諸須彌山王如是等七寶聚로서 有人이 持用布施할지라도 若人이 以此般若波羅蜜經으로 乃至四句偈等을 受持讀誦하며 爲他人說한다면 於前福德은 百分에 不及一이며 百千萬億分 乃至算數譬喩로도 所不能及이다.

돈 벌이와 책 읽기의 가치

금강경 제24장은, 물질적인 보시를 하는 것과 이 금강경을 알리며 설명하는 법보시(法布施) 중에서 어느 것이 더 가치 있는 것인가, 에 대한 설교입니다.

금강경 경전작가의 허풍과 과장

그런데 여기 금강경 제24장에서 이야기하는 물질은 보통 물질이 아니라 여러 가지 값비싼 보물들입니다. 이러한 보물들을 히말라야산 높이만큼 쌓아놓고 여러 부처님들에게 보시를 한다는 것입니다.

인도인들답게 대단한 과장과 허풍이 느껴지는 문장입니다. 누가 이러한 보시를 할 수 있겠습니까?

나에게는 1억원의 물질적인 보시도 큰 보시인데, 천억대, 수조원대(數兆圓臺), 수경원대(數京圓臺)의 물질적인 보시를 운운하니 누가 실감(實感)이나 하겠습니까?

그러니 금강경 경전작가는 과장하지 말고 허풍떨지 말기를 바랍니다.

보물만 보물이 아니라 이 지구도 보물이다

물론 나에게도 상상력은 있습니다. 하지만 나의 상상은 그럴듯한 이야기만 합니다. 예를들면, 보물만 보물이 아니라 이 지구도 보물이요, 태양도 보물이요, 달도 보물이라는 것입니다.

이 보물덩어리인 태양과 달과 지구가 서로 합작하여 무수한 식물들과 곤충들과 영장류들을 키워내고 있는 사실을 생각해 볼 때에 이 우주의 물질인 태양과 달과 지구의 보시력(布施力, 시혜력(施惠力))은 정말 대단한 것이라고 여겨집니다. 실제로 우리 모두는 이 지구와 태양의 분신(分身)들입니다.

그런데 한 점의 먼지보다 작은 박테리아 같은 인간들이 마치 이 지구와 태양과 달을 창조하고 우주를 창조한 것처럼 공상하며, 허풍떨고 과장이 심한 진리를 설하고 있군요.

비교할 수 없는 지혜의 행복

금강반야경(Vajracchedika Prajnaparamita Sutra)은 좋은 책입니다. 그래서 수많은 사람들에게 선전하며 권독하는 것은 나쁜 일이 아닙니다. 누가 이 완벽한 지혜의 논리와 철저한 깨달음을 가르치는 금강반야경에 대해 나쁜 말을 할 수 있겠습니까? 금강반야경에 나오는 단 한 구절이라도 진지하게 공부하며, 또 남을 위해 설명하는 것은 가치 있는 일입니다.114)

---

114) 사찰건립보다 반야경을 출판하는 공덕이 더 많은 복덕과 이익이 있다는 것:《팔천송반야경(3장)》에서 부처는 다음과 같이 말했다. "만약 어떤 사람이 여래, 아라한, 정등각자가 열반에 들었을 때, 여래를 공양하기 위하여, 여래의 유골을 거두어 일곱가지 보석으로 된 탑 천만 개나 세워서, 자기의 목숨이 다할 때 까지 천화, 천훈향, 천향, 천화환, 천도향, 천말향, 천보, 천일산, 천기, 천령, 천삼각기 등으로, 그 주위를 등명, 화환으로, 또 여러 가지의 공양구로서 예배하고, 합장하고, 존경하고, 공양하고, 공경한다면, 그대는 어떻게 생각하는가? 이 사람이 이것으로 인해 얻는 복덕은 얼마나 많겠는가?" 제석천이 대답하였다. "세존이시여, 매우 많습니다." 그러자, 부처는 다음과 같이 말했다. "제석천이여, 그러나 어떤 사람이 만약 이 반야바라밀(예를들면, 팔천송반야경과 금강경)을 순수한 마음으

금강경의 허물

그런데 문제는, 금강경 부처님이 다음과 같이 주장하고 있다는 점입니다.

"이 금강경을 항상 수지독송하며 공부하고, 남을 위해 해설하고 복사인쇄 출판하면서 선전 보급한다면, 당신은 어떠 어떠한 복덕을 받을 것이다. 그 복덕(자신이 행한 과보로 받게 되는 좋은 결과나 이익)은 당신이 상상을 초월할만큼 큰 것이다. 이 과보의 진실성에 대해서는 내가 확실하게 보증하겠다."

더구나 금강경 부처님이 정치가들처럼 자기 이름을 걸고 확실하게 보증을 해주는 말조차 한다는 점은 혹세무민(惑世誣民)의 절정이라고 여겨집니다. 그러니까 진리에 관한 책(금강경)이 진리답지 않은 방법으로 만들어지고 선전되고 대중화한 셈입니다.

내 생각은 이렇습니다. 아무리 금강경을 수지독송하며 남을 위해 설명해주는 사람들의 수가 매일 줄어든다 하더라도 나는

로 신봉하고, 공부하면서, 깨달음을 얻겠다는 결심으로, 항상 이 반야바라딜(지혜의 완성)을 청문하고, 신수하고, 수지하고, 독송하고, 사유하고, 선포하고, 견설하고, 해설하고 암송한다면, 그는 그보다 더 많은 복덕을 얻게 될 것이다. 그리고 다른 사람에게도 그 뜻을 상세히 풀어 보여서 밝히고, 마음으로 깊이 생각하고, 또 탁월한 지혜로서 이 반야바라밀(지혜의 완성)의 가르침을 깊이 검토한다면, 그는 더 많은 복덕을 얻게 될 것이다. 그리고 또, 경전을 제작 출판하고, 그것을 소중하게 지니고, 받들어서, 그것으로 인해 정법이 이 세상에 오래도록 더물 수 있게 하는 사람이 있다면, 그는 부처의 출현과 그의 정법이 단절되지 않게 항상 노력하는 자이므로 보다 더 많은 복덕과 이익을 얻게 될 것이다. 그러므로 우리는 항상 반야바라밀(지혜의 완성)을 예배하고, 합장하고, 존경하고, 공양하고, 존중하고, 공경해야 한다." 석해탈 편저 《팔천송반야경 제멋대로 읽기》출판시대 (1998) 144-146쪽으로부터.

혹세무민하지 않아야 한다고 생각합니다.

어떻게 반야경(Prajnaparamita Sutra)을 최고의 주문(呪文)이며 부적(符籍)이라고 선전하며 팔 수 있다는 말입니까? 이런 말은 금강경과 팔천송반야경이 아니라 석가모니의 할아버지가 말하는 것이라고 해도 잘못된 말이며 미신(迷信)의 말입니다. 이 점은 금강경과 팔천송반야경의 허물이라고 할 수 있습니다.

시절인연(時節因緣)의 중요성

왜 금강경 부처는 사람들에게 물질보시(物質布施)와 법보시(法布施)를 비교하고 선택하는 호불호(好不好)를 강제합니까? 왜 금강경 부처는 금강경을 억지로 좋아하게 만들려고 합니까? 왜 금강경만 베스트셀러가 되어야 합니까? 반야경의 위대한 주문성(呪文性)을 강조하는 것은, 사람들에게 어떠한 형태로든 두려움과 불안심리가 있다는 것을 잘 아는 사람들입니다. 그러나 아뇩다라삼먁삼보리(가장 고귀한 깨달음)의 기본정신은 "두려움과 불안은 존재하지 않는다."라는 것입니다.

그런데 왜 대승불교 반야부 경전작가들은 대승불교 경전성립사에서 가장 먼저 성립된 팔천송반야경에서부터 가장 마지막에 성립된 반야심경까지 "대신주(大神呪), 대명주(大明呪), 무상주(無上呪), 무등등주(無等等呪)"라는 주문을 외우며 거짓말을 합니까? 이것은 부처가 아니라 부처 할아버지라도 잘못된 말이요, 중생을 미신에 빠뜨리는 말입니다.115)

---

115) 부처를 무슨 반야경의 선전원으로 전락시킨 대승불교 경전작가들의 허물과, 반

부처가 보증하는 금강경 선전으로 얻는 복덕의 보증서

금강경 경전작가 지어낸 부처는 다음과 같이 말했습니다.

"어떤 사람들이 삼천대천세계에 있는 가장 큰 수미산의 수만큼의 칠보(七寶; 황금, 은, 청금석, 붉은 진주, 백진주, 자수정, 산호, 호박, 홍옥수)를 가지고 그것을 여래성현들에게 보시한다고 하더라도, 만약 누가 이 반야바라밀(깨달은 자의 지혜의 완성, 부처의 완전한 지혜)의 법문 중에서 사행시(四行詩)의 하나만이라도 선택하여 다른 사람에게 가르치는 복덕에 비교한다면, 앞의 복덕은 뒤의 복덕의 백분의 일에도 미치지 못하는 것이다."라고.

그러나 이러한 공덕의 과보(果報) 때문에 보살이 금강경을 사경(寫經)하고 남을 위해 연설한다면, 그는 과연 올바른 사람

야경을 무슨 주문서(呪文書)나 부적(符籍)처럼 선전하는 부처로 전락시킨 대승불교의 교법사들의 잘못은, 대승불교의 방편력으로 자기합리화할 것이 아니라 반구제기(反求諸己)하는 정신으로 참회해야 한다. 아래의 기록은 대승불교 경전작가들이 부처를 어떻게 유치한 사람으로 전락시켰는가를 보여주는 증거문이다.

《팔천송반야경(제3장)》에서, 부처는 다음과 같이 말했다. "만약 누가 이 반야바라밀을 신수(信受)하고, 수지(受持)하고, 독송하고, 생각하고, 선포하고, 연설하고, 해설하고, 개시하고, 암송한다면, 그 사람은 전쟁터에 가서도 생명을 잃지 않을 것이다. 또 그밖에 어떠한 재난을 만난다 할지라도 그는 자기의 생명을 잃지 않을 것이다. 만약, 전쟁터에서 누군가가 그에게 칼과 창과 돌 그밖에 어떤 무기를 던진다 할지라도 그 살상무기들이 그의 몸에 맞는 일은 없을 것이다. 왜냐하면 이 반야바라밀은 위대한 지혜의 주문(呪文)이기 때문이다. 제석천이여, 이 반야바라밀은 불가사의한 지혜의 주문(呪文)이며, 무한한 지혜의 주문(呪文)이며, 가장 높은 지혜의 주문(呪文)이며, 비교할 수 없는 지혜의 주문이다. 이 반야바라밀을 배우고 익히는 사람은 자기의 위험에 대해서 생각하지 않고, 또 다른 사람의 위험에 대해서도 생각하지 않으며, 자타의 위험에 대해서도 생각하지 않는다...제석천이여, 반야바라밀을 수지독송하며, 타인을 위해 해설하는 사람은 다음과 같은 현실적인 공덕을 얻는다. 예를 들면 강도와 사나운 동물에 의해 상처를 받거나 죽는 일이 없으며, 사악한 귀신이 붙는 일도 없을 것이다." 석해탈 편저 《팔천송반야경 제멋대로 읽기》출판시대(1998) 126-127쪽 그리고 129-130쪽으로 부터.

일까? 나는 그렇게 보지 않습니다. 왜냐하면 그의 동기는 공덕의 과보라는 '탐욕'에 의해 생겨난 것이기 때문입니다. 생각하건대, 탐욕은 에너지의 덧없는 낭비요, 사실을 왜곡하는 것이며, 각종 문제를 일으키는 것입니다.116)

---

116) 대승불교 반야부 경전작가들의 강박관념에 대하여: 대승불교의 《반야경》들을 읽어보면 반야경 수지독송을 위해 선전 전파하는 행위로 받는 공덕의 과보에 대해 지겨울 정도로 반복적으로 강조하고 또 강조한다. 이런 방식은 강박증 환자들의 정신이상(精神異常)적인 징후라고 여겨진다. 그리고 상황이 이토록 절박하게 된 데에는 《도행반야경(제2권) 공덕품》《소품반야경(제2권) 탑품》의 대화처럼, 반야경을 수지독송하는 자의 수가 갈수록 자꾸 줄어들고 적어진다는 사실에 기인한 것일 게다. 그러나 상황이 아무리 절박하게 되었다 할지라도, 이런 식의 유치한 공덕 과보에 관한 이야기보다는 차라리 현세에서 우리들이 경험하고 있는 온갖 번뇌의 업장소멸(業障消滅)에 관련된 정밀한 심리치료적인 가르침과 안심입명에 관한 정보에 대해 이야기를 해주는 것이 더욱 우리 현대인들의 근기에 맞는 것이라고 여겨진다. 우리 현대인들은 바보가 아니다. 그러니까 대승불교 반야부 경전작가들의 반야경 선전방법도 이제는 많이 달라져야 한다는 것이다. 이와 관련하여 내가 이상적인 모델감으로 생각하는 분이 외국에는 3, 4명 정도 있는데, 우리나라 불교계 총림에서는 아직 세계적인 성현(聖賢; 불교총림의 방장스님)이 단한 명도 나오지 않고 있는 것 같다. 어떤 이는 국제적으로 유명한 숭산(1927-2004)선사를 거명하는데, 숭산선사는 아니다. 왜냐하면 그는 중국에서 의도적으로 만든 조사선(祖師禪) 불교의 아류(亞流)일 뿐이기 때문이다. 숭산(崇山)이라는 이름조차도 중국 하남성 등봉현 북쪽에 있는 산의 이름이다. 그리고 "오직 모를 뿐!" 이라는 숭산선사의 법어집에는, 중국 조사선 불교를 넘어서는 그 자신만의 독특한 깨달음이나 성질이 보이지 않는다. "오직 모를 뿐!"이라는 선어도 "이해(理解)하지 않는 마음이 부처다. 그밖에 다른 것은 없다."라는 D.T.스즈키의 선어(禪語)를 모방 인용한 것 같다. 그리고 송광사 보성(1928-)스님은 달라이 라마와 틱낫한과 대만의 성운스님과 인간적 교분만 쌓을 줄 알았지, 그들을 경이롭게 설복시키거나 깨우쳐주는 강한 법력이나 카리스마적인 반야바라밀이 보이지 않는다. 생각하건대, 이 심원하고 거대한 통찰력의 관문은 그렇게 쉽게 열리는 것이 아니다. 즉, 이 거대한 통찰력의 세계는 서로 손해 볼 것이 없는 대인관계 유지, 또는 서로의 명성과 권위를 이용하는 대인관계로 얻어지거나 실현되는 것이 아니다. 종교사상계에서 세계적인 인물이 되려면 최소한 J.크리슈나무르티와 U.G.크리슈나무르티 같은 법력과 오쇼 라즈니쉬같이 박학다식한 지성을 갖추고 있어야 한다.

석가모니가 깨달은 진리는 석가모니가 있기 전부터 있었다

사실을 말한다면, 석가모니가 이 세상에 출현하지 않았다 하더라도, 팔천송반야경과 금강반야경과 반야심경이 없었다 하더라도 '인연소생(因緣所生)의 무아법(無我法)'과 '즉비시명(卽非是名)'의 논리와 '무주(無住)'의 인생철학은 항상 존재하며 발현하고 있는 것입니다.

금강경에 중독되면 약도 없다

그리고 아무리 고귀한 보물이라도 흔한 물건이 되면 그 가치가 천해지듯이, 이제 금강경은 너무 많이 알려져서 탁승탁속(濁僧濁俗)들의 심리적인 자기합리화를 위해 악용(惡用)조차 되고 있는 현실입니다.

그러므로 나는 말합니다; 불자들은 금강경을 매일 수지독송하며 사경(寫經)하며 남을 위해 해설하지 마십시오. 금강경에 중독되면 약도 없습니다.

그리고 금강경에 사로잡히면 이해탈(理解脫)과 사해탈(事解脫)은 불가능해집니다. 왜냐하면 금강경 또한 최고의 깨달음과 복덕성(福德性)으로 빛나는 망상(妄想)의 쇠사슬이기 때문입니다. 그러므로 오늘 지금 바로 여기에 이렇게 온 깨달은 자(여래)는 광신자(狂信者)처럼 매일 금강경을 독송할 게 아니라 오히려 금강경 밖으로 나와서, 금강경에 없는 언어문자로 우주적이고 인간적인 지혜의 완성을 해야 할 것입니다. 바로 이것이 내가 생각하는 살아있는 진리와 진실입니다.

내가 말하려고 하는 것

나는 왜 이렇게 말하는가? 도대체 내가 말하려고 하는 것은 무엇인가? 그것은 금강경(또는 모든 불경(佛經)) 선전도 욕망과 집착이라는 것입니다.

그리고 이 집착을 이해하려면 욕망에 대해 알아야 합니다. 욕망은 분별적으로 열정적으로 선택하는 힘입니다. 그러면 욕망은 왜 분별적으로 열정적으로 선택하는가? 그것은 자기존재의 확인, 자기존재의 확장(팽창)때문입니다.

그렇다면, 욕망은 왜 자기존재를 확인하며 확장(팽창)하려고 하는가? 그것은 내가 살아있기 때문입니다. 그리고 삶의 존재의 본성(本性; 본래의 천성)은 색성향미촉법(色聲香味觸法)을 즐기는 시각과 청각과 후각과 미각과 촉각과 지각의 쾌락입니다. 이 쾌락은 반복을 원하며 영원한 지속을 원합니다.

바로 이것이 왜 대승불교 경전작가들이 그토록 반야경을 모든 곳으로 전파하려고 했는가 하는 이유라고 생각합니다. 그러니까 반야경을 퍼트리는 것이 대승불교 경전작가들의 쾌락인 셈입니다.

그러나 나의 쾌락은 불경 경전작가들의 본성과 심중(心中)을 꿰뚫어 보는 반야바라밀(통찰력)의 쾌락입니다.

나는 쾌락 혐오증 환자도 아니고, 쾌락집착증 환자도 아닙니다. 그래서 나의 쾌락은 반복을 원하지 않습니다. 영원한 지속을 원하지 않습니다.

나는 그저 이 세상에 살아있는 동안 살아 움직일 뿐입니다. 그 어디에도 머무는 바 없이. 이것이 내 삶의 쾌락입니다.

냉철한 석가모니의 경지

◯ 금강경 제 25장의 의미번역

　수보리여 어떻게 생각하는가? "나에 의해 중생은 해방되었다"
고 하는 관념이 이렇게 온 사람(여래)에게 있다고 생각하는가?
그러나 수보리여, 참으로 이와 같이 생각해서는 안 된다. 왜냐
하면 여래가 해방시켰다고 하는 그러한 중생은 없기 때문이다.

　수보리여, 만일 여래가 해방시켰다 라고 하는 중생이 있다면
그것은 자아의 집착과 살아있는 것에 대한 집착과 개체에 대
한 집착과 영원한 인간에 대한 집착이 될 것이다.

　수보리여, 자아의 집착은 자아의 집착이 아니다. 그러나 그
것은 저 성숙하지 못한 우둔하고 저속한 보통사람들에 의해
집착되고 있는 것이다. 수보리여, 보통사람들은 보통사람이 아
니다. 다만 그 명칭이 보통사람이다."117)

---

117) 지금 필자가 참고대본으로 사용하고 있는 금강경은 범어본(梵語本)입니다. 하지
　　만 구마라집이 번역한 중국 고대 한자로 된 금강경 제25장의 원문도 새롭게 현
　　토를 붙여서 여기 각주로 소개해둡니다.
　　　化無所化分 第 二十五: 須菩提여 於意云何인가? 汝等은 勿謂하라 如來 作是念
　　하기를 我當度衆生이라고. 須菩提여 莫作是念하라. 何以故냐하면 實無有衆生이
　　如來度者이기 때문이다. 若有衆生如來度者라고한다면, 如來도 即有我人衆生壽者
　　이다. 須菩提여 如來說하시기를 有我者는 即非有我인데 而凡夫之人이 以爲有我
　　라고 할 뿐이다. 須菩提여 凡夫者는 如來說하시기를 即非凡夫이니 是名凡夫이다.

금강경 본문; 부처는 중생을 구제했다는 관념이 없다는 것

수보리여 어떻게 생각하는가? "나에 의해 중생은 해방되었다"고 하는 관념이 이 사람(여래)에게 있다고 생각하는가? 그러나 수보리여, 이와 같이 생각해서는 안 된다. 왜냐하면 여래가 해방시켰다고 하는 그러한 중생은 없기 때문이다.

수보리여, 만일 여래가 해방시켰다 라고 하는 중생이 있다면 그것은 자아의 집착과, 살아있는 것에 대한 집착과, 개체에 대한 집착과, 영원한 인간에 대한 집착이 될 것이다.

수보리여, 자아의 집착은 자아의 집착이 아니다. 그러나 그것은 저 성숙하지 못한 우둔하고 저속한 보통사람들에 의해 집착되고 있는 것이다.118)

수보리여, 보통사람들은 보통사람이 아니다. 다만 명칭이 보통사람이다.119)

---

118) **석가모니는 세속의 모든 것을 버렸는데, 세상사람들은 석가모니가 버린 세속의 모든 것을 모두 소유하려고 애를 쓴다:**《소품반야경(제6권)》에 보면, 세속에서 권세가 있는 자들이 부처에게 다음과 같이 말하고 있다. "정말 희귀한 일입니다. 그래서 세존의 말씀은 대부분의 세상사람들은 믿기가 어려울 것입니다. 왜냐하면 세상사람들은 집착하지만, 이 법은 집착이 없음을 말하기 때문입니다."

119) **반야경에서 말하는 중생이란 무엇인가:** 소품반야경(제1권)에서 석제환인은 수보리 존자와의 대화중에서 "중생이란 무엇인가?"에 대한 설명을 다음과 같이 하고 있다. "중생은 존재가 아니며, 존재 아닌 것도 아니다. 중생은 그저 실체가 없는 글자일 뿐이다. 그리고 이 글자에는 근본과 필연적인 이유도 없는 것이다. 그런데 억지로 이름을 붙여서 중생이라고 부를 뿐이다."

금강경에는 생명보험보증서를 남발하는 보살신들은 등장하지 않는다

생각건대, 대승불교의 수많은 보살신(菩薩神)들은 중생을 어떻게 구제했다는 것입니까?

간절한 소망으로 자기 운명을 시험보기 위해 절에 오는 불우한 신자들에게 보살신(菩薩神)들이 도깨비짓 한 것 이외에 무슨 구제를 했다는 것입니까?

내 팔자 타령

실감(實感)이 나게 내 사사로운 이야기를 한 번 탁(濁)하게 해보기로 합니다 (이런 이야기는 금강경 제16장의 강독부분에서 해야 적합한 것이지만 그래도 지금 한번 해보기로 합니다):

"자기 명(命)을 모르는 자는 군자가 아니다."라는 말이 있지만, 내 사주팔자의 운명은 너무 기가 막혀서 말이 안나올 정도로 흉합니다. 마치 의사가 환자의 상태에 절망해서 수술을 포기하고 그대로 죽음에 방치하는 것처럼, 내 사주팔자도 너무 심하게 흉한 운명입니다. 세상에! 내 사주팔자(四柱八字) 중에 단 한 개의 오행(五行)도 편안한 것이 없습니다. 여기서 오행(五行)이란, 다섯 가지 요소(Five Elements) 또는 다섯 가지 양상들(Five Phases) 또는 다섯 가지 활동(Five Activities)들로 영어 번역되는 말인데, 한마디로 다섯 종류의 에너지(정기신(精氣神)를 상징하는 말입니다. 그런데 이 오행(五行)들이 내 사주팔자(조상 자리, 부모형제 자리, 배우자 자리, 자식 자리)에서 서로 질투하고 충돌하고 파괴하며 제 일간(日干)에게 그저 상처('배신')를 입히고

있군요. 그리고 소위 내 사주 운명을 살려준다는 용신(用神: 庚
金傷官)조차도 오화살지(午火殺地)에 있으면서 충돌당하고 또
충돌을 당하니 내가 요절하지 않고 이렇게 살아있는 것만도
기적이라고 여겨집니다.120) 그래서 나는 언젠가부터는 내 사주
연구(四柱硏究)를 아예 덮어 버리고 더 이상 생각하지도 않습
니다. 왜냐하면 나는 "두 번째의 화살"121)을 맞고 싶지 않기때
문입니다. 2006년 여름 현재 저는《열자》《장자》그리고《황제
음부경》을 독서치료약으로 복용하고 있습니다.122)

---

120) 추명학자들은 내가 병술년(2006년)에 내 생명을 잃을지도 모른다고 말한 바 있
　　다. 그런데 그 최악의 병술년(2006년) 오월(午月)에 지화(智火)가 매우 단단한 경
　　금(庚金)을 만들어내듯이 이 금강경 비점담론(批點談論)을 완성했다. 아마도 이러
　　한 인연(因緣)의 법칙은 내가 아직 모르는 기후생물물리학(氣候生物物理學)적인
　　자연법칙의 작용('天地神明의 作用力')일지도 모른다. 하여튼 시간이 지나고 보면
　　신기함을 느끼는 일이 많다. 이렇게 사주팔자 명리학의 해명은 언제나 사후관점
　　(事後觀點; hindsight)에서만 결정적인 것으로 인식된다.
121) "두 번째의 화살에 맞지마라"는 석가모니의 교훈은《상응부 경전(36,6)》과《잡
　　아함경(17,15)》에 있다.
122)《증일아함경(제34, 칠일품)》에서, 석가모니는 말하기를 "세속의 잡된 서적을 읽
　　지 말고, 마음도 흐트러지지 않게 해라, 세속의 음양술수(陰陽術數)는 배우지 말
　　고 그것을 남에게 가르치지도 마라. 세속적인 것들에 마음을 두지 말고 항상 수
　　행에만 힘을 써야 한다."라고 하였다. 그러나 나는 내게 도움이 되는 것은 무엇
　　이든지 선악귀천을 막론하고 닥치는대로 알고 싶다. 그래서 하는 말인데, 사주팔
　　자(四柱八字)의 운명을 논하는 명리(命理) 추명학(推命學)도 나와 타인들의 인생
　　진로 상담이나 성격진단의 방편상 어느 정도는 참고가 되는 것이다. 그러므로
　　특히 불교성직(佛敎聖職)이 직업(Profession)인 사람은 이러한 명리(命理) 추명학
　　(推命學)의 기본이론 정도는 잘 알고 있어야 한다고 생각한다. 수학이 공리(公理)
　　라면 사주팔자 해석학도 공리(公理)다. 수학이 논리학이면 사주팔자 해석학도 논
　　리학이다. 그러므로 수학자조차도 추명학을 삿된 악마의 도라고 단정해서는 안
　　된다. 모든 깨달음과 사상은 학문화할 수 있고 또 모든 학문에는 그 나름대로의
　　존재가치가 있는 성찰과 통찰이 있는 법이다. 물론 가정적(假定的)인 이론을 절
　　대적인 실제처럼 무조건 적용한다거나, 사주예언을 어리석게 그대로 믿고 행동
　　하다가는 이상한 인간이 되고마는 경우가 대부분이다. 이 점은 주의해야 할 것
　　이다. 나는 그저 어려운 일이 생길 때에는 스스로 명리(命理) 추명학으로 진단
　　(診斷)을 하고, 그 치료약(治療藥)은 선불교(禪佛敎)와 열자와 장자의 가르침 또

그리고 저의 일상생활에서 이나마 공부하며 살 수 있는 것에 대해 항상 감사하며 지내고 있습니다.

부모와 처자식 관계에 실패한 고타마 싯달타의 사주팔자

하여튼, 대승불교의 보살신(菩薩神)들에 관한 이야기에 티해 석가모니는 어떤 분입니까?

석가모니는 부모와 처자식을 모두 버리고 집에서 도망나와 떠돌이 수행자가 된 사람입니다. 이것은 그의 운명입니다.

그런데 만약 어떤 여인이 아기를 낳았는데, 남편이 아기를 바라보며 "내가 죄업을 지었구나!" 하면서, 그 아기이름을 '장애와 굴레'라는 뜻의 이름('라훌라')을 짓고, 우울한 얼굴을 보이며, 급기야 그날 밤에 몰래 가출해버렸다면, 가출해서 10년 동안 아무런 연락도 한 번 하지 않았다면, 그런 사람에 대해서는 어떻게 생각해야 합니까? 그리고 소식불통이었던 남편이 10년후에 불쑥 나타나 집에 왔는데도 자기부인에게 한마디 인사말을 건네지도 않고, 또 경악스럽게도 야소다라가 엄마로서 유일하게 의지하고 살았던 외아들(라훌라)마저 남편이 빼앗아가 출가승려로 만들어버렸다고 한다면, 야소다라의 심정이 어느 정도일까? 하고 나는 생각해봅니다. 이런 사실을 잘 알고 있는 데바닷타가 석가모니에게 어떻게 내심 불만과 반감을 갖지 않을 수 있겠습니까? 데바닷타는 석가모니 부처와 사촌지간입니다.

는 양자물리학에서 구하는 편이다. 여러분들도 그렇게 해보시기 바란다. 요즘 내 마음의 병(病)을 달래는 치료약은 《장자(인간세)》의 다음과 같은 말이다. "어떻게 할 수 없는 것은, 운명으로 여기고 평안하게 지내는 것이 정신건강에 가장 좋다."

젊은시절의 석가모니는 이런 분이었습니다. 그런데 이러한 석가모니가 어떤 여성을, 어떤 가정문제를 어떻게 온전하게 해결하며 구제하겠다는 것입니까?

"아이가 태어나면 아버지도 태어난다."는 말이 있는데 젊은 시절의 석가모니(싯달타)는 야소다라 부인과 사이가 매우 좋지 않았던 모양입니다.

대자대비 관세음보살의 원형은 모성애(母性愛)다.

이에 비해 차라리 보통 일반사람들의 모성애는 정직합니다. 모성애는 거의 절대적인 감정입니다. 선악을 초월해 있는 것입니다. 아무리 사악하고 잔인하고 치가 떨리는 범죄자도 그 어머니의 모성애는 사형만은 면해달라고 눈물을 흘리며 용서를 구합니다. 왜냐하면 자식은 자신의 분신(分身)이기때문입니다. 이런 게 어머니의 모성애입니다. 그래서 "가족은 최후의 위대한 발견이다. 우리들의 마지막 기적이다." 라는 말이 있는 것입니다.

아마 대자대비(大慈大悲) 관세음보살의 원형은 바로 이러한 모성애(母性愛)를 인격화(人格化)하고 이념화(理念化)한 것이 아닌가 하고 여겨질 정도입니다.123)

---

123) 《수타니파타(150구절)》에 "어머니가 위험한 순간에도 자식을 지키듯이, 모든 존재에 대해 한량없는 자비심을 내도록 하라."는 말이 있고, 지장보살은 《지장경》에서 "너는 깨끗한 저 극락세계에서 살아라. 나는 이 더러운 지옥에 끝까지 남아 있으면서, 단 한사람의 중생일지라도 그가 성불하지 않는 한, 나는 맹세코 성불하지 않겠다."라고 말했고, 약사여래는 《본원경》에서 "모든 질병이 몰려와서 구제 받을 길 없고 의지할데 없고 생명을 보호받을 만한 의약에서 멀리 떨어져

무아를 주장한 석가모니는 오로지 자기중심적으로 인생을 산 분이다

이에 비해 석가모니는 냉철한 분입니다. 석가모니는 오토지 자기중심적으로 산 분입니다.

실제로 석가모니는 진상관격(眞傷官格)의 사주팔자를 가진 성자답게 제자들도 자신에게 약하고 굴복하는 자에게는 철저하게 잘해주는 성격이었던 것 같습니다. 예를들면 요즘 스릴러 영화에 나오는 엽기적인 연쇄살인 악마였던 앙굴리말라같은 이들도 제자로 받아들였을 정도입니다.

그런데 이러한 석가모니도 데바닷다존자만큼은 끝까지 용납하지 못하고 수용하지 못했습니다. 그 이유는 데바닷타가 아난다와는 달리 석가모니에게 고분고분하지 않았기때문입니다.

불가에서는 데바닷타존자를 무간지옥(無間地獄)에 보낼 정도로 철저하게 증오하고 혐오합니다. 그러나 석가모니와 그의 제자들이 데바닷타를 증오했다고 해서 오늘날의 나까지 덩달아 데바닷타를 증오하고 싶지는 않습니다. 오히려 구제하는 마음을 가지고 있어야 하지 않을까요?

내가 잘 쓰는 "일천제(一闡提, 부처가 될 수 없는 자, 유일하게 불성이 없는 자, 악마)"라는 용어도 데바닷타의 이름입니다.

내가 그의 이름을 내 이름처럼 잘 사용하는 것은, 팔만대장

있는 자들이 만약 내 이름을 일심으로 부른다면 나는 기꺼이 그들에게 나타나 그 질병을 고쳐주겠다."고 말했고, 《법화경(보문품)》에서는 "한량없는 중생이 온갖 고통을 겪을 때, 관세음보살의 이름을 일심으로 외우면, 관세음보살님은 대자대비의 마음으로 즉시 그 중생의 소리를 보고, 즉각 그 괴로움으로부터 벗어나게 해준다."라고 선전하고 있다.

경 경전작가들의 불공정한 오판(誤判)과 불교계 사부대중의 오해(誤解)를 바로 잡아 풀어서 데바닷타 존자를 근원적으로 구원시키기 위한 것입니다. 속담에도 "감싸주는 죄인은 이미 반쯤은 용서받은 것이다."라는 말이 있지요.

조국이 침략을 받고 있는데도 가만히 있었던 석가모니

그리고 석가모니는 심지어 자기조국이 강대국(코살라와 마가다)의 침략에 의해 식민지로 전락하고 패망(敗亡)하는 모습을 눈앞에서 보면서도 가만히 침묵을 지킨 분이었습니다.

역사적으로 관찰해보면, 거의 모든 종교는 자기국가에서 민족주의와 결합된 모습을 보이며 존재하는 정신생물적인 것인데, 석가모니는 애국심과 민족애가 없었던 것 같습니다.(아니면, 애국심과 민족애를 초월해버렸다고 말해야 합니까?)124) 이와달리 예부터 우리나라에서는 호국전쟁(護國戰爭)에 동참한 불교승려들이 매우 많았지요.

이런 석가모니 부처에게 우리가 무슨 국제적으로 이익국가간, 사회적으로 이익집단간에 상충(相衝)하는 중생구제 문제를 어떻게 해결해달라고 할 수 있겠습니까?

진정한 사상가로서만 냉철했던 석가모니

금강경 원문에도 석가모니의 냉철한 지성적인 면의 영향을

---

124) 《증일아함경(제26, 등견품)》에 관련 이야기가 있다. 참조하시기 바란다. 그리고 《상응부 경전(4,20)》과 《잡아함경(39,18)》에 보면, 정치를 하고 싶은 충동과 욕망의 상징인 악마의 유혹을 물리치는 석가모니를 볼 수 있다.

느낄 수 있습니다. 즉, 금강경 부처는 다음과 같이 말하고 있습니다. "수보리여, 참으로 이와 같이 생각해서는 안 된다. 왜냐하면 여래가 해방시켰다고 하는 그러한 민중(民衆)은 없기 때문이다. 수보리여, 만일 여래가 민중을 해방시켰다, 라고 하는 사람들이 있다면 그 사람들은 자아의 집착과, 살아있는 것에 대한 집착과, 개체에 대한 집착과, 영원한 인간에 대한 집착을 하고 있는 셈이다."

그리고 또, 금강경 부처는 말하기를 "보통사람들은 아상(我想)에 집착하기 때문에 보통사람이다. 그러나 보통사람은 보통사람이 아니다. 왜냐하면 보통사람이라고 하는 고정된 본성이 있는 것은 아니기때문이다." 라고 설파했습니다.

이 얼마나 냉철한 분입니까? 누가 이렇게 대승불교의 뜨거운 말과 초기불교의 냉철한 말을 동시에 말할 수 있겠습니까?

생각하건대, 국민들의 각종 돈벌이를 위해 국가지도자가 여러 정책을 기획 실행하고, 또 국민들이 언제나 건강의료 혜택을 받을 수 있도록 노력하는 민중구제의 '실천도(實踐道)'와, 오로지 철두철미(徹頭徹尾) '자아란 무엇인가'에 대해 통찰하고 질문만 하는 지혜의 변증법적인 논리의 '사상도(思想道; 철학사상가의 길)'는 서로 다른 길입니다.

석가모니는 정치가나 경제인이나 사회복지사의 길을 간 사람이 아니라 사상가(思想家)입니다. 나도 마찬가지입니다.

그리고 사상가로서 누가 '이토록 철두철미하게' 국가와 가정과 어떤 관념의 자기동일시(自己同一視; identity)로부터 벗어난 사람이 어디에 있겠습니까?

석가모니 부처는 진정한 사상가로서 가족이기주의와, 국가이기주의와, 민족이기주의적인 사고방식의 틀을 버린 '매우 흥미로운 이기주의자(또는 초월적 이기주의자)'인 것 같습니다.

금강경 본문

"수보리여, 범부라고 하는 것은 여래가 설하기를 범부가 아니다. 그래서 범부라고 부르는 것이다."

지금 금강경 제25장에 나오는 불교의 범부론(凡夫論)이나, 제21장에 나온 바 있는 중생론(衆生論)의 핵심은 무아론(無我論)입니다. 그러나 나는 여기서 독자들에게 '다른 생각'을 한번 자극적으로 말해보기로 합니다.

순행하면 일반사람이 되지만, 역행하면 깨달은 자가 된다

나는 요즘 신선도가(神仙道家)에 관한 책들을 좀 읽고 있습니다. 내가 이런 종류의 책들을 호기심을 가지고 열람하게 된 계기는 우연히 옛중국 청나라 유일명(1734-1821)의 《주역천진(周易闡眞)》을 읽고 나서입니다.

유일명은 이 《주역천진('뇌택귀매괘에 대한 그의 총평')》에서 "순응하면 평범한 사람이 되고, 거역하면 선인(仙人)이 되니, 다만 그 중간(中間)을 뒤집는데 있을 뿐이다. 그러나 역운지도(逆運

之道)를 어찌 쉽게 알겠는가! (順爲凡 逆爲仙 只在中間顚倒顚 逆運之道 豈易知哉!)"라고 썼는데, 나는 이 구절을 읽고 대단히 놀랐습니다. 왜냐하면 나야말로 그동안 "정반대의 조화"를 주장하는 역관(逆觀, 逆推 또는 主逆)의 사상가였기 때문입니다.

"순행하면 사람이 되지만, 역행하면 신선이 된다.(順則成人 逆則成仙. 또는 順則爲人 逆則爲仙.)"는 이 역추(逆推)의 말은 아무리 읽어도 싫증이 나지 않는 도가(道家)의 가장 멋진 명제(命題)입니다.

그리고 이 명제는 지금 금강경 본문에서도 언급되고 있는 "범부(凡夫)는 범부(凡夫)가 아니다. 그래서 범부(凡夫)라고 부르는 것이다."라는 구절에 대한 인생철학적인 주해(註解)로도 이용할 수 있는 것입니다.

그런데 《혜명경》을 쓴 내단공(內丹功)의 달인(達人)인 류화양 선승(仙僧)의 제자인 묘오(妙悟) 선승(仙僧)은 《혜명경(慧命經)》 서문에서 "알고 보면 본래 부처와 조사가 되는 길은 아주 가까운 동정(動靜)의 순역(順逆) 사이에 있는 것이다. 그러니 어떻게 어렵다고 할 수 있겠는가?" 라고 쓴 바 있습니다.

그리고 묘오(妙悟) 선승(仙僧)은 석가모니 부처를 '여래선(如來仙)'이라고 표기하고 있군요. 대단한 중국인 선승(仙僧)입니다. 어쨌거나.

대승불교 반야사상으로 표현한다면, 이 '거역(拒逆)'의 정신은 온갖 망상(妄想; Wandering Thought)을 '전도(顚倒)'해버리는 것에 있다고 할 수 있습니다. 가만히 생각해보면, 우리는 어느 분야에 있는 그 누구이든지간에 이러한 '프로테스트(Protest, 또는 Revolt 또는 Object)의 정신이 없다면, 인류진화(人類進化)나 발전(發展)은 이루어지지 않을 것입니다.125)

이 문제와 관련하여, 류화양 선승(仙僧)이 지은 《금선증론(金仙證論)》의 서문에서 양정양선생은 쓰기를 "명(命)은 역(逆)을 귀하게 여기고, 성(性)은 순(順)을 귀하게 여긴다." 라고 했습니다. 그러나 순(順)속에도 역(逆)이 있어야 하고, 역(逆)속에도 순(順)이 있어야 할 것입니다. 왜냐하면 순(順)은 역(逆)에서 완전해지고, 역(逆)은 순(順)에서 완전해지는 것이기 때문입니다.

그래서 충허도사도 《천선정리(天仙正理)》의 서문에서 "명(命)은 성(性)에 의지하여 명(命)을 마칠 수 있고, 성(性)은 명(命)에 의지하여 성(性)을 완료할 수 있다."고 썼을 것입니다.

---

125) 진화생물학자 리처드 도킨스(1941-)는 다음과 같이 말했다. "우리의 이기적인 유전자들을 완전히 이해해야 한다. 그래야만 최소한 이 이기적인 유전자들의 의도를 '뒤집을' 기회를 얻을 수 있기 때문이다. 이것은 인간이외의 다른 종(種)들은 결코 꿈 꿀 수 없는 일이다."

 금강경과 함께 깨어나기
Wake-up sleeper, and be free from chains of illusion

깨달은 사람을
어떤 외형적인 특징으로 분간하지 마라

부처의 육체보다는 부처의 정신에 주목하라는 것

"수보리여, 어떻게 생각하는가? 여래는 어떤 외형적인 특징을 갖추고 있는 자로 분간할 수 있는가?"

수보리가 대답했다.

"스승이시여, 그렇지 않습니다. 제가 스승의 말씀을 이해한 바에 의하면, 여래는 어떤 외형적인 특징을 갖추고 있는 자로 분간되어서는 안 됩니다."

스승이 말했다.

"참으로 그렇다. 수보리여, 여래는 어떤 외형적인 특징을 갖추고 있는 것으로 분간해서는 안된다. 왜냐하면 여래를 어떤 외형적인 특징을 갖추고 있는 것으로 분간할 수 있다면, 전륜성왕도 또한 여래일 것이기 때문이다. 그러므로 여래는 어떤 외형적인 특징을 갖추고 있는 것으로 분간해서는 안된다."

수보리 장로는 스승을 향해서 다음과 같이 말했다.

"스승이시여, 제가 스승의 가르침을 이해하는 바에 의하면, 여래는 어떤 외형적인 특징을 갖추고 있는 것으로 분간해서는 안됩니다.”

그때 스승은 다음과 같이 말했다:

“누구든지 나를 어떤 형상에 의해서 보려고 하거나, 또 어떤 소리를 통해 나를 찾으려고 하는 사람은 잘못된 노력에 빠져 있는 사람으로서 이 사람들은 나를 볼 수 없을 것이다.

부처는 진리(dharma)에 의해서 도달해야 한다. 왜냐하면 모든 스승은 진리를 몸으로 삼기 때문이다. 그리고 이 진리의 본질은 인식되어지는 것이 아니다. 그것은 인식하려고 해도 인식할 수 없는 것이다.”126)

구마라집의 금강경 번역본의 틀린 점

구마라집(343-413)의 중국어 번역본 금강경(402년)에 의하면

“32상으로 석가모니를 분간할 수 있는가?” 하는 물음에 수보리 존자는 “볼 수 있다”고 대답했으니, 수보리 존자의 답변이 틀렸습니다. 이 대목은 수보리 존자가 말을 잘못했거나 책의

---

126) 지금 필자가 참고대본으로 사용하고 있는 금강경은 범어본(梵語本)입니다. 하지만 구마라집이 번역한 중국 고대 한자로 된 금강경 제 23장의 원문도 새롭게 한글현토를 붙여서 여기 각주로 소개해둡니다.

　　法身非相分 第 二十六: 須菩提여 於意云何인가? 可以三十二相으로 觀如來不인가? 須菩提言하기를 如是如是입니다 以三十二相으로 觀如來이옵니다. 佛言하시기를 須菩提여 若以三十二相으로 觀如來者이라면 轉輪聖王도 卽是如來이겠구나. 須菩提 白佛言하기를 世尊이시여 如我解佛所說義으로는 不應以三十二相으로 觀如來입니다. 爾時에 世尊께서 而說偈言하시기를, 若以色見我이거나 以音聲求我이면, 是人은 行邪道이니 不能見如來이다.

오자일 것입니다.

내 생각으로는, 반야바라밀의 대사상가로서 천하 해공제일(解空第一)의 수보리 존자가 이렇게 틀린 말을 할 분이 아닙니다. 그러므로 책의 오자일 것이라고 여겨집니다.

중요한 것은 외모가 아니라 성격이다

서점에 가보면 관상학 책이 많은데, 32상론도 모두 관상(觀相)과 신상(身相)에 관한 이야기입니다.

하지만 불교인이라면 관상보다는 관심(觀心)을 해야 할 것입니다. 잘났으면 얼마나 잘났고, 못났으면 얼마나 못났겠습니까? 병신(病身)일지라도 천재가 많고, 320상 800종호를 갖춘 사람일지라도 교활하고 사악한 악녀악남(惡女惡男)이 많습니다. 그러므로 문제는 관상(觀相)이나 신상(身相)이 아니라 심상(心相)입니다.

그렇다면, 어떤 것이 가장 이상적인 마음의 생김새(心相)입니까? 첫째 연민과 우정의 마음이요, 둘째는 진리를 아는 가음이요, 셋째는 자신과 타인의 부족함을 아는 마음입니다.

금강경 본문

부처는 다음과 같이 말했다:

"누구든지 나를 어떤 형상에 의해서 보려고 하거나, 또 어떤 소리를 통해 나를 찾으려고 하는 사람은 잘못된 노력에 빠져 있는 사람으로서 이 사람들은 나를 볼 수 없을 것이다. 부처는 진리에 의해서 도달해야 한다. 왜냐하면 모든 스승은 진리를 몸으로 삼기 때문이다. 그리고 이 진리의 본질은 인식되어지는 것이 아니다. 그것은 인식하려고 해도 인식할 수 없는 것이다."

우다나바르가와 금강경의 명제

이렇게 석가모니는 "어떤 외형적인 특징으로써 나를 보려고 찾는 자와, 어떤 특별한 소리(염불소리)로써 나를 찾는 자는 잘못된 노력을 하는 자들이다. 그들은 나를 보지 못할 것이다."라고 했습니다.

금강경의 이 말씀은 불교사에서 최초기의 근본경전인 《우다나바르가(제22장12절)》로부터 차용한 것이라고 여겨집니다.

즉 《우다나바르가》에서 석가모니는 "물질적인 형태로서 나를 측량하고, 또 음성으로서 나를 찾는 사람은 탐욕과 정욕에 지배되고 있어서 결코 나에 대해 모를 것이다."라고 말한 바 있습니다.

그러므로 책(또는 이미지(心象)를 만들어내는 영화, 연극)을 통해서 불교를 탐구하거나, 염불과 각종 기도를 통해서 부처를 체험하려고 하는 사람은, 스스로 반구제기(反求諸己)하며 거상구실(去相求實)해야 할 것입니다.

생떽쥐페리의 어린왕자도 "제대로 볼 수 있는 것은 마음이야, 본질적인 것은 눈에 보이지 않는 법이지."라고 말한 바 있지요

그러나 나는 갑자기 다음과 같이 설법하고 싶습니다. 즉, 모든 형상과 소리가 환상일 뿐이라고 말하지 마십시오. 왜냐하

면, 모든 형상과 소리가 환상이라고 말하는 것 또한 환상이기 때문입니다.

그러므로 중요한 것은, 형상과 소리가 실재하는 것이든 환상이든, 이것은 과연 어떤 원인과 조건에 의해 나타났는가를 이해하는 것입니다.

금강경의 명제를 역전(逆轉)하여 세속의 진리를 드러냄

도행반야경에 다음과 같은 이야기가 있군요. 즉, 도행반야경(제10권)의 담무갈보살품에 보면 상제보살은 법상보살대사에게 이렇게 말했습니다.

"스승이시여, 간절히 원합니다. 부처님의 음성127)은 어떻게 알아볼 수 있는지에 대해 설명해주시기 바랍니다."

그러자 법상보살대사는 다음과 같이 말했습니다.

"그 어떤 것도 인연법에 의해 생기는 것이다. 그리고 인연법이기에 부처님의 음성과 몸도 고정불변의 실체는 아니다. 그러나 우리들은 부처님을 뵙고 싶어도 이미 돌아가신 부처님이기에 그저 그리워하며 그 형상을 만들어 놓고 세상사람들로 하여금 여기에 공양을 올리고 복을 얻도록 할 뿐이다."

그리고 법상보살대사는 상제보살이 그토록 알고 싶어하는 부처님의 몸에 대하여 설법을 합니다.

바로 이런 이야기가 금강경의 명제를 전도(顚倒)하여 서 속제

---

127) 관세음보살도 소리에 집중하는 방법으로 깨달음을 얻었다고 한다. 능엄경을 참조하시기 바란다.

(世俗諦: 衆生諦, 중생들의 진리)를 드러내는 것입니다.

반야바라밀을 행하는 자는 양면에서 자유로운 것

만약 우리에게 자비심과, 진리를 아는 마음과, 자타의 부족함을 아는 마음이 있다면, 형상을 본들 어떻고, 음성을 들은들 무슨 문제가 있겠는가? 라고 나는 말하고 싶습니다.

왜냐하면 무관심하거나 싫어하는 마음이 있다면 그 어떤 형상(꼴)도 보고 싶지 않고, 그 어떤 음성(말소리)도 듣고 싶지 않을 것이기때문입니다.

그러므로 중요한 것은 색성향미촉법(色聲香味觸法)이 아니라 안이비설신의(眼耳鼻舌身意; 시각, 청각, 후각, 미각, 촉각, 지각)입니다.

그리고 반야바라밀(전체적인 지성)은 이 시각과 청각과 후각과 미각과 촉각과 지각의 주인공을 깨닫게 하고 성숙시킵니다. 만약 우리에게 자비심과, 진리를 아는 마음과, 자타 부족한 것을 아는 마음이 가득 차 있으면 어떻게 삿된 도가 있을 수 있겠습니까?

그리고 진리의 무아진공(無我眞空)적인 면에만 집착하지 않는다면, 진리 아닌 것이 없을 것입니다.

나는 세속을 인정한다는 이야기

그러므로 나는 부처(깨달은 자)의 형상과 목소리만 아니라, 이성관계(애정), 사업관계(돈벌이), 권위(인정받는 것), 독서(정보를 구하는 것), 주체성(자부심과 신념), 사회활동(명성을 구하는 것) 등 세속적인 사람들의 진리(俗諦)를 모두 인정합니다.

-중략- 여성은 애착과 혐오와 탐욕의 원인이라는 석가모니 부처의 말씀은 정확히 맞습니다. 왜냐하면 이성관계 자체가 자기애(自己愛)를 위한 것이기에, 그 어떤 이성관계도 괴로움과 불만족(심하면 갈등과 대립과 다툼과 증오와 원한과 해꼬지와 관계 파괴됨)이 초래할 가능성은 아주 높은 것입니다. 그래서 이성관계에서 최고의 덕목은 인내와 연민이라고 여겨집니다.

그러나 가능하다면 처음부터 독신생활의 장점을 생각해보라고 권하고 싶습니다. 독신생활은 상대방을 이용하거나 착취하거나 희생시킴 또는 배신과 해꼬지로 인한 상처받을 일이 없기에, 참으로 자유롭고 평온한 것입니다.

그러나 이것은 내 사고방식과 가치관이고, 대부분의 사람들은 '결핍'을 본능적으로 강하게 느끼는 존재이기에 이성관계를 반의식적(半意識的; Semiconscously)으로 이용하고 있는 것 같습니다. 저는 이 속제(俗諦; 세속의 진리)도 인정합니다. 그래서 나는 다음과 같이 말하고 싶습니다. "열심히 잘못된 욕망으로, 잘못된 선택으로, 나쁜 경험을 하며, 나쁜 마음을 심하게 당해보십시오. 그때서야 비로소 우리들의 정신은 혼미상태에서 깨어나게 될 것입니다."

금강경 본문

"수보리여, 어떻게 생각하는가? 여래는 어떤 외형적인 특징을 갖추고 있는 자로 분간할 수 있는가?"

수보리가 대답했다.

"스승이시여, 그렇지 않습니다. 제가 스승의 말씀을 이해한 바에 의하면, 여래는 어떤 외형적인 특징을 갖추고 있는 자로 분간되어서는 안 됩니다."

스승이 말했다.

"참으로 그렇다. 수보리여, 여래는 어떤 외형적인 특징을 갖추고 있는 것으로 분간해서는 안된다. 왜냐하면 여래를 어떤 외형적인 특징을 갖추고 있는 것으로 분간할 수 있다면, 전륜성왕도 또한 여래일 것이기 때문이다. 그러므로 여래는 어떤 외형적인 특징을 갖추고 있는 것으로 분간해서는 안된다."

수보리 장로는 스승을 향해서 다음과 같이 말했다.

"스승이시여, 제가 스승의 가르침을 이해하는 바에 의하면, 여래는 어떤 외형적인 특징을 갖추고 있는 것으로 분간해서는 안됩니다."

석가모니의 강조점은 '이상적인 몸매'가 아니라 '몸매의 덧없음'을 아는 진리에 있다

탄트라 불교와 대승불교와 부파불교와 최초기불교에서 석가모니의 사상을 어떻게 말했든지 간에,128) 실제의 석가모니 부

---

128) 상응부경전(22,87) 잡아함경(47,25). 그리고 여래는 중부경전(107) 중아함경(144)에서 "나는 마음이 완전한 평화에 이르는 방법을 가르칠 뿐이다." 라고 말했다. 그러나 각종 불교를 좋아하는 사람들은, 마치 소년소녀들이 가수나 무비스타들에게 홀딱 빠져 그 스타와의 자기동일시(自己同一視; identity)를 통해 쾌락을 향유하는 것처럼 그렇게 남방불교 또는 북방불교를 추종하는 것 같다.

처는 박카리에게 다음과 같이 말한 바 있습니다.

"박카리여, 이미 늙어버린 내 몸은 아무리 본다 하더라도 아무 소용이 없는 것이다. 그래서 박카리여, 그대는 이렇게 알아야 한다. '모든 것은 원인과 조건에 의해 생겨났기 때문에 고정불변의 자체성(自體性)이나 실체성(實體性)은 없다'는 진리를 보는 자가 곧 나를 본다. 나를 보는 자는 곧 '모든 것은 원인과 조건에 의해 생성되고 소멸하는 것이기 때문에 고정불멸의 자체성이나 실체성은 없다'는 진리를 본다.'"라고.

석가모니 부처의 실제 모습

그리고 《대반열반경》에서 석가모니는 다음과 같이 말했습니다.

"아난다여, 이제 내 나이는 80세가 되었다. 나는 이미 나이가 들어 늙고, 인생의 여로(旅路)를 넘어선 노령에 달해 있다. 비유한다면, 낡아빠진 수레가 가죽으로 만들어진 끈의 도움으로 겨우 움직여 가는 것과 같이, 나의 신체도 가죽끈의 도움으로 겨우 지탱하고 있구나."

증일아함경 제18 사의단품(四意斷品) 제26의 기록을 천천히 읽어보시기 바랍니다. 이것이 실제 '석가모니 부처의 모습'입니다. 그리고 우리들 모두의 모습이기도 합니다.

보살의 진리는 파괴되거나 소멸되지 않는다

금강경 제 27장의 의미번역

수보리여, 어떻게 생각하는가? 여래는 어떤 외형적인 특징을 갖추고 있는 것 때문에 아뇩다라삼막삼보리(최상의 깨달음)를 얻었는가? 수보리여, 그러나 그렇게 보아서는 안된다. 왜냐하면 여래는 어떤 외형적인 특징을 갖추고 있는 것에 의해 아뇩다라삼막삼보리(최상의 깨달음)를 얻은 것은 아니기 때문이다.

그리고 수보리여, 보살승(菩薩乘)에 나아간 자에게 어떠한 법이 없어지거나 단절될 수도 있다고 말할지도 모른다. 그러나 수보리여, 그렇게 보아서는 안된다. 왜냐하면 보살승에 나아간 자에게는 어떠한 법이 사라지거나 단절되는 것이 아니기 때문이다.129)

---

129) 지금 필자가 참고대본으로 사용하고 있는 금강경은 범어본(梵語本)입니다. 하지만 구마라집이 번역한 중국 고대 한자로 된 금강경 제27장의 원문도 새롭게 한글현토를 붙여서 여기 각주로 소개해둡니다.

　　無斷無減分 第 二十七: 須菩提여 汝若作是念하기를 如來 不以具足相故로 得 阿耨多羅三藐三菩提라고 한다면, 須菩提여 莫作是念하라. 如來不以具足相故로 得 阿耨多羅三藐三菩提이다. 須菩提여 汝若作是念하기를 發 阿耨多羅三藐三菩提心 者는 說諸法斷滅했다라고 莫作是念하라 何以故냐하면 發 阿耨多羅三藐三菩提心 者는 於法에 不說斷滅相이기 때문이다.

부처(깨달은 자)는 외모로 알 수 없다는 것

위의 원문에서 "여래는 어떤 외형적인 특징을 갖추고 있는 까닭에 아뇩다라삼막삼보리(가장 높은 수준의 깨달음)를 얻었는가"라는 것에 대하여 생각해보기로 합니다.

석가모니는 이 질문에 대해 "아니다."라고 잘라 말했습니다.

부처의 '아니다'라는 답변의 이유는, 그 어떤 최고의 깨달음도 고정적으로 정해진 것은 없다, 라는 것입니다.

그리고 왜 고정적으로 정해진 것은 없는가 하면, 모든 것은 수많은 원인과 조건에 의해 생기거나 없어지는 것이므로 그 자체의 실체성(實體性)이 없는 궁극적으로는 공(空)이기 때문입니다.

부처(깨달은 자)가 갖추어야 하는 외모와 행동에 대하여

그런데 저는 여기서 얄팍한 세상사 이야기를 해보고 싶습니다. 무슨 말인가 하면, 본문에서 "여래(이렇게 온 깨달은 자)는 어떤 외형적인 특징을 갖추고 있는 까닭에 가장 높은 수준의 깨달음을 얻었는가?"라는 질문에 부처는 "아니다."라고 말했는데, 이 구절을 세속적인 진리(俗諦)로 역전(逆轉)시켜 잡감을 한 번 말해보기로 합니다.

깨달은 사람은 타인을 위해 최소한 스스로 갖추어야 할 특별한 모습이나 태도가 필요하다

"깨달은 사람은 갖추어야 할 특별한 상(相; Form)이 있는가?"

또는 "깨달은 사람은 갖추어야 할 특별한 모습이나 태도가 있는가?" 나는 "있다"고 생각합니다.

물론, 준수한 모습으로 예의바른 행동을 한다고 해서 누구나 아뇩다라삼막삼보리(가장 높은 수준의 깨달음)를 얻는 것은 아닙니다. 그리고 또, 계율을 잘 지킨다는 것과 깨달은 자가 된다는 것은 전연 다른 문제입니다.

또, 평생동안 단 하루도 빠짐없이 대웅전에 가서 조석예불을 한다는 것과 '깨어나는 자'가 된다는 것은 전연 다른 문제입니다.

그러나 아뇩다라삼막삼보리(가장 고귀한 깨달음)는 아닐지라도, 최소한 신사숙녀로서 갖추어야 할 예의바른 행동의 습관을 가지는 것은, 타인에게 피해를 주지 않는 교양을 얻게 될 것입니다. 사소한 예를들면 담배의존중독과 술을 지나치게 먹는 행동은 정말 타인에 대한 배려의 차원에서도 금지해야 할 대인관계 덕목입니다.

그래서 나는 불교의 이상적인 인간이 갖추어야 할 외모와 행동 특징에 관련하여 잡보장경의 가르침을 소개합니다.

여래(이렇게 온 깨달은 자)의 행동 특징에 대하여
"유리하다고 교만하지 말고, 불리하다고 비굴하지 마시오.

자기가 아는 대로 진실만을 말하여, 주고받는 말마다 악을 막아, 듣는 이에게 편안과 기쁨을 주시오.

무엇을 들었다고 쉽게 행동하지 말고, 그것이 사실인지 깊이 생각하여 이치가 명확할 때 과감히 행동하시오.

자기 몸을 위해 턱없이 악행하지 말고, 핑계대어 정법을 어기지 말며, 지나치게 인색하지 말고, 성내거나 질투하지 마시오.

이기심을 채우고자 정의를 등지지 말고, 원망을 원망으로 갚지 마시오.

위험에 직면하여 두려워 말고, 이익을 위해 남을 모함하지 마시오.

객기 부리며 만용하지 말고, 허약하여 비겁하지 말며, 지혜롭게 중도의 길을 가시오.

이것이 지혜로운 이의 모습이니, 사나우면 남들이 꺼려하고, 나약하면 남이 업신여기나니, 사나움과 나약함을 버려 중도를 지키시오.

침묵할 때에는 벙어리처럼 하고, 말을 할 때에는 대왕처럼 하고, 냉정할 때에는 차가운 눈처럼 하고, 뜨거울 때에는 불처럼 정열적이시오.

그리고 태산같은 자부심이 있어도 항상 누운 풀처럼 자기를 낮추시오.

임금처럼 여유를 갖고, 구름처럼 한가할 줄도 알아야 합니다.

역경을 참아 이겨내고, 형편이 잘 풀릴 때 조심하시오.

재물을 쓰레기처럼 볼 줄 알고, 터지는 분노를 잘 다스리시오. 때로는 마음껏 풍류를 즐기고, 또 사슴처럼 두려워할 줄 알면서도, 때로는 호랑이처럼 무섭고 사나울 줄도 알아야 합니다. 그리고 항상 때와 처지를 살필 줄 알고, 부귀와 쇠망이 교차됨을 아시오.”

바로 이것이야말로 불교적 인간이 갖추어야 할 이상적인 모습입니다.

이 시대의 이상적인 인간상에 대하여

그리고 E.프롬(1900-1980)도 이 시대의 이상적인 인간상에 대해 다음과 같은 쓴 바 있습니다.

"진정한 인간은 깊은 소신을 갖고 있으면서도 결코 광신적이 아닌 사람. 항상 애정에 넘쳐 있으면서도 결코 감상적이 아닌 사람. 상상력에 불타고 있으면서도 결코 비현실적이 아닌 사람. 두려움이 없으면서도 결코 생명을 가볍게 하지 않는 사람. 규율을 몸에 갖고 있으면서도 결코 굴종적이 아닌 사람이다."라고.

이런 것들을 금강경의 용어로 "구족상(具足相: 인간이 갖추고 있는 모습, 인간의 갖추어야 할 태도, 이상적인 인간상)"이라고 한다면, 나는 "구족상(具足相)을 주장해도 좋다!"고 생각합니다.

그런데 상(相: 어떤 외형적인 것, 외모, 형상)이라고 해서 무조건 부정해버린다면 보통사람들이 설 인생의 자리가 어디 있겠습니까?

금강경 본문

"그리고 수보리여, 보살승에 나아간 자에게 어떠한 법이 없어지거나 단절될 수도 있다고 말할지도 모른다.

그러나 수보리여, 그렇게 이해해서는 안된다. 왜냐하면 보살승에 나아간 자에게는 그 어떠한 법이 사라지거나 단절되는 것이 아니기 때문이다."

위의 원문에서 단멸상(斷滅相)이란 소멸론(消滅論)으로 허무주의적인 관념을 뜻합니다.

그러니까 전통불교적인 설명을 한다면, 단멸상(斷滅相)이란 인과응보(因果應報)의 법칙을 무시한다는 사상입니다.

그러니까, 단멸상이란 "모든 것이 소멸하며 허무한 것인데, 인과(Cause and Effect)의 법칙은 지켜서 무엇을 하겠는가?" 하는 사고방식으로 하는 행위라는 뜻입니다.

그런데 이러한 허무주의를 석가모니는 매우 경계합니다.

본성론적인 관념과 허무주의 관념으로부터의 자유

즉 "아뇩다라삼막삼보리(가장 고귀한 우주적인 깨달음)를 성취하려는 사람은 단멸상(斷滅相: 모든 것이 소멸되는 것으로 보는 사상)을 진리로 배워서는 안된다."고 석가모니는 설한 것입니다.

그렇다고, 물론 상견(常見: 아트만과 푸루샤와 프라크리티가 있다는 관념. 본성론적인 사고방식. 예를 들면 대승불교와 선불교에서 주장하는 불성과 여래장과 진여자성과 유식과 유심, 일물, 일심)에의 집착도 진리는 아닙니다.

왜냐하면 금강경 제14장에서 "여래가 얻은 이 법은 실체도 없고 허망도 없다(如來所得法 此法 無實無虛)"라고 말했기 때문입니다.

인연소생의 무아법을 아는 것과 행하는 것이 최고 수준의 깨달음이다

그러면 "아뇩다라삼막삼보리(최고의 깨달음)를 성취하려는 사람은 어떠한 법을 진리로 배워야 하는가?"

이에 대해 석가모니는 금강경 제28장에서 "모든 것이 무아(無我)라는 것을 알고 그저 용납하고 참아라. 이것이야말로 최고의 복덕(좋은 결과를 낳는 행위)이다."라고 가르치고 있습니다.

이러한 결론으로 미루어보면, 역시 부처는 인생에 도움이 되는 방식으로 설법을 펴고 있다는 것을 알 수 있습니다.

"부처는 소멸론자인가, 재생론자인가"에 관한 담론

그러나 나는 '인욕바라밀(카르마의 길)'을 가는 사람이 아니라 '반야바라밀(The Perfect Wisdom of a Buddha)의 길'을 가는 자이기에, 좀 더 정밀한 진리의 담론을 원합니다. 그래서 이야기를 조금 더 진행시키고 싶습니다.

석가모니는 《사유경(蛇唯經; 뱀에 대한 비유의 경)》에서 "어떤 사람들은 나를 단멸론자(斷滅論者, 消滅論者)로 이해하며 공격하고 있다. 그러나 나는 단멸론자(斷滅論者, 消滅論者)가 아니다. 그러므로 그들의 비난은 정당성이 없는 것이다. 나는 단멸론(斷滅論, 消滅論)을 긍정한 적이 없다."라고 말한 바 있습니다.

이 말이 사실이라면, 단멸론(斷滅論, 소멸론)과 무아론(無我論)의 차이는 무엇인가?

어떻게 단멸(斷滅, 소멸)하는 것이 아니라고 하면서(재생하는 것이라고 하면서) 동시에 무아(無我)를 주장할 수 있는가?

암베드카르의 설명; 부처는 소멸론자가 아니라 재생론자 이다

이 미묘한 문제에 대해서 암베드카르(1891-1956)는 "석가모니는 소멸론자(消滅論者)가 아니고 재생론자(再生論者)였다."고 단정(斷定)하고 있습니다.

그리고 암베드카르는 석가모니의 재생론(再生論)에 관해 명쾌하게 설명하는데, 이 문제(석가의 재생론)에 대한 그의 설명은 내가 여태까지 접한 설명들 중에서 가장 설득력 있는 설명이라고 느낍니다.130)

나의 설명; 부처는 소멸론자도 아니고 재생론자도 아니다

그러나 내가 석가모니의 가르침을 이해하는 바에 의하면, 나는 다음과 같이 말하고 싶습니다:

'재생되는 것'과 '재생 그 자체'만 아니라, 모든 것을 '재생하게 하는 것(자연의 법칙, 또는 인연소생(因緣所生)'도 영원한 것이 아닙니다.

각 개인들의 죽음을 의미하는 존재의 에너지가 소산(消散)되고 다시 합류하는 우주적인 에너지조차도 영원한 것이 아닙니다.

그리고 이 우주적인 에너지의 온갖 운동과 변화와 작용조차도 영원한 것이 아닙니다.

《미린다왕문경》에서는 "등불에서 등불로 옮겨가는 것과 같은 것이 무아(無我)의 재생(再生)이다."라고 설명하고 있습니다.

---

130) 암베드카르(1891,4,14-1956,12,6)의 책 《붓다와 그 가르침》 민족사(1994년초판2쇄) 210-225쪽을 참조하시기 바람.

그러나 등불도, 등불로 옮겨가게 하는 것도, 옮겨지는 불조차도 모두 영원한 아트만이나 푸루샤나 브라만같은 정체성(定體性, 本體性, 實體性, 진여자성(眞如自性))이 있는 것이 아닙니다. 무아는 무아라고 하는 실재가 있는 것이 아니라 아트만(진아 또는 자성)이 실재하지 않는다는 의미입니다.

그래서 이 문제는 매우 미묘한 문제입니다. 이 문제에 대한 해답은 정밀한 양자역학(量子力學)적 관찰과 심오한 통찰력이 없는 사람으로는 해답이 불가능한 문제입니다.

그리고 이 문제가 더 어려운 점은, 이 문제에 관련된 석가모니(또는 깨달은 자)의 경지를 체험하려면 이 우주와 우주법칙의 세계를 초월하여 생각하지 않으면 안되는데, 우리들의 이 초월적 생각이라는 것도 이 우주와 우주법칙의 부산물입니다.

그러니까 이 문제와 관련된 석가모니(또는 깨달은 자)의 경지는 알 수도 없고, 이해할 수도 없고, 체험할 수도 없고, 체득할 수도 없는 것이라는 것입니다.131)

그러므로 이 문제는 정말 매우 미묘한 문제입니다. 얼마나 미묘한가 하면, 단멸(斷滅, 소멸)과 재생(再生)의 문제, 윤회(輪廻)와 무아(無我)의 문제 자체가 양단(兩端)적인 질문이기 때문

---

131) 김시습(설잠스님)은 자기를 찾아온 구도자에게 "허공(虛空)은 형상(形象)이 없는 것이니, 산으로 붓을 만들고, 바다로 먹을 만들어도 말로는 형상을 다 할 수 없는 것이다. 그런데도 자네가 진성(眞性)을 보려고 하는 것은, 망상(妄想)일 뿐이네." 라고 말한 바 있다. 이 김시습(1435-1493)은 나이 3세 때에 "비도 아니오는데 천둥소리 어디서 나는가? 황금색 구름이 조각조각 사방으로 흩어지네.(無雨雷聲何處動, 黃雲片片四方分.)"라는 시를 쓰기도 했는데, 평생동안 유불도(儒佛道)에 달통한 김시습은 조선시대(1392-1910)의 정말 천재문인인 것 같다.

입니다.

따라서 대답도 이 양단(兩端)에서 어느 한 개만 선택할 수 밖에 없는데, 이러한 질문과 답에는 오류가 있을 수도 있습니다.

그러나 이와는 달리 단멸(斷滅, 소멸)과 재생(再生), 윤회(輪廻)와 무아(無我)를 하나로 통합하는 관점은 진리일 가능성이 있는데, 이 통합과정이 어느 개인의 마음에서 퍼지(Fuzzy)적으로 이루어진다면 그것은 (내 직관에 의하면) 차별적으로 분별해서 말할 수 없는 '그 무엇'입니다.

그러나 그것이 그 어떤 '무엇(썸씽 그레이트, 또는 빅 그라운드)'일지라도 연기무아(緣起無我), 무념무상(無念無想)의 침묵, 거대한 무심(無心)일 수밖에 없습니다.

왜냐하면 모든 존재와 현상은 (특히 독립독존(獨立獨存)의 아트만이나 푸루샤나 브라만이나 하나님이나 부처님조차도!) 인연소생(因緣所生)이기 때문입니다.

석가모니 부처의 경지가 매우 미묘한 이유

그런데 더욱 어려운 이 문제점은, 어떻게 무아(無我)가 무아(無我)를 지각하고 인식하며 말할 수 있는가?

어떻게 무념(無念)이 무념(無念)을 지각하고 인식하며 말할 수 있는가?

어떻게 무상(無想)이 무상(無想)을 지각하고 인식하며 말할 수 있는가?

어떻게 무심(無心)이 무심(無心)을 지각하고 인식하며 말할 수 있는가? 라는 것입니다.

따라서 이 문제는 결코 언어 문자상으로 체득할 수 있는 인식적인 문제가 아닙니다.

이래서 나는 이 문제가 정말 매우 미묘한 문제라고 탄식하고 있는 것입니다.

그러므로 이 문제에 정말 강박적으로 진지하고 답을 구하는 젊은 스님이 있다면 그는 나에게 직접 연락하시기 바랍니다. 왜냐하면 이 문제는 직접 만나서 서로 지혜를 비추고, 서로 목격하고, 확인하고, 증명하고, 찬탄하고 격려하는 활불관계(活佛關係)속에서 '애매하지만 직관적으로 깨달아지는 것(Direct knowledge)'인지도 모르기 때문입니다.

내가 왜 이런 식으로 말하는가 하면, 이 문제는 오로지 역설적(逆說的)인 모순어법(矛盾語法)으로만 표현이 가능한 것이지, 일반적인 언어문자의 논리와 개념분석과 관념으로는 도저히 지각하고 인식하고 말할 수 없는 문제라고 생각하기 때문입니다.

모든 것이 무아라는 것을 깨닫고,
그저 용납하고 참아라

금강경 제 28장의 의미번역

　그리고 수보리여, 어떤 재벌가의 자손이 갠지즈강의 모래 수와 같은 세계에 일곱 가지 보물로 가득 채워 그것을 여래(이렇게 온 깨달은 자)와 응공(應供; 대우받을만한 자격이 충분히 있는 아라한)과 정등각자(正等覺者; 올바르게 깨달은 자)에게 보시했다고 하자.

　그리고 또 다른 한편에서는 어떤 보살이 무생(無生)의 법으로 참을성(忍)을 얻었다고 한다면, 이쪽이 그 인연으로 해서 더욱 많은 무한한 복덕을 쌓는 것이 될 것이다. 그러나 또 수보리여, 보살대사는 복덕을 쌓아서는 안된다.

　수보리 장로가 물었다.

　"스승이시여, 보살은 왜 복덕을 쌓아서는 안되는 것입니까?"

　스승이 대답했다.

　"수보리여, 보살이 쌓는 복덕은 탐욕적인 집착에 응하지 않는 것이다. 그래서 복덕을 쌓지 않는다고 말해지는 것이다."132)

---

132) 지금 필자가 참고대본으로 사용하고 있는 금강경은 범어본(梵語本)입니다. 하지만 구마라집이 번역한 중국 고대 한자로 된 금강경 제28장의 원문도 새롭게 한

금강경 제28장의 좋은 점은, 다른 장(6장, 8장, 11장, 12장, 13장, 14장, 15장, 16장, 19장, 242장, 32장)에서처럼 물질보시의 공덕과 금강경 수지독송의 복덕을 차별적으로 비교하며 금강경을 선전하지 않는다는 것입니다.

즉, 금강경 제28장에서는 물질보시의 공덕과, 무생(無生; not born, 또는 no rebirth)의 법으로 참을성(忍)을 얻은 공덕에 대해 설하고 있습니다.

그리고 나서, 무생(無生)의 법으로 참을성(忍)을 얻은 보살의 복덕에 대해서 말하는데, 무생(無生; not born, 또는 no rebirth)의 법으로 참을성(忍)을 얻은 보살의 복덕은 부수복덕(不受福德), 즉 '복덕을 받지 않는다'라고 했습니다.

왜냐하면 무생(無生; not born, 또는 no rebirth)의 법으로 참을성(忍)을 얻은 보살의 복덕은, 복덕에 대한 탐욕과 집착으로 짓는 것이 아니기 때문입니다.

그래서 부수복덕(不受福德)이라고 하는 것입니다. 이것은 '자기부정'과 '자기초월'이 아니면 말할 수 없는 사상의 레벨입니다.

글현토를 붙여서 여기 각주로 소개해둡니다.

不受不貪分 第 二十八: 須菩提여 若菩薩이 以滿恒河沙等世界 七寶로 持用布施할지라도 若復有人이 知一切法無我하여 得成於忍했다면 此菩薩은 勝前菩薩 所得功德이니, 何以故냐하면 須菩提여 以諸菩薩은 不受福德故이기때문이다. 須菩提 白佛言하기를 世尊이시여 云何菩薩이 不受福德입니까? 須菩提여 菩薩의 所作福德은 不應貪着이니 是故로 說不受福德이다.

상호의존의 무아법을 알아 참을성(인욕바라밀)을 성취한다

금강경을 읽으면서 요즘 나에게 가장 심정적으로 와 닿는 교훈은 '무생법인(無生法忍; The patient rest in belief in no rebirth)'을 가르치는 바로 이 28장의 가르침입니다.

무생법인(無生法忍)이란 '일체가 무생(無生; not born, 또는 no rebirth)의 법이라는 것을 알아서 참는다'고 하는 말의 줄임말입니다.

여기서 무생(無生)이란 〔자성(自性을 의미하는 프라크리티와 진여차성을 의미하는 푸루샤의 무위(無爲)가 아니라〕 무아(無我)라는 뜻입니다.

여기서 무아(無我)란 일체가 원인과 조건에 의해 생성하거나 소멸하는 것이기 때문에 무아(無我)라고 말합니다.

따라서 무아(無我)는 인도철학에서 주장하는 아트만(Atman) 또는 푸루샤(Purusha)나 자성(自性; Prakriti)이나 그 어떤 속성들(Gunas)에도 '얽매이지 않는다, 안주하지 않는다, 집착하지 않는다' 고 하는 무주(無住)요, 부주(不住)입니다.

이러한 무주(無住) 또는 부주(不住; not abiding)는 완전한 자유(해탈) 또는 반야바라밀(거대한 통찰력, 지혜의 완성)을 의디합니다.

무생법인(無生法忍)의 의미

그렇다면 무생법인(無生法忍)의 의미는 무엇일까?

우선 무생(無生)이란 존재하는 것과 감각하는 것과 표상하는 것과 의욕하는 것과 사유하는 것에서 발생하는 온갖 번뇌와 갈등은 '근본자성(根本自性)이 없는 것(無自性)'이라는 의미가 아닐까?

그런데 국내외 불교학대사전(佛敎學大辭典)에 보니, 무생법인(無生法忍)을 '불생불멸의 진여(眞如)를 깨달아서 거기에 안주하여 움직이지 않는 것'이라고 풀이하는데, 이것은 잘못된 설명입니다.

내 견해로는, 무생법(無生法)은 아트만(또는 푸루샤)같은 진여법성(眞如法性)이 아니라, 이것들을 부정하는 무아법(無我法)으로 이해해야 합니다.

그러므로 무생법인(無生法忍)이란 '아트만이나 푸루샤의 의별칭(別稱)인 진여불이(眞如不二)의 법성(法性)을 그대로 수용한다'는 것이 아니라, '모든 것이 무아(無我)에서 평등한 것임을 알고 그대로 보고 수용한다'는 것입니다.

그래서 무생법인(無生法忍)의 경지는 무주(無住; 무집착)요, 부주(不住) 곧 '머무르지 않는 것'입니다.

모든 것이 변화한다는 것을 깨닫고, 그저 용납하고 참아라

금강경 제28장에 나오는 무생법인(無生法忍)이라는 가르침은 대목은 필자가 좋아하는 ("무생법인은 무생법이 아니다 그러므로 무생법인이다" 라는 식의) 역설적인 문장도 아니고, 즉비논리(卽非論理)도 없습니다.

하지만 내가 이 위험한 세속(사바세계; 인토(忍土))에서 지내면서 그나마 내 마음을 위안하는 보약으로 복용하고 싶은 것은 이 금강경 제28장의 가르침입니다. 즉 "인생의 모든 대인관계는 원인과 조건에 의해 생겨난 것이기 때문에 변화가 가능한 것이다. 그러므로 스스로 참고 견디어 낼 줄도 알아야 한다."는 가르침입니다.

이 사바세계(그저 참아야만 하는 대인관계로 이루어져 있는 인간세상)에서, 내 사주팔자 명운(命運)의 충돌과 파괴와 배신과 상처에 대해서는 이미 앞에서 말했으므로 생략합니다.

어쨌거나 불우한 운명을 가진 사람들이 할 수 있는 유일한 생존법이나 대인관계론은 그저 '일체법무아득성어인(一切法無我得成於忍)' 즉 '모든 것이 무아(無我)라는 것을 깨닫고, 그저 용납하고 참아라'하는 것입니다.

석가모니는 또 "여정(旅程; 특정한 목표지점까지 여행함)의 끝은 자유다. 하지만 그전까지는 인내이다."라고 말하기도 했습니다. 이렇게 인내(또는 인욕바라미타)는 대인관계의 중요한 덕목이라고 여겨집니다. 인욕바라밀은 요즘말로는 '통찰과 포용'이라고 번역할 수 있겠습니다.

대승불교와 초기불교의 인욕에 대한 가르침

대승불교의 이러한 무생법인(無生法忍; "인생의 대인관계는 수많은 원인과 조건에 의해 생겨난 것이기때문에 변화가 가능한 것이다. 그러므로 참고 견디어내라"고 하는 가르침) 사상은, 최초기 근본불교의 경전인 우다나바르가(제20장1-22절까지)의 가르침과 상응부경전(7,3)과 잡아함경(42,7)의 충실한 영향이라고 여겨집니다.

이 초기불교 경전에서는 "욕설과 비난을 퍼붓고 나서 우둔한 자는 이겼다고 말한다. 그러나 진정한 승리는 올바른 인내를 아는 사람의 것이다." 라고 가르치고 있습니다.[133]

내가 알기로는, 금강반야경이나 팔천송반야경이 가르치는 대인관계 철학은 "모든 것이 무아라는 것을 깨닫고, 참을성을 가져라(一切法無我, 得成於忍)"는 것입니다.

그러나 내가 무아(無我)라는 사실을 정말 인식하면 참을성을 가지고 있을 필요도 없어질 것입니다.

석가모니 부처의 복덕성(福德性)이란 무엇인가

《열반경》에 다음과 같은 이야기가 있습니다.

어떤 사람이 "석가모니는 큰 복과 덕을 누렸다"고 찬양했다. 그러자 어떤 사람이 이 말을 듣고, 불만을 터트리며 말했다. "세상에 태어난 지 겨우 7일만에 어머니가 죽었는데, 어떻게 그가 큰 복과 덕을 누렸다고 말할 수 있겠는가?"

그러자 찬양하던 자가 말했다. "그의 운명이 그럼에도 불구하고, 그는 나이와 뜻이 모두 왕성하였을 때에도 성급하거나 포악하지 않고, 폭력을 당해도 증오하지 않으며, 모욕을 당해도 보복하지 않았으니, 바로 이것이 큰 복과 덕의 모습이 아닌가?"

---

133) 상상해본다면, 석가모니는 나처럼 하천한 서민출신으로 유랑잡승(流浪雜僧)이 된 것이 아니라 왕족의 신분으로 거지 수행자가 된 사람이다. 그러므로 석가모니가 일상의 대인관계에서 참을 일이 얼마나 많았겠는가! 쉽게 상상이 된다.

복덕도 인연법이다

그러나 그 어떤 복덕일지라도 그것은 복덕이 아닙니다. 왜냐하면 명칭이 복덕일 뿐이기 때문입니다. 어째서 그런가하면, 복덕(福德)이란 수많은 원인과 조건에 의해 생겨나고 없어지는 것이기 때문입니다.

그런데 제 인생경험에 의하면, 복덕을 얻는 사람 따로 있고, 복덕을 누리는 사람 따로 있는 것 같습니다.

우리는 과연 복덕을 얻어 쌓아두기만 하는 사람입니까? 아니면 복덕을 즐기는 사람입니까?

불교의 유명한 인욕 사상들

불교의 인욕사상은 유명합니다. 즉 《금강경(제16장)》에 보면, "만약 타인에게 천대와 멸시를 받게 되면, 다음과 같이 생각하라. 나는 전생의 죄업으로 악한 길에 빠져야 될 것이지만, 지금 이 생의 사람들에게 천대와 멸시를 받음으로써 전생의 죄업을 소멸한다, 라고." 하는 가르침이 있고,

《유교경》에는 "어떤 악한 자가 나의 사지를 마디마디 잘라내더라도 스스로 자신의 마음을 잘 단속하여 분노와 원망과 욕설을 하지 않아야 한다." 라는 가르침이 있으며,

또 《열반경》에도 "어떤 악한 자가 나의 몸을 칼로 벨 때에도, 그를 미워하는 생각이 없어야 한다."라는 가르침이 있다. 금강경(14장)에도 똑같은 경지가 설해지고 있습니다.

그리고 또 《수행도지경(제14)》에도 "만약 타인으로부터 피해

를 입는다 할지라도 가해자와 피해자 모두가 공이요, 꿈이요, 환상과 같은 일시적 현상이라고 이해하며, 참음으로써 마음의 평정을 지켜야 한다.” 라는 가르침이 있고,

《잡아함경》에도 “남을 해칠 마음을 갖지 말고, 성내는 마음을 품지 마라. 비록 화가 머리끝까지 치밀더라도 그것 때문에 함부로 말하지는 말라. 남의 흠을 애써 찾지도 말고, 약점이나 단점을 들추지도 말고, 항상 자기 자신을 잘 돌아보기를 바란다.” 라는 가르침이 있습니다.

대인관계의 번뇌와 갈등을 참아야 하는 이유

물론 이러한 인욕사상에 대해서는 생각이 있는 사람이라면 당연히 다음과 같이 말할 것입니다. “무조건 참기만 하는 것은, 어리석은 자들이 보면 두려워하기 때문에 참는 것이라고 말할 것이다. 그러므로 참는 것만이 좋은 일이라고 말할 수는 없다. 마땅히 어리석은 자들은 지혜로써 호되게 다스려야 할 것이다.”라고.

괴로움이 우리를 깨닫게 하고 성숙하게 하는 것

그러나 괴로움을 만나도 자기인생의 모든 것을 걸고 투쟁하지는 마십시오. 왜냐하면 우리들의 의식(意識)은 그것을 통해서 깨어나게 되기 때문입니다.

그래서 “우리는 괴로움을 겪는 데까지 겪어보아야만 괴로움을 고칠 수 있다.”라는 교훈이 있는 것입니다.

이렇게 인욕(忍辱) 문제는 끈기있게 들여다보고 이해해야만
이 체득할 수 있는 것입니다.134)

심리적으로 가능한한 자유로울 것

그러나 끝으로 내가 정말 하고 싶은 말은 이런 것입니다;

무아(無我)의 진리로 진리가 아닌 것에 사로잡히지 않고 자
유롭듯이, 인욕바라밀(인욕의 완성)에도 집착하고 싶지는 않습
니다.

왜냐하면 지나친 인욕(忍辱)은 피학대증이나 왜곡된 쾌락의
존중독증을 생기게 할 수도 있기 때문입니다.

금강경 본문

스승이 대답했다.

"수보리여, 보살이 쌓는 복덕은 탐욕적인 집착에 응하지 않
는 것이다. 그래서 복덕을 쌓지 않는다고 말해지는 것이다."

보살의 경지는 근원적인 깨달음과 중생을 위한 실천이다

왜 보살은 복덕을 쌓아두지 않는가(집착하지 않는가) 하면,
쌓을 복덕과, 복덕을 쌓는 자와, 복덕을 쌓는 과정 자체에 무

---

134) "아무리 큰 정신적 상처를 받았다 하더라도, 충격이 가라앉고, 신경이 진정되면
새로운 환경에 적응하는 것이 인간이다. 왜냐하면 다른 가능성들이 모두 사라졌
기 때문이다. 이제 삶의 유형들이 보이기 시작한다. 한걸음 물러서서 그림전체를
보게 된 것이다. 이렇게 적응하는 것이 우리가 할 수 있는 일의 전부다." 나는
이 중요한 말을 우연히 《모두가 왕의 사람들(All The Kings Men(2006)》이라는 영
화에서 들었다.

슨 아트만(또는 푸루샤, 영원불멸의 실체성)이 있는 것은 아니기때문입니다. 그러면 아무것도 없다는 것인가? 그렇습니다. 아무것도 없습니다.

그런데 대승불교의 매력은, 이 아무것도 없는 것(무생무아(無生無我))이기 때문에 도리어 적극적인 자유와 창조적인 사상으로 무언가를 의미있게 '시설(施設)'한다는 것에 있습니다. 이것을 대승불교에서는 '회향(回向)'이라고 합니다.

그리고 금강경 보살대사의 공덕이나 복덕은 항상 아뇩다라삼막삼보리(최고 수준의 깨달음)와 반야바라밀(지혜의 완성)에 회향(回向)합니다.

관련 사상은 《소품반야경(제3권)》회향품을 참조해보시기 바랍니다.

위엄이 있고 평온한 석가모니의 품위

그리고 또 수보리여, 누가 만약 여래는 가고 오고 또는 더물고 앉고 눕는다 라고 이렇게 말한다면, 그는 내가 가르치는 의미를 이해하지 못한 사람이다.

왜냐하면 여래는 어디로 가는 것도 아니요, 어디로부터 오는 것도 아니기 때문이다. 그렇기때문에 여래라고 나는 말하는 것이다.135)

새로운 생각의 길

부처의 본성도 어떤 특정한 심리적 원인과 조건의 산물이다

팔천송 반야경(제30장과 31장)에서, 상제보살은 허공에 울려오는 생생한 음성과 환상적인 명상속에서 여래들을 역력히 보고 체험합니다.

---

135) 지금 필자가 참고대본으로 사용하고 있는 금강경은 범어본(梵語本)입니다. 하지만 구마라집이 번역한 중국 고대 한자로 된 금강경 제29장의 원문도 새롭게 한글현토를 붙여서 여기 각주로 소개해둡니다.

　　威儀寂靜分 第 二十九: 須菩提여 若有人이 言하기를 如來가 若來 若去 若坐 若臥라고한다면 是人은 不解我 所說義이니 何以故냐하면 如來者는 無所從來이며 亦無所去이니 故名如來이기 때문이다.

　명상에서 깨어난 상제보살은 스스로 묻기를 "이 여래들은 어디서 왔으며, 어디로 간 것인가?"하고 생각했습니다. 그는 법상보살을 찾아갑니다. 그리고 그에게 묻습니다. "나를 당신에게 인도해준 여래들은 어디서 왔으며, 어디로 가셨습니까?"

　이에 대하여 법상보살대사는 다음과 같이 설합니다.

　"여래(이렇게 온 깨달은 자)는 어디에서 온 것이 아니며, 어디로 간 것도 아니다. 왜냐하면 여래(이렇게 온 깨달은 자)는 공성이기 때문이다. 공성(空性)은 생겨나는 것도 아니며 소멸하는 것도 아니다. 모든 법이 이와같다. 그러므로 이렇게 온 깨달은 자(여래)의 모양이나 음성에 집착하는 자는 어리석은 자들의 망상일 뿐이다. 여래(이렇게 온 깨달은 자)는 오거나 가는 일이 없다."136)

　그러자 상제보살은 법상보살대사의 설법을 듣고 크게 감동하여 법상보살대사의 문하에서 헌신적인 생활을 시작합니다.

　여기서 법상보살대사의 설법과 금강경 제29장에서 "여래는 어디서 온 바도 없고, 또 어디로 간 바도 없다. 그래서 여래라고 부른다(如來者 無所從來 亦無所去 故名如來.)"라는 설법은 똑같은 의미의 가르침입니다.

---

136) **허공은 오지도 가지도 않는 것처럼 여래의 본성도 그렇다:** 이 법상보살대사의 말씀을 한 번 더 새겨 읽어보기로 한다. 《소품반야경(제10권)》에서, 법상보살대사는 상제보살에게 다음과 같이 말했다. "생겨남이 없는 것은 오지도 가지도 않는다. 바로 이것이 여래다. 진공(眞空)은 가지도 않고 오지도 않는다. 바로 이것이 여래다. 이렇게 허공같은 성품(Nirguna)이 바로 여래인 것이다..중략..모든 것이 꿈과 같이 허망한 줄 모르고 눈에 보이는 육신과 말소리에 집착한다면, 이러한 사람은 부처님이 온다느니 간다느니 하는 말을 하기 마련이다.

여래의 의미에 대한 나의 직설법

나는 다음과 같이 말하고 싶습니다. 부처는 2천5백년전에 그렇게 죽어간 사람(여거(如去))이며, 우리 현대인들은 오늘 지금 바로 여기 이 순간에 이렇게 와 있는 사람(여래(如來))들입니다.

그런데 나는 거(去)와 래(來)를 같은 것으로 성찰합니다. 왜냐하면 거(去)가 있기 때문에 래(來)가 있고, 래(來)가 있기에 거(去)가 있는 것이기 때문입니다.

그러면 거(去)와 래(來)에 무슨 자체성(自體性)과 실체성(實體性)과 본체성(本體性)과 정체성(定體性)이 있는 것인가? 석가모니는 이에 대해 '제법무아(諸法無我), 제행무상(諸行無常)'라고 분명히 말했습니다.

그렇다면 거(去)해도 거(去)한 것이 없고, 래(來)해도 래(來)한 것이 없는 것입니다.

그런데 대승불교에서 이러한 여거(如去) 여래(如來) 또는 진여(眞如; 참으로 그러한 것)를 진여자성(眞如自性)으로 실체화(實體化)하고 신비화(神秘化)한 것은 어찌된 일입니까? 진여자성(眞如自性)은 인도철학 용어로는 '푸루샤'라고 합니다.

허공의 본성이 곧 부처(깨달은 자)의 본성이라는 것

여래는 본체가 없는 허공과 같은 것이므로 있는 것도 아니고, 없는 것도 아닙니다.

여래의 모든 움직임은 수많은 원인과 조건에 의해 생기기도 하고 없어지기도 하는 것입니다. 그리고 우리는 원인과 조건

자체도 본체가 없는 것이라고 통찰해야 할 것입니다.

그래서 여래라고 하는 것은 언어문자가 실체화(實體化)된 것 즉 아이디어 밈(Idea meme) 이상도 이하도 아닙니다.

여래는 중생구제를 위한 방편적인 힘으로 일부러 시설(施設)되어진 것입니다. 그러므로 여래의 실제는 언제나 공성(空性)이라는 사실을 우리는 이해해야 할 것입니다.

그래서 용수보살은 중론(제1장 귀경게)에서 "생겨나는 것도 없고, 없어지는 것도 없고, 영원도 아니고, 단절도 아니며, 하나도 아니고, 다른 것도 아니고, 오는 일도 없고, 가는 일도 없는 부처(깨달은 자)를 향해 머리를 숙인다."고 썼을 것입니다.137)

좌선이든 입선이든 행선이든 깨달음(반야바라밀) 아닌 게 없다

가만히 성찰해보면, 가고 오고, 머물고, 앉고 눕고, 말하고

---

137) 내 직관적 이해에 의하면, 여래는 지바트만(Jivatman)과 동의어라고 여겨진다. 지바트만이란 지바(정신)를 가지고 있는 개체 또는 그 사람이라는 뜻인데, 이 지바는 우주적인 실체가 개체적 영혼이 된 것을 의미한다. 여기서 우주적 실체란 곧 아트만(Atman)이다. 고로 지바트만이란 자기속에 아트만을 갖고 있는 사람이라는 뜻이다. 이러한 지바의 본성과 아트만의 본성과 브라만의 본성은 똑같은 것이다. 그래서 나는 여래를 지바트만과 동의어라고 이해한 것이다. 그리고 인도 우파니샤드 철학의 용어로 표현한다면, 여래와 지바트만과 아트만과 브라만의 본성은 탄생되는 것도 아니고 소멸되는 것도 아니다. 즉, 여래와 지바트만과 아트만과 브라만은 어느 곳으로부터 오거나 가는 것이 아니며, 또 그 어떤 사람이 되는 것도 아니다. 여래(如來)의 원의는 '이렇게 온 사람' 또는 '이렇게 간 사람'이라는 뜻이다. 좀 더 내 감정을 넣어서 표현한다면, 여래란 '가장 마지막에 온 사람' 또는 '가장 마지막에 가는 자'라고 말하고 싶다. 불교에서 여래란 부처의 본성(정기신(精氣神))을 가지고 있는 사람이다. 따라서 부처(깨어난 자)와 여래(이렇게 온 자)는 같은 말이다. 그리고 석가모니의 가르침(오리지널 불교)에서는 지바와 아트만의 본성을 실재하지 않는 것으로 볼 뿐만 아니라 여래와 부처의 본성도 실재하지 않는 무아(無我)라고 본다. 그러므로 금강경의 철학으로 표현한다면, "여래는 여래가 아니라, 그 명칭이 여래일 뿐이다."라고 할 수 있겠다.

 금강경과 함께 깨어나기
Wake-up sleeper, and be free from chains of illusion

침묵하고, 움직이고 정지하는 일체의 모든 행동(行住坐臥語默動靜)이 바로 아뇩다라삼막삼보리(최고의 깨달음) 아닌 것이 없습니다.

다시말하면, 좌선(坐禪; Sitting Meditation)이든 입선(立禪; 서서 하는 명상수행)이든, 행선(行禪; Walking Meditation)이든 와선(臥禪; 누워서 하는 명상수행)이든 수면선(睡眠禪; 잠자면서 하는 명상수행)이든 '깨달음이 아닌 것이 없다'는 것입니다.

반야바라밀의 길을 가는 자의 운명의 공통성

인류사(人類史)를 돌이켜 보면, 석가모니가 이 세상에 온 것도 사실이요, 석가모니가 저 세상으로 간 것도 사실입니다.

그리고 석가모니와 같은 종류의 즈나니(지혜의 길을 가는 자)들은 끊임없이 이 세상에 태어나고 또 죽어가는 것도 사실입니다. 나 역시 이렇게 왔고, 또 이렇게 갈 것입니다.

소품반야경(제6권)에서도 수보리 존자는 "여래가 가지도 않고 오지도 않는 것과 같이 나 또한 가지도 않고 오지도 않는다. 바로 이것이 왜 수보리가 여래에게서 태어났는가 하는 이유다."라고 설파하고 있습니다.

우주를 떠도는 나의 질문

그러나 무엇이 온갖 중생(생명체)들을 이렇게 오고 가게 하는 것일까?

과연 자연법칙(Laws of nature)의 작동은 누가 무엇을 위한 것일까?

 누가 무슨 이유로 이 경이로운 빛을 '푸른 장미꽃'처럼 허공
에 피우고 있는 것일까?

전우주의 총체도 일종의 먼지일 뿐이다

금강경 제 30장의 의미번역

우주의 구성요소인 원자도 궁극의 실체가 아니다

그리고 또 수보리여, 선남선녀들이 삼천대천세계에 있는 모든 땅의 모래알 수만큼의 세계를 끝없는 노력으로 원자의 집합과 같은 가루로 잘게 부수었다면, 수보리여 어떻게 생각하는가? 그 원자의 집합은 많은가?

수보리가 대답했다.

"스승이시여, 그렇습니다. 그 원자의 집합은 매우 많습니다. 하지만 만약 원자의 집합이 실체로 있는 것이라면, 스승은 원자의 집합이라고는 말하지 않았을 것이기 때문입니다. 왜냐하면 여래께서는 저 원자의 집합은 집합이 아니다. 그렇기 때문에 원자의 집합이라고 말했기 때문입니다.

우주세계란 한 덩어리의 먼지일 뿐이다

그리고 또 여래께서는 삼천대천세계(三千大天世界)도 세계가 아니므로 삼천대천세계이다, 라고 말했습니다. 왜냐하면 만약 세계가 실체로 있는 것이라고 한다면, 한덩어리의 모양(一合執)이 있는 것이 될 것이기 때문입니다.

그러나 여래가 설한 한 덩어리의 모양은 한 덩어리의 모양
이 아닙니다. 그래서 한 덩어리의 모양이라고 말해지는 것입니
다.”

스승은 말했다.

“수보리여, 한 덩어리의 모양은 말할 수 없는 것이며, 설명
할 수 없는 것이다. 그것은 법도 아니고, 법 아닌 것도 아니다.
그러나 저 우둔하고 저속한 사람들은 그것에 집착한다.”138)

금강경 본문; 우주의 구성요소인 미세한 먼지에 대한 담론

“수보리여, 선남선녀들이 삼천대천세계 가운데 있는 땅의 먼
지만한 세계를 끝없는 노력으로 원자의 집합과 같은 가루로
잘게 부수었다면, 수보리여 어떻게 생각하는가? 그 원자의 집
합은 많은가?”

수보리가 대답했다. “스승이시여, 그렇습니다. 그 원자의 집

---

138) 지금 필자가 참고대본으로 사용하고 있는 금강경은 범어본(梵語本)입니다. 하지
만 구마라집이 번역한 중국 고대 한자로 된 금강경 제30장의 원문도 새롭게 한
글현토를 붙여서 여기 각주로 소개해둡니다.
　　一合理相分 第三十. 須菩提여 若善男子 善女人이 以三千大千世界를 碎爲微塵
한다면면 於意云何인가? 是微塵衆은 寧爲多不인가? 須菩提言하기를 甚多입니다
世尊이시여, 何以故냐하면 若是微塵衆이 實有者이라면 佛이 卽不說是微塵衆이셨
을 것입니다. 所位者何인가하면 佛說微塵衆은 卽非微塵衆이니 是名微塵衆이기때
문입니다. 世尊이시여 如來所說三千大千世界는 卽非世界이니 是名世界입니다. 何
以故냐하면 若世界가 實有者이라면 卽是一合相이니, 如來說하시기를 一合相은
卽非一合相이니 是名一合相이기때문입니다. 須菩提여 一合相者는 卽是不可說인
데 但只 凡夫之人이 貪着其事일 뿐이다.

합은 매우 많습니다. 왜냐하면 만일 원자의 집합이 실체로 있는 것이라면, 스승은 원자의 집합이라고는 말하지 않았을 것이기 때문입니다. 왜냐하면 저 원자의 집합은 집합이 아니다. 그렇기 때문에 원자의 집합이라고 여래께서 말했기 때문입니다."

알티세르의 성찰과 금강경의 미세한 먼지론

제논도 모래더미에서 모래를 집어 들고 "이 모래더미는 모래더미인가?" 라고 물은 바 있지요.

금강경 제30장의 미진론(微塵論)을 읽으면서 왠지 프랑스 철학자 알튀세르의 말이 생각납니다.

알튀세르의 설명은 금강경 제30장의 미진론(微塵論)과 정확하게 부합되는 것이라고 여겨집니다.

해서, 이 알튀세르(1918-1990)의 글을 여기서 한번 읽어보기로 합니다. "에피쿠로스(341-270.B.C.E)는 세계 형성 이전에 무수한 원자가 허공 속에서 평행으로 떨어진다고 설명한다.

원자들은 항상 떨어진다. 이것은 세계가 있기전에는 아두것도 없었다는 것을, 동시에 세계의 모든 요소들은 어떤 세계도 있기 이전인 영원한 과거로부터 실존했다는 것을 함축한다. 이것은 또한 세계의 형성이전에는 어떤 의미도, 또 어떤 원인도, 어떤 목적도, 어떤 근거나 부조리도 없었다는 것을 함축한다. 바로 이것이 에피쿠로스의 기본적인 명제이며, 이 점에서 에피쿠로스는 플라톤(427-347.B.C.E)과 아리스토텔레스(384-322.B.C.E)와도 대립한다. 원자의 미세한 일탈인 클리나멘이 돌발한다. 클

라나멘은 무한히 작은 최대한 작은 원자의 미세한 일탈로서 어디서 언제 어떻게 일어나는지 모르는데, 허공에서 한 개의 원자로 하여금 수직으로 낙하하다가 빗나가도록, 그리고 한 점에서 평행낙하를 극히 미세하게 교란함으로써 가까운 원자와 마주치도록, 그리고 이 마주침이 또 다른 마주침을 유발하도록 만든다. 그리하여 하나의 세계가, 즉 연쇄적으로 최초의 일탈과 최초의 마주침을 유발하는 일합(一合)의 원자들의 집합이 탄생한다....마주침은 원자들에게, 일탈과 마주침이 없었더라면 밀도도 실존도 추상적인 요소들에 불과했을 바로 그 원자들에게, 그것들의 현실성을 부여한다. 원자들은 일탈과 마주침을 그에 앞서는 원자들이 유령적 실존만을 지닐 뿐인 저 마주침을 통해서만 비로소 자기실존에 이르게 된다고 주장할 수 있다.”

1980년 11월16일 일요일에 우울증과 정신착란 상태에서 자기 아내 엘렌느를 목 졸라 살해한 알튀세르(1918-1990)의 두뇌의 어느 곳에서 이런 정확한 통찰이 나왔는지 참으로 철학교육을 받은 인간이란 신묘(神妙)합니다.

나도 결혼을 하게 되면 우울증과 분노와 정신착란상태에서 내 아내를 목 졸라 죽이게 될까?

금강경 본문

“그리고 또 삼천대천세계도 세계가 아니므로 삼천대천세계라고 여래께서 말했습니다.

왜냐하면 만약 세계가 실체로 있는 것이라고 한다면, 한덩어리의 모양(一合執)이 있는 것이 될 것이기 때문입니다.

그러나 여래가 설한 한 덩어리의 모양은 한 덩어리의 도양이 아닙니다. 그래서 한 덩어리의 모양이라고 말해지는 것입니다."

스승은 말했다.

"수보리여, 한 덩어리의 모양은 말할 수 없는 것이며, 설명할 수 없는 것으로, 그것은 법도 아니고, 법 아닌 것도 아니다. 그러나 저 우둔하고 저속한 사람들은 그것에 집착한다."

세계의 존재 문제는 곧 나의 존재 문제다

세계의 존재 문제는 곧 나의 존재 문제입니다. 왜냐하면 세계와 나는 서로 유기적으로 매우 밀접한 관계이기 때문입니다.

내 생멸(生滅)의 장소는 이 지구세계입니다. 하지만 내가 멸망한다고 이 지구가 멸망하는 것은 아니지만, 지구가 멸망하면 나도 인류도 모든 생명체도 멸망합니다.

생각건대, 이 지구의 산소와 물은 너무나 흔한 것이어서 우리는 그 필요성과 가치에 대해 별 생각없이 지내고 있지만, 산소와 물은 우리 존재의 근원입니다. 이와같이 세계의 존재 문제는 곧 우리 생명체(변형된 태양 빛)의 실존적 문제입니다.

금강경 부처의 세계관

그런데 금강경 부처는 지금 본문에서 "그 어떤 세계도 먼지

덩어리와 같은 것이다."라고 설파하고 있습니다. 대단한 성찰입니다.

현대우주론의 세계관

실제로 현대우주론에서도 미세한 먼지가 한 덩어리로 모여 커진 것이 이 세계라고 설명하고 있습니다.

불교의 핵심은 연기무아 법이다

네 가지 고정적인 관념을 부정하는 불교

수보리여, 누가 "여래는 영원한 자아, 영원한 실존, 영원한 생명, 영원한 개체성에 대한 사상을 주장했다"고 한다면, 그는 올바른 말을 했다고 생각하는가?

수보리가 대답했다.

"스승이시여, 그렇지 않습니다. 그는 올바르게 말한 것이 아닙니다. 왜냐하면 그 영원한 자아는 영원한 자아가 아니기 때문에 영원한 자아라고, 여래께서 말한 것입니다."

절대불변의 고정적인 진리는 존재하지 않는다

스승이 말했다.

"수보리여, 정말 보살승에 나아간 자는 이 모든 진리를 알지 않으면 안되고, 보지 않으면 안되고, 확고부동한 마음을 가지지 않으면 안된다.

그리고 또 그는 진리라는 관념에조차 머무르지 않도록 알지 않으면 안되고, 보지 않으면 안되고, 믿고 이해하지 않으면 안된다.

왜냐하면 진리라는 관념은 진리라는 관념이 아니요, 그 명칭이 진리라는 관념이기 때문이다."139)

새로운 생각의 길

상이란 무엇이며, 상에 집착하는 이유는 무엇인가
상(相, 想, 見, 觀)이란, 우리 자신이 어떤 영원한 지속성을 갖고 있다는 생각과 견해를 갖는다는 것, 그런 고정관념을 갖는다는 뜻입니다.

그러면 왜 우리는 이러한 상(相, 想, 見, 觀)을 갖거나 더 많이 추구할까요?
그것은 자신과 자신의 소유물(재산, 혈족, 지식, 습관 등)이 끊어지고 사라지고 없어지는 것에 대한 두려움과 불안 때문입니다.

---

139) 지금 필자가 참고대본으로 사용하고 있는 금강경은 범어본(梵語本)입니다. 하지만 구마라집이 번역한 중국 고대 한자로 된 금강경 제31장의 원문도 새롭게 한글현토를 붙여서 여기 각주로 소개해둡니다.
　　知見不生分 第 三十一. 須菩提여 若人이 言하기를 佛說我見人見衆生見壽者見이라고한다면 須菩提여 於意云何인가? 是人은 解我所說義不인가? 不也입니다 世尊이시여 是人은 不解如來所說義이니 何以故냐하면, 世尊이시여 說我見人見衆生見壽者見은 卽非 我見人見衆生見壽者見이니, 是名我見人見衆生見壽者見이기때문입니다. 須菩提여 發阿耨多羅三藐三菩提心者는 於一切法을 應如是知하고 如是見하여 如是信解하면서 不生法相한다. 須菩提여 所言法相者는 如來說하기를 卽非法相이니 是名法相이다.

불교의 핵심은, 일체가 원인과 조건에 의해 생성하고 소멸한다는 것이다

석가모니의 견해는 네 가지 상(四相)이 아니라 무아(無我)입니다.

그리고 무아가 진리인 이유는 인연기멸(因緣起滅)의 법칙성 때문입니다.

그러므로 석가모니의 가르침의 핵심은, 모든 것이 원인과 조건에 의해 생성하고 소멸한다는 인연기멸(因緣起滅)에 관한 깨달음입니다.

연기무아의 진리는 퍼지한 것이다

그리고 이 "네 가지 상(相)이 인연소생(因緣所生)의 무아(無我)" 라는 것은 이론이나 지식의 대상이 아니므로 설명할 수 있는 경지가 아닙니다.

그러므로 네 가지 상(相)은 모두 인연소생(因緣所生)이기때문에 고정불변의 실체성은 없다고 하는 것은, 근원적인 통찰력과 성숙한 인생문제와 관련이 있는 것이라고 여겨집니다.

그리고 바로 이 점은 왜 제가 퍼지(Fuzzy)한 제 4의 길인 승속통합지도(僧俗統合之道; 전체적인 삶의 길)를 가고 있는가 하는 이유이기도 합니다.

내게 있어서 승속통합(僧俗統合)이란 화광동진(和光同塵; 송곳같은 지성이나 재능을 감추고 세속에 평범하게 동조한다는 것) 또는 화광혼속(和光混俗)140)의 삶을 의미합니다. 그러나 현재 내 마음

의 레벨은 무승무속(無僧無俗)이요 승속부주(僧俗不住)입니다.

금강경 본문; 아트만과 브라만의 사상을 초월하는 불교 반야사상

"수보리여, 아뇩다라삼막삼보리의 마음을 발심한 자는 일체법을 마땅히 이렇게 알고 이렇게 보고 이렇게 신해(信解)하여 법상(法相, 法想)을 내지 않는다."

아뇩다라삼막삼보리(가장 높은 수준의 깨달음)의 마음을 낸 불교 신자들에게 묻습니다.

과연 인격(人格)을 신격(神格)으로 완성하는 것이 아뇩다라삼막삼보리(최고의 깨달음)인가? 아니면, 인격과 신격이 모두 무아(無我)임을 통찰하는 것이 아뇩다라삼막삼보리(최고의 깨달음)인가? 이 문제에 대해서는 금강경 제7장, 17장, 22장, 23장, 27장, 31장 등을 참고하시면서 독자가 직접 성찰해보시기 바랍니다.

---

140) 산에서 명상만 하던 사람이 이 세속에 들어오니 '난득호도(難得糊塗)'라는 판교의 좌우명이 생각난다. "聰明難 糊塗難. 由聰明而轉入糊塗更難 放一着退一步當下心安 非圖後來福報也." "총명하기도 어렵고, 어리석기도 어렵다. 하지만 총명한 사람이 어리석음으로 나아가기는 더 어렵다. 그저 만사에 대한 집착을 버리고 한 걸음 물러서면 마음이 편안해지니 나중에 복이 오기를 바라지 않는다."

금강경의 마지막 교훈

금강경 제 32장의 의미번역

그리고 또 수보리여, 어떤 보살대사가 측량할 수 없고, 헤아릴 수 없는 세계를 일곱 가지 보물로 가득 채워 모든 성현(聖賢)들에게 보시했다고 할지라도, 어떤 선남선녀들이 이 반야바라밀(지혜의 완성, 완전한 지혜)의 법문 중에서 사행시(四行詩)의 하나만이라도 선택하여 수지(受持)하고 독송(讀誦)하고 수학(受學)하며, 다른 사람에게 상세히 설명해준다면, 이 사람들이 그 인연으로 해서 더욱 많은 헤아릴 수 없는 복덕을 쌓는 것이 될 것이다.

그렇다면 사람들에게 어떻게 이 금강경을 연설해야하는가? 금강경 연설자는 다음과 같이 연설해야 한다.

즉, 모든 존재와 현상은 꿈과 환상과 물거품과 그림자와 이슬과 번개와 구름 같은 것이라고 보아야 한다.

이와같이 스승의 말씀이 끝나자, 수보리 장로는 감격하여 최고의 환희를 느꼈다.

그리고 비구와 비구니, 재가의 남녀신자들, 천신들과 사람들과 아수라들과 건달바들도 이 성자의 말에 모두 감격하여 환호하며 박수갈채를 하였다.

이렇게 해서 성스러운 금강(金剛)같은 지혜로 번뇌를 능단(能斷)하는 불모(佛母)로서의 금강바라밀은 완성되었다.[141]

▌ 새로운 생각의 길

사찰건립의 보시공덕보다 금강경 학습과 선전보급이 더 가치 있고 복덕이 있다는 이야기

"수보리여, 누가 수많은 보물을 가득 채워 그것을 모든 성현들에게 보시한다 할지라도, 이 금강반야바라밀경을 항상 가지고 다니면서 독송하며 타인에게 설명해준다면 이 사람의 공덕이 훨씬 큰 것이 될 것이다."

금강경 전체에서 보이는 금강경 수지독송의 강조

이러한 복덕에 관한 가르침은 금강경 제6장, 8장, 10장, 11장, 12장, 13장, 14장, 15장, 16장, 19장, 24장, 28장에 이어 여기 32장에 이르기까지 강조되고 있습니다.

그러니까 요점은 "이 금강경(Vajracchedika Prajnaparamita Sutra)을

---

141) 지금 필자가 참고대본으로 사용하고 있는 금강경은 범어본(梵語本)입니다. 하지만 구마라집이 번역한 중국 고대 한자로 된 금강경 제32장의 원문도 새롭게 한글현토를 붙여서 여기 각주로 소개해둡니다.

應化非眞分 第三十二. 須菩提여 若 有人 以滿 無量 阿僧祇 世界 七寶로 持用 布施할지라도 若有善男子 善女人이 發菩薩心者로서 持於此經하고 乃至四句偈等을 受持讀誦하며 爲人演說한다면, 其福이 勝彼이니 云何爲人演說해야하는가? 不取於相하면 如如不動이니, 何以故냐하면 一切有爲法은 如夢幻泡影이며 如露亦如電이기때문이니 應作如是觀할지어다. 佛說是經已하시니 長老須菩提와 及諸比丘 比丘尼와 優婆塞 優婆夷와 一切世間과 天과 人과 阿修羅들이 聞佛所說하고 皆大歡喜하며 信受奉行하였다.

수지독송하면 현세에서 가장 큰 복덕을 얻게 된다"142)는 것인

---

142) 금강경과 팔천송 반야경에서 반야경전의 수지독송을 강조하는 의미: 금강경 제
32장에 나오는 금강경 수지독송의 강조와 금강경 선전보급에 관한 동기부여(動
機附與)로 복덕론(福德論)을 주장하는 것을 금강경 본의(金剛經本意; Vajrachedika
Drshana) 그대로 이해하려면, 팔천송반야경(제3장)을 읽어야 한다. 그래서 다소
팔천송반야경의 긴 문장이 지루하더라도 용맹정진(勇猛精進)하듯이 천천히 주의
깊게 읽어 보시기 바란다. 아래의 글은 석해탈 편저《팔천송반야경 제멋대로 읽
기》출판시대(1998) 136-153쪽으로부터 인용한 것인데, 여기서는 가능한한 돗자
가 지루하지 않도록 소제목도 붙이고 문장도 다시 간략하게 요점적(要點的)으로
써 보았다.
   깨달은 자의 거대한 통찰력은 어떤 방법으로 얻었는가
   "제석천이여, 그대는 어떻게 생각하는가? 부처(깨달은 자)의 거대한 통찰력
은 어떠한 도(道)로 인하여 생긴 것인가?" 제석천이 말했다. "부처(깨달은 자)는
반야바라밀(지혜의 완성)을 배움으로서 최고의 깨달음 곧 모든 것을 아는 지혜
의 본성을 얻은 것이라고 생각합니다." 그러자 부처가 말했다. "제석천이여, 그러
므로 자기의 몸에서 사리를 얻었다고 여래가 되는 것이 아니라, 모든 것을 아는
지혜의 본성을 얻었기 때문에 여래라고 하는 것이다.
   깨달은 자의 육신이 소중한 이유
   여래(이렇게 온 깨달은 자)의 지혜의 본성은 반야바라밀(지혜의 완성)에 의해
서 생긴 것이다. 그리고 여래(이렇게 온 깨달은 자)의 육신은 반야바라밀(지혜의
완성)을 유지하기 위한 방편으로 생긴 것이다. 이 여래(이렇게 온 깨달은 자)의
육신은 모든 것을 아는 자의 지혜가 깃들어 있는 곳이다. 그리고 바로 여기서
나의 깨달음과 나의 가르침과 내 제자들의 진신 사리가 생기는 것이다. 그러므
로 여래(이렇게 온 깨달은 자)의 육신은 일체중생의 진실한 탑묘가 되는 것이다.
그래서 사람들은 여래(이렇게 온 깨달은 자)의 육신을 숭배하고, 예배하고, 합장
하고, 존경하고, 공양하고, 존중하고, 공경하는 것이다. 이 여래(이렇게 온 깨달은
자)의 육신은, 모든 것을 아는 자의 지혜가 깃들어 있는 것이기 때문에 내가 반
열반(Parinirvana; 입멸(入滅), 원적(圓寂)) 한 뒤에는 나의 사리를 통하여 나를 공
양하는 일이 행하여질 것이다.
   반야경전을 학습하는 것이 소중한 이유
   그러나 제석천이여, 어떤 사람이 이 반야바라밀(지혜의 완성)을 베껴쓰고 신
성한 책으로 만들어 받들면서 천화(天花), 훈향(薰香), 향(香), 화환(花環), 말향(抹
香), 보(布), 일산(日傘), 기(旗), 령(鈴), 삼각기(三覺旗) 등으로 예배하고, 합장하
고, 존경하고, 공양하고, 존중하고, 공경한다면, 이 사람들은 모두가 더 많은 복
덕을 지은 것이다. 어째서 그런가 하면, 어떤 사람이 반야바라밀(지혜의 완성)을
베껴쓰고, 거룩한 책으로 만들어, 예배하며, 합장 공경하고, 존경하고, 공양하고,
존중하고, 또 여러 가지로 공양을 한다면, 그는 그의 공양행위에 의해 이미 모든
것을 아는 자의 지혜를 향해 공양한 셈이 되기 때문이다. 이로 인해 그는 많은
복덕을 누린다.

반야경이 대중들에게 인기가 없는 이유는 무엇인가

그때, 신들의 왕인 제석천은 부처에게 다음과 같이 말했다. "세존이시여, 이 사바세계에 사는 사람들이 반야바라밀(지혜의 완성)을 서사하지 않고, 신수하지 않고, 수지하지 않고, 독송하지 않고, 사유하지 않고, 선포하지 않고, 연설하지 않고, 해설하지 않고, 열어 보이지 않고, 암송하지 않는 사람과 이 반야바라밀(지혜의 완성)을 꽃이나 훈향, 향, 화환, 말향, 보, 일산, 기, 령, 삼각기 등으로, 그 주변을 등명, 화환으로, 또 여러 가지의 공양구로서 예배하지 않고, 합장하지 않고, 존경하지 않고, 공양하지 않고, 존중하지 않고, 공경하지 않는 사람이 있는 것은, 부처님께서 주시는 큰 이익을 모르기 때문입니까? 왜 이 곳에 사는 사람들은 반야바라밀(지혜의 완성)을 공양하게 되면, 커다란 이익이 있다는 부처님의 말씀을 어째서 이해하지 못하는 것입니까? 세존이시여, 그들이 진실로 반야바라밀(지혜의 완성)을 공양하게 되면, 매우 훌륭한 이익이 있으며, 커다란 효과가 있으며, 커다란 과보가 있다는 부처님의 말씀을 어째서 믿지 못하는 것입니까? 이것은 이 속인들이 너무 무지하고, 어리석어서, 스스로 알아차리지 못하고 있는 것일까요?"

대부분의 세상사람들은 '돈'만이 자기를 구제해주는 최고의 진리로 알고, 자기부정과 자기초월에는 관심이 없다

그러자, 부처가 제석천에게 물었다. "제석천이여, 그대는 어떻게 생각하는가? 이 곳에 사는 사람들 중에서, 나의 깨달음과 나의 가르침과 내 제자들에게 순수한 신심을 가지고 있는 사람의 수가 얼마나 되겠는가?" 제석천이 대답했다. "세존이시여, 소수의 사람들만이 부처님과 부처의 깨달음과 부처님의 제자들에 대해 흔들리지 않는 순수한 믿음을 가지고 있다고 생각합니다." 그러자, 부처는 다음과 같이 말했다. "그렇다, 제석천이여, 이 곳에 사는 사람들로서 나의 깨달음과 가르침과 내 제자들에 대해 흔들리지 않는 순수한 믿음을 갖춘 사람의 수는 얼마 되지 않는다. 그리고 예류과(預流果)에 도달하는 사람의 수도 소수이다. 아라한과(阿羅漢果)에 도달하는 사람의 수는 더욱 적다. 독각(獨覺)의 수는 이보다 더욱 적다. 가장 높은 깨달음의 수준을 향해 발심을 낸 사람의 수는 더더욱 적다. 이 최고의 깨달음의 수준에 도달하기 위해 발심을 낸 것을 증장(增長)시키는 사람의 수는 매우 적다. 또, 그 결심을 강화하기 위해 노력을 하고 머무는 사람의 수도 매우 적다. 그리고 또 반야바라밀(지혜의 완성)에 마음을 전념하고 거기에 머무르는 사람의 수도 매우 적다. 그리고 반야바라밀(지혜의 완성)을 실천하며, 그것에 열중하고, 결코 후퇴함이 없는(확고부동한) 경지에 도달해 있는 보살의 수도 매우 적다. 그리고 또, 반야바라밀(지혜의 완성)을 실천하며, 열중하고, 바로 지금 아뇩다라삼막삼보리(최고의 깨달음)를 바로 깨달은 사람의 수도 매우 적다.

불심이 확고부동한 보살들이 반야경전을 선전해야 하는 이유

제석천이여, 결코 후퇴함이 없는 경지(결코 뒤로 물러섬이 없는 경지)에 이미 확고히 서서 최고의 깨달음을 현실적으로 보여주는 보살대사들은 고결한 마음으로 모든 사람들에게 완전한 지혜(반야바라밀)를 보여주듯이 해설해 주어야 할 것이다. 보살들이 만약 이렇게 하면, 수많은 사람들이 반야바라밀(지혜의 완성)을 실천하며, 열중하고, 거기에 머무르게 될 것이다. 그리하여 그들도 이 반야바라밀(지혜의 완성)을 신수하고, 수지하고, 독송하고, 사유하고, 선포하고, 연설하고, 해설하고, 개시하고 암송하게 되는 것이다. 그 뿐만 아니라 그들은 또 반야바라밀(지혜의 완성)을 온갖 종류의 꽃들과 훈향으로, 향과 화환과 말향으로, 보와 일산과 기와 령으로, 삼각깃발과 등과 등명과 화환으로 여러 가지의 금양구로, 그곳을 장엄하고, 예배하고, 합장하고, 존경하고, 공양하고, 존중하고, 공경하게 될 것이다.

극소수만이 거대한 통찰력을 얻는다

그리고 또, 제석천이여, 깨달음의 마음을 낸 사람과 그 깨달음의 마음을 키우는 사람과 그 깨달음의 마음을 성숙시키며 깨달음을 위해 수행하는 사람들은 한량없이 무수하게 존재한다. 그러나 이들 중에서 한 사람 혹은 두 사람만이 결코 후퇴함이 없는 경지에 도달할 것이다. 어째서 그런가하면, 제석천이여, 아뇩다라삼막삼보리(최고의 깨달음)는 게으르고 비열하고 열등한 심성을 가지고 있는 보통사람들의 노력정진으로는 도달하기 어렵기 때문이다.

모든 구도자의 스승은 근원적인 지혜(반야바라밀)이다

그러므로 신속히 아뇩다라삼막삼보리(최고의 깨달음)를 현실로 깨닫기를 원하는 사람이 있다면, 그는 이 반야바라밀(지혜의 완성)을 되풀이 해서 끊임없이 경청하며, 신수하고, 수지하고, 독송하고, 선포하고, 사유하고, 연설하고, 개시하고, 암송해야 하며 질문해야 한다. 왜냐하면, 그는 다음과 같이 생각하기 때문이다. '이 반야바라밀(지혜의 완성)은 여래가 일찌기 헌신적으로 실천하면서 배웠던 것이다. 그러므로 나 또한 이 반야바라밀(지혜의 완성)을 배워야 한다. 이 반야바라밀(지혜의 완성)은 나의 스승이다.'라고. 제석천이여, 깨달은 자가 현존해 있을 때에도, 또는 죽은 뒤에도 보살대사들은 이 반야바라밀(근본적인 지혜의 완성)만을 학습해야 한다.

깨달은 자의 유골 숭배보다는, 깨달은 자의 지혜를 공부하고 선전보급하는 공덕이 더욱 가치가 있다는 것

만약 어떤 사람이 여래(이렇게 온 깨달은 자), 아라한(진인(眞人), 존경받는 성자), 정등각자(正等覺者; 올바르게 깨달은 자)가 열반에 들었을 때, 그 여래(이렇게 온 깨달은 자)를 공양하기 위하여, 여래(이렇게 온 깨달은 자)의 유골을 거두어 일곱가지 보석으로 된 탑을 천만 개나 세워서, 자기의 목숨이 다할 때 까지 천화, 천훈향, 천향, 천화환, 천도향, 천말향, 천보, 천일산, 천기, 천령, 천삼각기 등으로, 그 주위를 등명, 화환으로, 또 여러 가지의 공양구로서 예배하고, 합장하고, 존경하고, 공양하고, 공경한다면, 그대는 어떻게 생각하는가? 이 사람이 이것으로 인해 얻는 복덕은 얼마나 많겠는가?" 제석천이 대답하였다. "세존이시여, 매우 많습니다." 그러자, 부처는 다음과 같이 말했다. "제석천이여, 그러나 어떤 사람이 만약 이 반야바라밀(근본적인 지혜의 완성)을 순수한 마음으로 신봉하고, 공부하면서, 깨달음을 얻겠다는 결심으로, 항상 이 반야바라밀(지혜의 완성)을 청문하고, 신수하고, 수지하고, 독송하고, 사유하고, 선포하고, 연설하고, 해설하고 암송한다면, 그는 그보다 더 많은 복덕을 얻게 될 것이다. 그리고 다른 사람에게도 그 뜻을 상세히 풀어 보여서 밝히고, 마음으로 깊이 생각하고, 또 탁월한 지혜로서 이 반야바라밀(지혜의 완성)의 가르침을 깊이 검토한다면, 그는 더 많은 복덕을 얻게 될 것이다.

반야경전의 기획 제작 출판이 단절되지 않아야 하는 이유

그리고 또, 반야경전(지혜의 완성)을 기획 제작 출판하고, 그것을 소중하게 지니고, 받들어서, 그것으로 인해 바른 진리가 이 세상에 오래도록 머물 수 있게 하는 사람이 있다면, 그는 부처의 출현과 그의 바른 진리가 단절되지 않게 항상 노력하는 자이므로 보다 더 많은 복덕과 이익을 얻게 될 것이다. 그러므로 우리는 항상 반야바라밀(지혜의 완성)을 예배하고, 합장하고, 존경하고, 공양하고, 존중하고, 공경해야 한다.

사찰을 창건하는 공덕보다 반야경전을 학습하고 선전보급하는 공덕이 더욱 가치가 있다

만약 누가 꽃과 훈향과 향으로, 화환과 도향과 말향으로, 보와 일산과 기로, 령과 삼각기로서, 또 그 주위를 등명과 화환으로, 또 여러 가지의 공양구로서 공양하며, 이 사바세계를 가득 채울 정도의 수많은 불탑을 건립한다면, 그가 받는 공덕은 매우 많을 것이다. 그리고 깨달은 자의 유골을 일곱가지 보물로 만든 탑 속에 가득 채우는 일과 그것을 각자 나누어서 모든 곳에 여래(이렇게 온 성자)의 사리탑을 건립한다면, 그가 받는 공덕은 매우 많을 것이다. 그리고 자기의 목숨이 다할 때까지, 그 불탑을 천화와 천훈향과 천향 등으로 공양하고, 존중하고, 공경한다면, 그대는 그것을 어떻게 생각하는가? 이러한 사람들은 이 인연으로 얼마나 많은 복덕을 쌓은 것이 되겠는가?" 제석천이 대답했다. "세존이시여, 매우 많습니다. 수가타여, 그것은 정말 매우 많습니다." 그러자 부처는 다음과 같이 말했다. "그러나 만약 어떤 사람이 반야바라밀(지혜의 완성)을 순수한 믿음으로, 받들고, 공부하면서 자기 마음을 청정하게 하고, 또 최고의 깨달음을 얻겠다는 발심과 서원으로 항상 반야바라밀(근본적인 지혜)의 가르침을 청문하고, 신수하고, 수지하고, 독송하고, 사유하고, 선포하고, 연설하고, 해설하고, 암송한다면, 그는 앞에서 말한 온갖 중생들이 짓는 불탑건립의 복덕보다 더 많은 복덕을 얻게 될 것이다.

불탑 건립이나 사찰 창건보다는, 반야경전을 학습 선전보급하는 행동이 더욱 가치가 있다는 것

그때, 신들의 왕인 제석천은 부처에게 다음과 같이 말했다. "그렇습니다. 세존이시여, 그렇습니다. 수가타(好說佛)이시여. 왜냐하면 이 반야바라밀(지혜의 완성)을 예배하고, 합장하고, 공양하고, 존중하고, 공경하는 바로 그 사람이야말로 모든 곳에서 부처님의 지혜(佛智)를 빠짐없이 깨닫는 사람들이기 때문입니다. 그들은 과거와 현재와 미래의 모든 부처님과 성현들을 항상 궁극적이고 본래적인 의미에서 예배하고 합장하고, 공양하고, 존중하고, 공경하고 있음을 저는 압니다. 세존이시여, 갠지즈 강가의 모래와 같은 수많은 삼천대천세계가 있습니다. 그리고 이 모든 삼천대천세계에 거주하는 일체중생들이 있습니다. 그리고 이 곳의데, 과연 정말 그런지는 독자들께서 직접 체험해보시기 바랍니다.

(물론 '체험(體驗)'이라고 하는 것만큼 사람의 마음을 확실히 속이는 것도 없다는 사실에도 주의깊은 성찰을 잊지 말아야 할 것입니다.)

금강경 본문

"그렇다면, 사람들에게 이 금강경을 어떻게 설명해야 하는

모든 개인들이 여래(이렇게 온 성자)의 사리를 나누어서 칠보로 만든 탑을 각각 하나씩 건립하고 있습니다. 그리고 그들은 그것을 무한히 확대시키며, 수억겁의 긴 시간에 걸쳐서 모든 악기와 노래와 춤과 발로서, 또 모든 아름다운 꽃으로 공양하고, 존중하고, 공경하고 있습니다. 그들은 매우 많은 복덕을 지은 것이라고 저는 생각합니다. 그러나 만약 어떤 사람이 반야바라밀(지혜의 완성)의 가르침을 순수한 믿음으로 받들고, 공부하면서 자기 마음을 청정하게 하고, 또 아뇩다라삼막삼보리(최고의 깨달음)를 얻겠다는 발심과 서원으로 항상 반야바라밀(지혜의 완성)의 가르침을 청문하고, 신수하고, 수지하고, 독송하고, 사유하고, 선포하고, 연설하고, 해설하고, 암송한다면, 그는 앞에서 말한 모든 나라의 사람들이 짓는 불탑건립의 복덕보다 더 많은 복덕을 얻게 될 것입니다.

반야경전을 학습하고 출판하며 선전보급하는 공덕에 대한 부처님의 확실한 보증서

그때, 부처는 신들의 왕인 제석천에게 다음과 같이 말했다. "그렇다, 제석천이여. 이 반야바라밀(지혜의 완성, 완전한 지혜)의 가르침을 항상 수지독송하며, 타인을 위해 해설하는 사람은 그 인연으로 보다 많은 복덕을 짓게 될 것이다. 그들의 복덕은 정말 불가사의한 것이며, 무수한 것이며, 무한한 것이며, 가장 뛰어난 것이다. 왜냐하면, 깨달은 자의 모든 지혜의 본성은 모두 반야바라밀(지혜의 완성)에서 나오기 때문이다. 제석천이여, 이러한 까닭에 만약 어떤 사람이 반야바라밀(지혜의 완성)을 존중하고, 공경하고, 공양하면서, 오로지 위로 깨달음을 구하고, 아래로 중생을 구제하는 마음으로 항상 반야바라밀(지혜의 완성, 완벽한 지혜)의 설법을 들으며, 신수봉행(信受奉行)하고, 수지독송하며, 또 반야바라밀(지혜의 완성)을 언제나 마음속에 그리며 생각하고, 선포하고, 연설하고, 해설하고, 암송한다면, 그는 이루 말할 수 없는 무한량의 복덕을 얻게 될 것이다. 제석천이여, 이 인연으로 생기는 복덕은, 앞에서 언급한 성현(聖賢)의 사리를 나누어 칠보탑을 만들어서 생기는 복덕으로는, 백분의 일에도 미치지 못하며, 천분의 일, 백천분의 일, 천만분의 일, 억조 백천만분의 일에도 미치지 못하는 것이다. 이렇게 반야바라밀(지혜의 완성)을 항상 수지독송하며, 타인을 위해 해설해주고 얻는 복덕은, 어떠한 수량과 계산과 비유와 비교로도 다 말할 수 없을 정도로 큰 것이다."

가? 그것은 마치 설명하지 않는 것처럼 설명해야 한다. 바로 이것이 금강경을 설명하는 방식이다. 모름지기 모든 존재와 현상은 별과 그림자와 등불과 환상과 이슬과 물거품과 꿈과 번개와 구름과 같이 보아야 한다."

금강경을 어떻게 설명해야 하는가

이 대목의 요점은 "금강경을 어떻게 설명해야 하는가?"하는 것입니다.

그런데 나는 다음과 같은 방식으로 설명해보겠습니다.

우선 도행반야경(제1권)과 마하반야초경(제1권)과 소품반야경(제1권)에 보면, 수보리 존자의 대단한 경지가 기록되어 있습니다. 즉, 수보리 존자는 "중생과 부처와 부처의 열반조차 허깨비와 같고, 꿈과 같은 것"이라고 설파하여, 주변에 있는 사람들을 깜짝 놀라게 한 바 있습니다.143)

---

143) **금강경에서는 보이지 않는 수보리 존자의 깨달음의 절정:** 석해탈 편저《팔천송반야경 제멋대로 읽기》출판시대(1998) 88-91쪽까지 참조하시기 바람. 이《팔천송반야경(제2장)》에 나오는 수보리 존자의 설법은 금강경에서는 보이지 않는 수보리 존자의 경지의 절정이라고 여겨진다. 그래서 나는 여기서 반복적으로 한 번 더 수보리 존자의 경지의 절정을 소개함으로써, 수보리 존자가 어째서 천하해공제일인자(解空第一人者)인가를 독자들에게 거듭 증명해보기로 한다. 수보리 존자는 다음과 같이 말했다. "천신들이여, 내 설법을 듣는 자는 마음에 집착이 없어야 한다. 왜냐하면 모든 것이 다 환상일 뿐이기 때문이다. 천신들이여, 중생의 번뇌는 환상이라는 것을 알아야 한다. 아니 중생이라는 그 자체도 환상이다. 천신들이여, 중생의 모든 일이란 한바탕 꿈과 같은 것이다. 이와 같이 예류(預流)의 경지와 일래(一來)의 경지 그리고 불환(不還)의 경지와 아라한(阿羅漢)의 경지와 부처님의 경지도 모든 것은 다 환상과 같고 꿈과 같은 것이다."
수보리 존자의 설법에 충격을 받은 천신들
그때, 천신들은 깜짝 놀라며 수보리 장로에게 말했다. "성자 수보리여, 부처님도 환상의 인간이라고, 꿈과 같은 존재라고, 당신은 지금 말하는 것입니까? 부처

이렇게 수보리 존자는 '모든 존재와 현상은 환상이라는 깨달음'에 철저한 분입니다.

바로 이런 설법의 방식이, 부처의 가르침에도 머무르지 않으면서 무수한 중생을 근원적으로 구제하는 해공제일인자(解空第一人者)의 경지입니다. 내 설법의 방식도 마찬가지입니다

금강경 본문

금강경 부처는 다음과 같이 말했다.

"모든 존재와 현상은 별과 그림자와 등불과 환상과 이슬과 물거품과 꿈과 번개와 구름같은 것으로 보아야 한다."

금강경 부처의 본의(本意)

이와 관련하여 석가모니는 이미 《담마파다(46구절과 170구절)》에서 "육체는 파도의 거품과 같고, 마음은 신기루처럼 실처가 없는 것이다."라고 말했고, 또 "세상사를 물거품처럼 보고, 자기마음을 실체가 없는 환상으로 보라."고 설파한 바 있습니다.

님의 그 아뇩다라삼막삼보리(최고의 깨달음)에 대해서도, 당신은 지금 그것이 환상이라고, 꿈과 같은 것이라고, 말하는 것입니까?"
"부처의 깨달음과 열반도 허깨비와 같고, 꿈과 같은 것이다"
수보리 장로가 대답했다. "천신들이여, 그렇다. 부처님도, 부처님의 그 깨달음도 환상과 같고, 꿈과 같은 것이라고 나는 설한다. 그리고 열반조차도 환상과 같고, 꿈과 같은 것이다." 천신들이 계속 놀라며 말했다. "성자 수보리여, 당신은 지금 부처님도, 부처님의 그 깨달음도, 그리고 부처님의 그 열반도 모두 환상적 존재이며, 꿈과 같은 것이라고 말하는 것입니까?"
인간만사는 모두 환상이며 꿈과 같은 것이다
수보리 장로가 말했다. "천신들이여, 그렇다. 만약 열반보다도 더욱 더 뛰어난 법이 있다고 할지라도 그것 또한 환상적 존재이며, 꿈과 같은 존재라고 나는 설한다. 왜냐하면 천신들이여, 열반과 환상과 꿈은 서로 같은 것이기 때문이다."

그렇습니다. 모든 존재하는 것과, 감각하는 것과, 표상하는 것과, 의욕하는 것과, 사유하는 것에는 아트만(眞我, 푸루샤, 자성, 실체성, 정해진 본체성)이 없는 것입니다.

그래서 모든 것은 환상과 같고, 꿈과 같고, 메아리와 같고, 영상(影像)과 같은 것입니다. 왜냐하면 모든 것은 덧없이 변하는 것이기 때문입니다. E.A.포우(1809-1849)도 "우리에게 보이는 모든 것은 꿈속의 꿈일 뿐이다."라고 쓴 바 있지요.

허무적이고 소극적인 냄새가 나는 불교용어는 모두 희망적이고 적극적인 용어로 개선해야 한다

그런데 금강경 제32장에 나오는 게송과 관련하여 우리 현대인 불교도가 반성해볼 점은 다음과 같은 것이라고 느낍니다. 즉, 이 게송의 단어들("환상, 이슬, 물거품, 꿈, 번개, 구름")은 모두 허무주의적이고, 소극적이고, 무책임한 냄새가 난다는 것입니다.

이러한 지적은 필자가 금강경 제5장 담론에서도 언급한 적이 있습니다만, 금강경 경전작가가 조금만 더 깊이 생각해서 "별과 그림자와 등불과 환상과 이슬과 물거품과 꿈과 번개와 구름"이라는 단어대신 희망적이고 긍정적이고 논리적이고 이성적이고 과학적인 용어를 사용했다면, 우리들에게 좀 더 에너지를 주는 적합한 것이 되었을 텐데, 아쉽습니다.

덧없는 것이라고 해서 그저 허무한 것만은 아니다

무수한 원인과 무수한 조건에 의해 생성되는 온갖 존재와 현상은 그저 허무한 것만이 아닙니다.

그런데 "환상, 이슬, 물거품, 꿈, 번개, 구름"이라는 단어사용 때문에 A.쇼펜하우어(1788-1860)나 F.니체(1844-1900) 같은 서양사상의 천재들이 불교를 '허무주의' 또는 '허무(虛無)를 숭배하는 종교'로 오해하기도 했습니다.

그래서 나는 다음과 같이 설법합니다. "모든 것을 (덧없이 소멸하는) 꿈과 이슬과 번개같은 것이라고 말하지 마십시오. 왜냐하면 모든 것을 꿈과 이슬과 번개라고 말하는 것 또한 꿈과 이슬과 번개 같은 것이기 때문입니다.

그래서 내 결론은, 지금 바로 여기 이 순간에 '현존(現存)'하는 생은 생 그대로 수용하는 것이 좋습니다. 왜냐하면 우리는 '현재 이 순간에 살아있는 것'이기 때문이다.

예를들면 이 금강경(Vajracchedika Prajnaparamita Sutra)이 천년 후에도 계속 남아있다고 할지라도, 죽은 자는 결코 읽을 수 없고, 오직 산 자만이 읽을 수 있는 것과 같습니다. 그래서 나는 '현재 이 순간에 살아있는 것'이라고 말하는 것입니다.

금강경 본문

이와 같이 스승의 말씀이 끝나자, 수보리 장로는 감격하여 최고의 환희를 느꼈다.

그리고 비구와 비구니, 재가의 남녀신자들, 천신들과 사람들과 아수라들과 건달바들도 이 성자의 말에 모두 감격하여 환호하며 박수갈채를 하였다.

이렇게 해서 성스러운 금강같은 지혜로 번뇌를 능단(能斷)하는 불모(佛母)로서의 금강바라밀은 완성되었다.

이제 금강경의 마지막 페이지를 넘기면서

이제 금강경의 마지막 페이지를 넘기면서, 석가모니 부처와 수보리 존자를 생각하면, 나도 그들처럼 같은 종류의 인간이라는 사실에 대해 기쁘게 생각합니다.

내가 비록 이 혼돈의 지구에 인류의 후손으로 태어나 슬픔(恨)이 많은 인생을 지내고 있지만, 석가모니 부처와 수보리 존자의 대화록을 읽을 수 있었다는 사실에 커다란 행복을 느낍니다.

이제 나는 죽어도 좋습니다. 내가 더 이상 무엇을 바라겠습니까! 그저 "고맙습니다. 감사합니다."

종(終)

석진오스님의 저작공작실(著作工作室)

▶ 캐나다 : 8541-89ST, EDMONTON ALBERTA CANADA T6C-3K4.

▶ 한 국 : 울산 서생 월은사(月隱寺)

저자의 사상적인 성격에 대하여

▶ 사람들을 깊이 깨닫게 만드는 것을 주업으로 삼고 있는 사람

▶ 거짓된 지식에 끌려 다니지 않고, 반역하는 사람

▶ 대승불교와 선불교가 아닌 새로운 불교의 진로 또는 새로운 생각의 길을 발견하려고 노력하는 사람들 중의 한 사람.
  한국불교계의 비서저작랑(批書著作郎).

▶ 불교의 실용주의적인 미래를 위해 제4의 길(僧俗統合之道, 전체적인 삶의 길)을 주장하는 불교사상가.

▶ 하워드 가드너의 다중지능이론(theory of multiple intelligenoes)의 검사에 의하면,
  대인관계지능(intersonal intelligence)과 자기성찰지능(intrapersonal intelligence)이 매우 강한 사상가.
  동기부여 전문 심리상담가

▶ 원효, 최치원, 김시습, 이동인, 최한기, 한용운, 김성숙, 함석헌 등 방외(方外)의 재야지사(在野志士)들이 남긴
  지적인 유전자들(아이디어 밈)의 격랑(激浪)속에서 이리저리 떠내려가고 오르내리며 여기저기 왕래하는 강렬하게
  명멸하는 생명체로서, 한민족 집단적 무의식의 원형 속에서 어쩔 수 없이 가문의 선조들과 부모로부터 전해 받은
  〈치유되어 있지 않은 불완전한 유전자들〉을 가능한한 치료하고, 이 유전자의 영적인 설계도를 다시 작성하며
  디자인하려고 애쓰는 사람.

▶ 자기성찰과 창조적인 글쓰기 작업을 위해 혼자 있는 것(고독)에 매우 익숙한 홍진도시(紅塵都市)의 은둔고승(隱遁孤僧),
  상문외소승(桑門外素僧), 벽담잠용(碧潭潛龍).

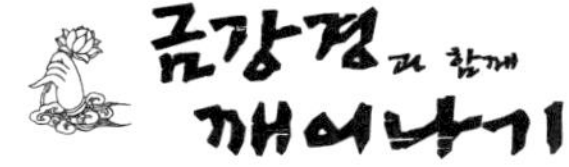

초판 • 2008년 5월 6일 | 발행 • 2008년 5월 12일 | 지은이 • 석진오 | 펴낸이 • 김동금 | 펴낸곳 • 우리출판사
주 소 • 서울특별시 서대문구 충정로3가 1-38호 | 전화 • (02) 313-5047 • 5056 | 팩스 • (02) 393-9696
E-mail • worilbool@chol.com | ⓒ 석진오 2008, Printed in Korea | 등록 • 제9-139호
ISBN 978-89-7561-265-7   03220
정가 12,000원

※ 잘못 제작된 책은 교환해 드립니다.